U0552715

本书系国家社会科学基金一般项目"西南少数民族特色古村落保护与申遗应对策略研究"（项目批准号：16BSH050）成果

中国古村落保护与申遗研究

Ancient Villages

刘志宏 著

中国社会科学出版社

图书在版编目(CIP)数据

中国古村落保护与申遗研究/刘志宏著 . —北京：中国社会科学出版社，2023.6
ISBN 978-7-5227-1984-9

Ⅰ.①中… Ⅱ.①刘… Ⅲ.①村落—文化遗产—保护—研究—中国 Ⅳ.①K928.5

中国国家版本馆 CIP 数据核字 (2023) 第097281 号

出 版 人	赵剑英
责任编辑	马　明
责任校对	金超月
责任印制	王　超

出　　版	中国社会科学出版社
社　　址	北京鼓楼西大街甲 158 号
邮　　编	100720
网　　址	http://www.csspw.cn
发 行 部	010-84083685
门 市 部	010-84029450
经　　销	新华书店及其他书店
印　　刷	北京君升印刷有限公司
装　　订	廊坊市广阳区广增装订厂
版　　次	2023 年 6 月第 1 版
印　　次	2023 年 6 月第 1 次印刷
开　　本	710×1000　1/16
印　　张	17
字　　数	256 千字
定　　价	89.00 元

凡购买中国社会科学出版社图书，如有质量问题请与本社营销中心联系调换
电话：010-84083683
版权所有　侵权必究

序　一
记忆乡愁，传承中华智慧

　　刘志宏同志在韩国读建筑学博士期间给我写过信，讨论过研究中国传统村落保护与申遗的研究路径，并编制了一份调查表，记得当时我没有填表而是对他如何了解中国当时出台不久的传统村落概念和规划要求以及中国申遗必须先进入国家级文物保护单位名单这些程序性工作给他提供了一些建议。几年过后志宏同志回国且已落脚苏州大学，并继续着十余年来笔耕不辍的古村落遗产保护研究工作，完成了现在呈现给大家的这部优秀著作。

　　古村落保护和古村落申遗的目标是一致的，但它们并不是一回事，志宏同志将之列到一起研究可能也是出于照顾中国国情的考虑，那就是不要等到保护好了再去申遗而是用申遗这个能给各级干部和村落百姓带来多重效益的目标来激励大家向着这一较高目标努力，从而推动保护工作本身的进展，最终达到保护目的。但是说到底，古村落保护放到中国快速城市化的进程中思考，就不得不做好它们因其地缘、资源、交通条件、上位规划期待等的差异必然会有不同命运的思想准备，而且古村落的保护不同于位于城市地段中的建筑物的保护那样相对单纯、相对而言技术有用武之地，古村落保护本质上是处理三农问题，是处理好农业、农民和农村在此时此地此农户家庭的命运问题，说到底是社会问题。从农业文明行将落幕的二十世纪初我们的先贤就不断地投身这一社会工程之中，社会主义阶段的前三十年和改革开放都使中国农村获得了规模巨大和深刻的变化，这是一个不可逆的历史进程，因而讨论古村落保护、做古村落保护不是一般的人所能够坚持的。

志宏同志以实际行动立下宏大志愿，坚持做这件事，我支持他不是因为他的坚持不懈，而是因为保护古村落这件事情对于我们的民族、我们的国家十分重要。过去，那些社会进化论者和历史决定论者都训导我们，至少在潜意识层面让我们觉得农业文明被工业文明代替的历史必然性并进一步推导农民落后、农村应该城市化、农民应该进城，但是一个世纪以来的历史却告诉我们，地球村中的中华文明在社会转型期之所以没有被淘汰，恰恰是因为中华文明这一深深植根于农业特别是深耕细作的农业中的文明本身就包含了可以向工业文明转型的基因，只要看看江南工商业在近代的奋斗史，看看江南农民在改革前、改革过程中兴办乡镇企业的奋斗史，以及那些农民子弟投身学术和其他行业的奋斗史，就应该懂得，我们的文明之根在乡村，保护古村落遗产、保护农业文明的基因，就是保存了中华文明典籍《易经》中所说的"天行健，君子以自强不息，地势坤，君子以厚德载物"的华夏精神。这种精神正在庇佑我们应对百年未有的巨变。

因而，在我看来保护和传承中华文明之根是比申遗更重要的，但是申遗的过程不仅使我们了解人类进入文明互鉴的历史条件下人类良知对于保护人类各种文明时的价值评判标准，还让我们了解到其他国家、民族的村落遗产保护的经验。虽然中国的所有制和文化背景与之不同，但让我们首先尊重规则、开始文明互鉴的过程，因而志宏同志介绍、分析申遗的程序和标准同样是十分有意义的。

我希望志宏同志以此书为新的起点，深入中国乡村实践，检验和调整自己的已有认识，为中华文明的历史文化保护与传承做出贡献。

是为序。

朱光亚

东南大学建筑学院教授，江苏省设计大师

2022 年 7 月于石头城下

序　二
青年学人的所思，所为，所书

　　刘志宏教授要我为他的《中国古村落保护与申遗研究》一书写"序"。他说就因为上大学时看了我的文章，开始对学术研究有兴趣。他居然知道我写的万行长诗《和平与战争》，甚至知道我被媒体称为"一直在奔跑的建筑诗人"。面对这样热心肠的人，似乎推辞不得。

　　打开书稿，可见此书分八章。行文顺畅，层层推进，结构合理；条分缕析的研究成果及从中概括、推导出来的观点与体系，合情合理，合乎逻辑，可归属学者型著作。而且因为基于传统村落保护与美丽乡村建设到乡村振兴战略的大背景，所以此书也堪称应时之作。

　　三四十年来，我曾先后随中国建筑学会去江南、广西、贵州、云南，两次应邀去广西桂林、新安与阳朔，一次应邀去南宁、北海，两次应邀去中山。西南少数民族地区山水的秀丽多姿，古村落的绿野仙迹，古民居的就地取材，山民的服饰、头饰，非遗项目的丰富多彩，给我留下了难以磨灭的美好记忆。但是，他们的经济滞后、生活贫困，也给我留下久久难以消失的疼痛。我一直为自己不能为他们出点力，感到十分内疚。

　　志宏教授幸运而且有眼光。他确定以入选世界文化遗产的中国古村落为研究对象，特别对西南少数民族地区古村落保护与申遗作为核心来进行研究，把自己的专业才智与青春热血倾注于斯，我认为这选择是关注民生、倾力民生的具体表现。

此书通过我国古村落保护的现存问题，对如何有效推进保护与申遗的具体路径做了深入探讨，对世界文化遗产入选标准和中国传统村落评价认证体系做了比较，最终建立了科学合理的评价认证指标体系预案。为了保证工作成果的准确无误，刘教授将预案向100位专家做了问卷调查，为指标体系的合理可行奠定了基础。这是很严谨的研究方法。他按照少数民族古村落"专业化与习俗化、保护与建设、特色文化传承"策略，对保护与申遗的应对策略，提出了一种定性与定量相结合的评价方法，有一定的可信度。最后，提出古村落可持续发展应建立在我国古村落优秀传统文化创造性传承与创新性发展的基础上。

此书侧重于"申遗"研究。这很好！一则有利于让我国古村落民居的传统智慧与民族建筑文化广泛传播；二则有利于民族同胞更加文化自信，经济社会发展更有动力与内力。

志宏教授提示：世界文化遗产由遗址、建筑物和场所组成，大致包括研究世界文明足迹的重要遗址、居住地、寺庙、宫殿和宗教发生地等。但，我们中国传统村落评价标准与世界文化遗产评价标准是不同的。其中中国传统村落评价标准如下：①传统村落民居建筑评价认证指标体系；②传统村落选址与布局评价认证指标体系；③传统村落无形文化遗产评价认证指标体系。而世界文化遗产评价标准，由创意性（独创性、稀有性）、关系性（其他领域的关系、空间性）、时间关系性（传统·历史关系、过去的）、过程关系性（阶段性关系、历史的延续性）、空间的关系性（自然空间的关系）、无形的关系性（其他领域的关系、阶段性）构成。评价方法是：定性与定量评价相结合。

为了说明问题，在"UNESCO世界文化遗产评价认证标准及中国古村落入选现状"（表2-7）中，志宏教授归纳了一些村庄入选符合的"评价标准"。例如：黔东南苗族村寨、藏羌碉楼入选，因为符合"能代表一种独特的艺术成就，一种人类的创造性天才杰作"的"评价标准";开平碉楼、丁村和党家村、江南水乡古镇入选,因为符合"能在一定时期内或世界某一文化领域内,对建筑艺术、纪念物艺术、城镇规划以及景观设计方面的发展产生过重要影响"的"评价标准";西递和宏村、福建土楼、侗族村寨入选,因为符合"可作为传统的人类居住地、使用地或海洋利用的杰出范例,代表一种(或几种)文化,或代表人类与环境的融会,尤其是在不可逆转之变化的影响下变得易于损坏"的"评价标准"。

并且志宏教授为读者公开了西递和宏村、福建土楼与村落、广东省开平碉楼与村落"申遗"方法,韩国和日本村落"申遗"方法。刘志宏教授强调,古村落文化遗产价值的评价体系,主要表现在突出世界文化遗产的入选价值,具体包括原始形态的历史文化价值、传统村落文化遗产价值、突出的普遍性价值。这很重要。

但是,联合国教科文组织通过定性评价方法制定的世界遗产评价方法,我们无法变更;而通过定性定量相结合评价方法制定的中国传统村落评价认证方法,我们也无法变更。因此说,刘教授为我们提供的是进一步准确解读世界遗产评价方法和中国传统村落评价认证方法。这值得肯定,可操作性强,也很有研究意义和价值。

刘志宏教授,学术上侧重于传统村落与绿色人居环境研究,曾多次获大奖。一个青年学人,低调,不写天书似的东西,千辛万苦搞田野考察,为我国古村落保护与世界文化遗产申报,表达了他的所思,所为,所书。可嘉可贺!

是为序。

浙江省金华市国土规划局原总工程师,
全球人居环境论坛规划设计委员会委员、
中国民族建筑研究会专家委员会委员
2022 年 3 月于浙江金华

前　言

我国从传统村落文化保护与美丽乡村建设到乡村振兴战略，推进了中国古村落的文化建设，也为乡村经济发展指明了方向。通过保护与发展古村落，为中国古村落竞逐世界文化遗产提供了良好契机。探究中国古村落保护与申遗的关系，特别是这种关系将如何促进古村落文化价值的实现是本书解决问题的关键，并对其方法理论进行了梳理。首先，本书从古村落文化背景、生活方式、发展趋势、保护与申遗的经验教训等方面做了全面的分析与研究，通过古村落的现状分析和与国内外优秀古村落保护与申遗的方法比较分析，完善了古村落保护与利用价值的核心理论，为了解决这一问题，制定了科学系统的保护与申遗的评价指标开发方案，做到了中国古村落文化遗产价值保护的目标性和适宜性。其次，通过对中国古村落文化遗产保护现存的问题分析，对如何有效推进保护与申遗的具体路径进行了深入研究。对UNESCO（联合国教科文组织）世界文化遗产入选标准和中国传统村落评价认证指标体系进行了比较分析，建立了合理、科学的预备评价认证指标体系。并通过对100位专家的问卷调查进行了指标验证，为建立合理可行性指标体系奠定了基础。最后，按照中国古村落"专业化与习俗化、保护与建设、特色文化传承"等应对策略展开了深入研究，对保护与申遗应对策略进行了分析总结，提出了一种定性与定量相结合的评价方法。

研究表明，在世界文化遗产列入标准上，中国古村落文化遗产主要采用了世界文化遗产评价标准中的第Ⅰ—Ⅵ项入选，在入选标准上表现出了中国古村落的不同特征，也体现了中国古村落多元文化的特点。研究揭示出，中国古村落申报世界文化遗产对乡村振兴和美丽乡村建设具有促进作用，通过入选的中国古村落世界文化遗产名录实例研究与借鉴，总结出了中国古村落入选世界文化遗产预备名录的评价标准和过程。本书提出了中国古村落保护与申遗的方法策略，最终构建出了中国古村落保护与申遗的评价认证指标体系，通过实例应用和指标验证的结果明确了存在的问题和改进措施。进一步为我国乡村振兴发展服务，也为全国其他民族地区古村落的可持续发展提供了具有价值的理论参考和科学依据。

本书的研究对象限定在入选为中国传统村落名录的古村落范围内。全书共分为八章，第一章为绪论，主要介绍本书的研究背景与目的、研究范围与方法、研究过程及现状；第二章至第三章立足于古村落的相关理论研究，将亚洲地区UNESCO世遗古村落申遗的方法进行比较分析与研究；第四章至第五章是根据前面几章的内容，进行古村落保护与申遗的评价指标的开发和评价体系的构建；第六章至第八章是结合建立的评价体系进行实证研究，并结合实例应用，进行综合比较分析与解决存在的主要问题，提出科学的应对策略与建设思路。

目　录

第一章　绪论 ……………………………………………………（1）
　第一节　研究背景与目的 ………………………………………（1）
　第二节　研究范围与方法 ………………………………………（4）
　第三节　研究过程及现状 ………………………………………（7）

第二章　古村落的相关理论研究 …………………………（20）
　第一节　相关概念与用语定义 …………………………………（20）
　第二节　先行评价认证标准 ……………………………………（34）
　第三节　评价认证标准的差异性 ………………………………（41）

第三章　古村落的比较研究 ………………………………（44）
　第一节　概述 ……………………………………………………（44）
　第二节　中、日、韩世遗古村落入选比较分析 ………………（47）
　第三节　古村落文化遗产保护比较研究 ………………………（60）
　第四节　古村落申遗的方法比较研究 …………………………（63）

第四章　古村落保护与申遗的评价指标开发 …………（73）
　第一节　评价指标项目建立 ……………………………………（73）
　第二节　评价指标开发 …………………………………………（103）

第五章　古村落保护与申遗的评价体系 ……………………（110）
  第一节　评价模型构建 …………………………………………（110）
  第二节　评价指标体系构建 ……………………………………（123）

第六章　实证研究与对策建议 ……………………………（138）
  第一节　实例选择的标准 ………………………………………（138）
  第二节　实例应用 ………………………………………………（157）
  第三节　指标验证 ………………………………………………（193）
  第四节　期待效果与策略方案 …………………………………（201）

第七章　古村落可持续发展 ………………………………（218）
  第一节　依托申遗的基础来进行古村落保护与发展 …………（218）
  第二节　古村落可持续发展策略 ………………………………（224）
  第三节　古村落可持续发展方法体系 …………………………（227）
  第四节　古村落优秀传统文化创造性传承与创新性
      发展研究 ………………………………………………（233）

第八章　结语 …………………………………………………（242）

参考文献 ………………………………………………………（247）

后　记 …………………………………………………………（257）

第一章
绪　论

2017年1月25日，中共中央办公厅、国务院办公厅印发的《关于实施中华优秀传统文化传承发展工程的意见》，提出2025年前全面复兴传统文化，开展民族特色文化保护，加强历史文化名城名镇名村保护，实施传统村落保护工程。2021年9月3日，中共中央办公厅、国务院办公厅印发《关于在城乡建设中加强历史文化保护传承的意见》提出：到2035年系统完整的城乡历史文化保护传承体系全面建成，城乡历史文化遗产得到有效保护、充分利用，强调保护传承、创新发展，完善文化遗产保护传承利用体系，对延续历史文脉、推动中国传统村落数字化工作，保护古村落文化遗产，建设社会主义文化强国具有重要意义。

第一节　研究背景与目的

一　研究背景

党的十八大以来，以习近平同志为核心的党中央，明确了中国特色社会主义事业"五位一体"总体布局，围绕中国特色社会主义文化强国建设的战略目标，阐明了文化建设在推进中国特色社会主义事业发展中的重要地位，不断深化对新时代中国特色社会主义文化建设的规律性认识。

本书正是在此背景下，从古村落传统文化保护、美丽乡村建设到乡村振兴战略规划的视野，从中国古村落保护与 UNESCO 世界文化遗产申报的角度，探讨中国古村落保护与文化建设等的关键性问题。

乡村振兴推进了我国传统村落保护与发展，为乡村经济发展提供了有利条件。我国长期以来的一项重大举措就是要保护与发展古村落，传承中华优秀传统文化，实现传承古村落的农耕文明和经济发展[①]。古村落文化遗产作为一种精神与物质财富的共同体，具有历史遗存的文化传承性、完整性、真实性和自然环境的和谐性等特点[②]。古村落不仅具有过去人类所形成的历史文化的重要价值和传承意义，而且在可持续的绿色居住文化的传授和社会经济发展等方面也起到了重要的推动作用。将古村落文化遗产的价值进一步具体化，体现出古村落突出的普遍性价值，可以将其分为历史价值（考古学和传承价值）、艺术价值（美学和文化价值）、科学价值（工艺技术和研究价值）、经济价值（利用及实用价值）和社会价值（城市建设和管理价值）等[③]。

改革开放以来，快速的新型城镇化建设和乡村振兴战略规划，为我国古村落的保护与发展带来了契机与挑战。我国乡村经济不断发展和古村落村民生活水平不断提高的同时，也给一大批特色古村落带来了毁灭性灾难。有不少古村落传统民居建筑和环境风貌正日益趋同，民族地域传统文化特色将渐渐淡化[④]。西南地区是少数民族聚居地，全国有 67.2% 的少数民族人口分布于这个地区，根据中华人民共和国住房和城乡建设部开展的"中国传统村落调查"共进行了五批统

[①] 胡燕、陈晟、曹玮等：《传统村落的概念和文化内涵》，《城市发展研究》2014 年第 1 期。

[②] 苏倩：《灵渠的保护、利用与申报世界文化遗产对策研究》，硕士学位论文，广西师范大学，2017 年。

[③] 刘志宏、李钟国：《中国传统村落评价认证指标体系分析研究》，《韩国启明大学产业技术研究所论文报告集》2017 年第 1 期。

[④] 刘志宏、李钟国：《城镇化进程中少数民族特色村寨保护与规划建设研究——以广西少数民族村寨为例》，《广西社会科学》2015 年第 9 期。

计，有6819个传统村落，其中约32%分布于西南少数民族地区，并且古村落类型丰富多样，充分体现了西南少数民族的地域文化特色[①]。但在近一个时期以来，我国不少古村落遭到了前所未有的破坏，加强古村落保护与科学合理开发利用迫在眉睫。在全球古村落文化遗产保护与发展的趋势下，古村落通过申报UNESCO世界文化遗产的机会，在国际文化遗产保护组织的支持下，通过当地政府和村民的协同合作，诸多古村落的原始风貌和村民生活条件发生了前所未有的变化。

二 研究目的

我国古村落在保护与申报UNESCO世界文化遗产的方法研究上，相关的先行研究资料相对还不足，而且在古村落文化遗产的保护措施上不够科学，力度也不够。特别在少数民族地区古村落保护与申遗的认识不强、也不够重视，申报UNESCO世界文化遗产的方法不够专业等[②]。本书通过对中国古村落保护与发展存在的问题进行分析与研究，特别对我国古村落如何有效推进保护与申遗的具体路径进行深入探讨与研究。

首先，通过国内外先行研究了解古村落可持续发展的现行条件、政策、实施成果等，分析了世界文化遗产的6条评价标准，了解文化遗产国际化评价认证标准与条件。其次，将与世界文化遗产入选标准和中国传统村落评价认证指标体系进行比较分析，建立了合理、科学的预备评价认证指标体系。最后，通过对专家问卷调查的形式再次对这一体系的客观性进行了评价指标的验证，并通过专家的评价认证结果，使其符合中国古村落保护与发展的实际情况，有效地推进古村落的保护，为建立可持续性指标体系框架奠定了基础。

因此，通过对研究背景和研究目的具体分析与研究，发现中国古

[①] 李江苏、王晓蕊等：《中国传统村落空间分布特征与影响因素分析》，《经济地理》2020年第2期。

[②] 刘志宏、李钟国：《传统村落申报世界文化遗产方法分析研究——以亚洲地区的UNESCO传统村落为例》，《西安建筑科技大学学报》（社会科学版）2017年第6期。

村落保护与申遗的研究对我国乡村振兴战略规划和美丽乡村建设具有重要理论支撑和科学研究价值。

第二节　研究范围与方法

一　研究范围

本书以现行中国传统村落的3个评价认证指标体系和UNESCO世界文化遗产的6条入选标准为对象，通过对这两种评价认证体系的比较分析，导出评价体系中的具体内容。为了确保研究的客观性和科学性，遴选出100名从事相关领域研究的专家进行问卷调查，并通过联合国教科文组织记载的3处世界文化遗产正式名录的中国古村落（共26个）和5处预备登记的中国古村落（共42个）进行案例应用分析。具体研究范围如下。

第一，比较UNESCO世界文化遗产的入选标准和中国传统村落的评价认证指标体系，进行评价指标项目的具体分析。通过现有的UNESCO世界文化遗产6条入选标准和中国传统村落3个评价认证指标体系（共20个指标项目）进行比较分析与研究，分析UNESCO世界文化遗产入选标准和中国传统村落评价标准的对应适用关系及关联性程度。

第二，为了开发中国古村落保护与申遗的评价认证指标，专家问卷调查于2016年11月29日至2017年2月28日进行共91天，通过电话、电子邮件和网络调查等方式分发和回收问卷。其中包含有中国各地区的大学30所，研究机构16个，政府和其他机关10个等一共56个单位的专家。另外，问卷调查对象及应答者为传统建筑及古村落、古村落评价认证指标体系、建筑与城市规划及历史理论、民俗及地域文化、文化遗产及其他等五大领域，且有5年以上专业经验的100名专家。

第三，对中国古村落保护与申遗评价认证指标体系的实证研究，以世界文化遗产登记的3处中国古村落和5处预备登记的中国古村落为中心。同时，通过代表性的8处中国古村落（共68个）为实例应用，以古村落的调查分析和特性为基础进行现场调查，并进行案例适用及指标验证。

二 研究方法

(一) 研究的基本思路

总结国内外古村落保护与申遗的做法是本书的基本前提和研究基础。在此基础上，以中国汉族和少数民族特色古村落为典型案例，以党的十八大"加快生态文明建设和新型城镇化进程构建"和党的十九大"建设美丽中国和美丽乡村"精神为契机。

本书以中国古村落保护与申遗为研究对象，通过对中国古村落保护的理论梳理和调查，重点研究中国古村落保护策略和申遗的方法路径问题。首先梳理和总结中国古村落的内涵和发展现状，其次以中国古村落典型案例（汉族古村落和少数民族特色村寨）为重点调研对象，分析中国古村落发展阶段及特征，系统构建中国古村落保护与申遗的评价体系，最后从中国古村落保护与申遗的发展层面提出对策建议。

本书从中国古村落进行的观察、分析及体验出发，以这些特色民族对环境的特殊需求为核心渐次展开，探讨了中国古村落申报世界文化遗产尤其是民俗优秀传统文化保护和传递信息的途径、方法和体系构建，并对中国古村落保护与申遗的相关特殊性进行了研究分析与总结。

(二) 研究的具体方法

本书总结了国内外数字化保护技术和申报世界文化遗产的方法，为本书后期的研究结果奠定了基础。"中国古村落保护与申遗"研究是以社会学和建筑设计及其理论方法为根本，以策划信息模型（APIM）法、多层次模型分析法和比较研究法等为核心，积极吸收了历史学、民族学、考古学、地理学、城乡规划学、景观学、环境生态学、系统工程学、统计学和评价学等多种学科最新和最前沿的理论与方法，开展多学科交叉与综合研究。以国内外相关文献资料为研究基础，通过 UNESCO 世界文化遗产评价标准和中国传统村落评价认证指标项目的关联性与必要性的比较分析为核心，按照过程分析和专家问卷调查、实例应用和指标验证的顺序进行深入研究。以中国古村落保护与申遗的具体评价方法为研究个案，主要采用的典型研究方法与模型设计如下。

第一，通过文献调查研究方法，对古村落相关的国内外文献资料及网络资料等先行研究进行了分析探讨，归纳出国内外代表性古村落保护与申遗的基本情况，分析了古村落保护与申遗的一般特性。为开发中国古村落保护与申遗的评价认证指标奠定了前期的理论基础和科学依据，并制定了详细的中国古村落保护与申遗的评价认证指标构建计划。总结了国内外关于古村落保护与申遗的前期研究成果、发展趋势和存在的主要问题等。

第二，史论相结合的研究方法。通过分析国内外民族古村落保护与申遗的过程、保护与申遗的经验，正确评价其得失，既肯定了在一定时期古村落保护与申报世界文化遗产条件下发挥的积极作用，又指出了存在的局限性，从而能看清古村落保护与申遗的历史脉络，提出了中国古村落保护与申遗存在的问题，对如何有效保护和建设中国古村落和申报世界文化遗产进行了深入的分析与探讨，指出了中国古村落保护与申遗的未来走向。

第三，比较分析研究方法。以世界文化遗产评价标准和中国传统村落评价认证指标体系比较分析得出的详细评价认证指标项目为中心，根据 UNESCO 世界文化遗产的评价标准，选定最终评价认证指标项目，以选定的最终评价指标为研究对象，通过中国传统村落评价认证指标体系和 UNESCO 世界文化遗产评价标准的比较分析，对两种标准具体指标项目的密切关联程度进行了验证与筛选。

第四，案例分析研究方法。通过选取位于我国长江中游地区（安徽省古村落：西递宏村）、南部沿海地区（广东省开平碉楼、福建省土楼与村落）、黄河中游地区、东部沿海地区（江南水乡古镇：周庄、角直、乌镇、西塘）和西南地区（黔东南苗族村寨：苗岭山区雷公山麓苗族村寨、藏羌碉楼与村寨、侗族村寨）等的古村落作为典型案例来进行个案调查，获得中国古村落保护与申遗的典型案例现状与发展趋势。展开全国古村落保护与申遗的专家问卷调查分析，通过案例适用及指标验证，对中国古村落保护与申遗的评价认证指标体系进行验证。对UNESCO世界文化遗产正式名录的中国古村落和预备名录的中国古村落进行分析，并对评价认证指标进行定性和定量相结合的分析方法，为中国古村落保护与申遗的成功提供理论和实证材料的支撑及政府机构决策支持报告的技术路线。

第五，设计分析研究方法。建立中国古村落保护与申遗的评价模型，通过评价模型的设计来对中国古村落进行具体的指标项目分析，实现中国古村落保护与申遗的具体应对策略，从分析、规划、设计及实施等四个阶段探讨中国古村落保护的实现路径与申遗的成功对全国新型城镇化建设的作用。

第六，实例作用与指标验证的研究方法。为了开发中国古村落保护与申遗的评价认证指标，以最终选定的指标项目为中心，通过绘制图表等对指标项目的关联程度进行实例验证。对建立中国古村落保护与申遗的评价认证指标体系的合理性和科学性进行专家问卷调查，并通过被UNESCO列为世界文化遗产正式名录和预备名录的中国古村落的典型案例进行实证研究，主要利用定性和定量评价来确定最终评价指标项目得分。

本书主要由现有的国内外文献资料和现行的中国传统村落评价认证指标体系与世界文化遗产评价标准等进行的比较分析、专家问卷调查、保护过程建设分析和系统建设、案例应用及指标检验、预测结果等组成，以评价认证指标项目的关联性和必要性为基础，导出解决的问题点和指标的科学性。

第七，提出了优化中国古村落保护与申遗的评价指标结构与模型构架，构建了中国古村落保护与申遗的评价认证指标体系，推进了中国古村落保护与申遗策略的实现路径。

第三节 研究过程及现状

一 研究过程

根据上述研究方法的构建路径，为了解决现行中国传统村落评价认证指标体系和UNESCO世界文化遗产评价标准中可能存在的问题，基于先行的分析与研究，通过对中国传统村落3个评价认证指标体系和世界文化遗产6条评价标准进行比较分析，找出两个标准评价指标之间的关联性程度，并优化调整指标项目的设置，利用专家问卷调查来评价认证指标的合理性和科学性。为了预测评价指标项目的可行性和适宜性，分析了指标的关联可行性和重要性程度等。

因此，为了开发中国古村落保护与申遗的评价认证指标，以选定的中国古村落保护与申遗的最终评价指标为对象，提出了评价指标之间存在的差异性，来对指标进行验证并作为评价的最终目标。

第一阶段，基础理论研究。通过评价认证指标开发的前期工作，研究了评价认证指标的概念及条件、分类、分析和评价方法等。同时介绍了古村落和文化遗产的概念范围、古村落的分类、中国现行的传统村落评价认证标准和本书提出的中国古村落保护与申遗的评价认证标准之间存在的差异性和关联性等。

因此，对现有相关文献、研究论文，政府部门相关计划书及方针、政策资料等进行了全面的收集和分析，并对主要问题点及研究的可行性进行了深入分析与探讨。综合先行研究分析结果，探索最适合指标开发的研究方法，为制定评价认证指标体系的适用性，选定了研究的对象。

第二阶段，指标开发与体系构建。通过评价认证指标项目的导入，对UNESCO世界文化遗产评价标准和中国传统村落评价认证指标体系进行比较研究，开发出适合中国古村落保护与申遗的评价认证指标。并通过专家问卷调查对所选指标进行认证并确认其可行性，制定了中国古村落保护与申遗的评价认证指标方法。

因此，首先制定了综合性评价认证指标方案，建立了相关评价项目的指标体系。该研究将焦点放在中国古村落保护与申遗的策略研究上，建立了社会、环境、地区经济三个部门的大分类评价项目指标体系。其次，以综合性评价指标方案为基础，以中国古村落（汉族古村落和少数民族特色村寨）为研究对象进行了现场调查与统计，确认了综合性评价指标的可行性。再次，综合现场调查结果，制定了第二次综合性评价认证指标方案，并实施了最终的专家问卷调查、评分情况和最终选定指标的认证结果。通过专家问卷调查及评价认证结果，最终确定了不同类型的评价认证指标，并赋予了各指标的重要程度，建立了适合中国古村落保护与申遗的评价认证指标模型。

第三阶段，实例认证研究。划分了中国古村落的发展阶段，设定了各阶段的概念和目标。进行专家问卷调查，设定了发展阶段的指标标准，综合第二阶段导出的类别指标的结果赋予重要度，最后构建了中国古村落保护与申遗的评价认证指标体系。

将这些结果用于中国古村落的实际性保护与申遗的方法路径，并通过中国古村落保护与申遗的具体方案计划，最终提出了中国古村落保护与申遗的优化方案。本书总的研究过程框架内容如图1-1所示。

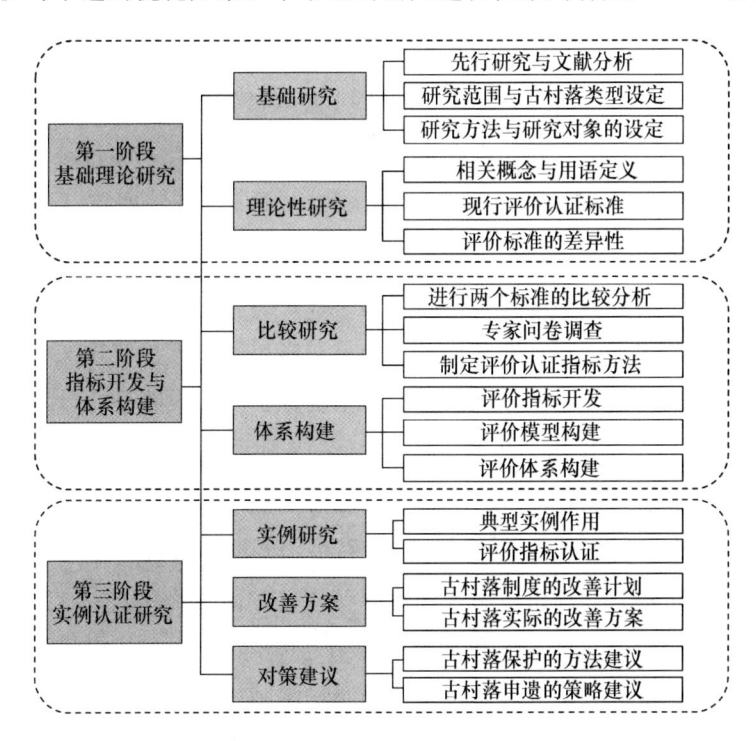

图1-1 本书研究框架内容

资料来源：笔者绘制。

二　研究现状

研究古村落保护与发展问题，为竞逐 UNESCO 世界文化遗产提供了机遇，也提出了挑战。古村落保护与发展的关系，特别是这种关系将如何促进古村落世界文化遗产的突出普遍性价值（Outstanding Universal Value，OUV）的实现是本书关注的焦点。在现有文献研究中，占最大比例的研究方法是通过定性和定量分析建立预测评价认证指标项目的模型测试方法。另外，各文献研究都以不同的观点预测评价认证的预备指标项目。关于中国古村落和世界文化遗产等相关的研究仍在持续进行，本书将这些国内外先行研究成果整理如下。

（一）古村落评价、保护与发展研究

2013 年，中华人民共和国住房和城乡建设部下发了《关于印发传统村落保护发展规划编制基本要求（试行）的通知》；党的十九大提出了"建设美丽宜居乡村，是乡村振兴战略的一项重大历史任务"；2020 年，江苏省人大常委会完成了"关于历史文化名镇名村和传统村落保护情况的调研报告"等；2017 年，国务院印发《关于实施中华优秀传统文化传承发展工程的意见》，提出 2025 年前全面复兴传统文化，加强历史文化名城名镇名村保护和特色风貌管理，实施传统村落保护传承工程。因此，本书通过对古村落的先行政策文件及国内外文献等的前期研究，来了解古村落的保护与发展趋势。

1. 古村落评价相关研究

汪清蓉、李凡针对古村落综合价值的定量评价方法，采用定性分析和定量分析相结合，分析了古村落的综合评价项目特征与认证标准，进行了古村落评价体系及评价模型构建方面的优化研究，提出了古村落综合评价的客观性和准确性的方法[1]。陈传金、胡田翠等运用了阶层分析法和专家问卷调查法，通过定量评价方法构成古村落的评

---

[1] 汪清蓉、李凡：《古村落综合价值的定量评价方法及实证研究——以大旗头古村为例》，《旅游学刊》2006 年第 1 期。

价指标体系，通过对古村落典型案例的实证研究，提出了古村落保护和发展的规划方案①，建立了古代村落保护与发展的资源分类及评价体系②。

韩国学者孙浩基、金相范研究了古村落体验示范村，以多种形式促进古村落开发，以古村落保护和利用为基础，对古村落可持续发展提出了相应的改善方案③。金永泽主张实现古村落的多元价值，并根据古村落类型来建立合理、系统的评价指标体系④。任光顺、王爱河、金泰京通过制定能够适用于古村落资源的保护和可持续开发的评价标准，以韩国和中国的古村落为研究对象，对古村落文化遗产的资源价值的重要程度进行了调查和比较分析，并通过专家调查问卷的形式分析了评价因子的重要程度，提出了利用层次分析法（The Analytic Hierarchy Process，AHP）来构建古村落资源重要程度的评价体系⑤。

针对中国传统村落评价认证指标体系，中国学者也做了很多深入研究。比如：评价中国传统村落的价值与整体性保护，传统民居建筑、古村落的规划布局及地理位置，为了探索中国古村落的有形与无形文化遗产评价，对中国古村落文化遗产的客观性评价和专家的主观性评价之间的关系进行比较分析研究，得出中国传统村落评价认证指标体系的改善方案。⑥ 依据中国古村落价值评价的相关研究，在古村落保护过程中强调地域文脉传承的整体性可持续发展，提出古村落整

---

① 胡田翠、鲁峰：《古村落旅游可持续发展评价指标体系构建研究》，《现代经济》2007年第10期。
② 陈传金：《古村落资源分类与评价体系研究》，硕士学位论文，南昌大学，2008年。
③ ［韩］孙浩基、金相范：《农村体验古村落景观保全价值评估研究》，《农村地图和开发》2010年第4期。
④ ［韩］金永泽：《古村落类型发展阶段建设指标体系开发》，博士学位论文，韩国全南大学，2014年。
⑤ ［韩］任光顺、王爱河、金泰京：《运用AHP技法的中韩古村落资源重要度评价项目比较》，《韩国造景学会杂志》2015年第3期。
⑥ 王小明：《传统村落价值认定与整体性保护的实践和思考》，《西南民族大学学报》（人文社会科学版）2013年第2期；梁水兰：《传统村落评价认定指标体系研究——以滇中地区为例》，硕士学位论文，昆明理工大学，2013年；苏义坤、刘培珍：《传统村落保护专项标准体系构建研究》，《建筑经济》2015年第4期。

体性保护策略方案和古村落可持续发展的实现路径，并从活态化、完整性、原真性和传承性等四个方面，建立中国传统村落保护度评价指标体系。①

2. 关于我国少数民族古村落可持续发展方面的研究

杨宗亮从少数民族古村落发展的基本理论出发，分析云南少数民族古村落文化与经济发展的现状，提出少数民族古村落文化传承、保护与发展的策略方法。②通过可持续发展和文化生态等理论分析研究，提出完善少数民族特色村寨保护与发展的政策建议，并通过具体案例实证来进行认证其对策的科学性。③龙晔生④提出古村寨保护与发展的生态文明理念，建立少数民族的文化认同、文化自信和文化自豪，构建具有少数民族特色的古村寨保护评价体系和民族文化传承发展的新模式。就少数民族古村落的优秀传统文化保护和活态化遗存等问题，建立古村落的文化保护与产业发展新模式。⑤从时间、空间、价值三位一体的视角出发，通过对本土文化资源创造性转化和创新性发展，探讨古村落文化振兴新模式。⑥

因此，基于乡村振兴战略规划、美丽乡村建设和少数民族特色村寨保护政策下，应用少数民族特色古村落的文化传承、经济建设、生态保护有机结合，在乡村振兴背景下分析少数民族古村落发展过程，对推动

---

① 段贝丽：《海岛传统村落价值评价研究：舟山案例》，硕士学位论文，浙江海洋大学，2016年；傅大伟、严国泰：《传统村落整体性保护策略探究——以浮梁古村为例》，《小城镇建设》2017年第4期；杨立国、龙花楼、刘沛林等：《传统村落保护度评价体系及其实证研究——以湖南省首批中国传统村落为例》，《人文地理》2018年第3期。

② 杨宗亮：《云南少数民族村落发展研究》，民族出版社2012年版，第184页。

③ 姚俊一：《少数民族特色村寨保护与发展政策研究——以来凤县舍米湖村为例》，硕士学位论文，中南民族大学，2012年；李安辉：《少数民族特色村寨保护与发展政策探析》，《中南民族大学学报》（人文社会科学版）2014年第4期。

④ 龙晔生：《少数民族特色村寨建设问题研究——以武陵山片区湘西南民族村寨为例》，《民族论坛》2015年第3期。

⑤ 谢定国：《贵州少数民族特色村寨建设问题研究》，《黔南民族师范学院学报》2016年第3期；范哲昱、李天庆：《少数民族特色村寨的活化——寺登白族村文化保护与产业发展调查》，《汉江师范学院学报》2018年第3期。

⑥ 李军、向轼、李军明：《民族村寨文化振兴的三维视角：时间·空间·价值》，《广西民族研究》2019年第3期。

和实现我国少数民族地区特色古村落可持续发展具有重要意义。①

最后，建构了以西南少数民族地区为典型代表的传统村落文化空间识别的价值理论体系、技术执行体系和规划应用体系，尝试提出了我国古村落文化空间识别技术框架体系。② 为全国古村落保护与发展提供了理论基础和科学依据。

（二）历史文化名镇（名村）和建筑遗产保护与评价研究

1. 历史文化名镇（名村）方面的研究

我国学者赵勇等以中国历史文化名镇（名村）定量化评价为基础，以传统建筑结构、工艺技术、自然环境和建筑功能特色为对象，优选出具有文化价值的历史文化名镇（名村），建立了定量、定性的中国历史文化名镇（名村）评价指标体系。③ 在中国历史文化名镇（名村）评价指标体系的基础上，通过案例分析和问卷调查，提出了定性、定量、层次分析法（AHP）和评价因子的定量化遴选等相结合的评价方法，并进行了评价指标的优化，通过中国历史文化名镇（名村）的实证研究来验证评价指标体系的合理性和科学性。④

通过以上评价体系来促进我国历史文化名镇（名村）的保护与可持续发展，并采用专家问卷调查的方法进行了定性和定量分析，建立了我国历史文化名镇（名村）保护管理后评价体系机制，并从保护性与再利用、经济效益性和村镇空间规划三个维度来进行中国历史文化名镇（名村）保护与利用、传承与发展的方法途径建构研究⑤。并

---

① 康涛、周真刚：《乡村振兴战略下民族特色村寨的可持续发展——以四川省阿坝州民族特色村寨为例》，《中南民族大学学报》（人文社会科学版）2019 年第 5 期。
② 余压芳、赵玉奇、曾增等：《西南地区传统村落文化空间的识别需求》，《贵州民族研究》2020 年第 6 期。
③ 赵勇、张捷、卢松等：《历史文化村镇评价指标体系的再研究——以第二批中国历史文化名镇（名村）为例》，《建筑学报》2008 年第 3 期。
④ 张艳玲：《历史文化村镇评价体系研究》，博士学位论文，华南理工大学，2011 年；黄一滔：《西南地区历史文化村镇保护评价研究》，硕士学位论文，重庆大学，2011 年。
⑤ 周欢：《历史文化名村保护管理评价指标体系研究——以河北省井陉县大梁江村为例》，硕士学位论文，河北师范大学，2012 年；张万玲：《历史文化村镇保护的经济途径研究》，博士学位论文，华南理工大学，2013 年。

对我国历史文化名镇（名村）的历史文化、传统建筑、历史街区、生态环境、技艺传承人、空间形态、村民原始生活和建筑艺术价值特色进行分类保护的研究，进一步确立历史文化名镇（名村）的保护政策、传承运用模式和旅游开发管理体系[①]。

因此，利用我国历史文化名镇（名村）前期建立的评价体系及保护管理机制，提出了历史文化名城、名镇、名村"三名"的保护与发展策略方案；并结合了历史文化街区保护与利用的三个关键：保持历史原真性、避免过度开发和注重文化传承，体现出历史文化名镇（名村）的核心文化价值；最后结合文献分析的研究方法，制定出我国历史文化名城、名镇（名村）保护与发展规划的实施评估方法[②]。

2. 建筑遗产评价方面的研究

我国学者张凯莉通过对建筑遗产环境的评价方法，对遗产的保护和评价的历史建筑的再利用，通过代表性的案例进行了分析研究，提出了建筑遗产保护与利用的发展计划与对策方法。[③] 进一步分析了建筑遗产的类型和特点、建筑遗产保护与利用的发展过程、建筑遗产的价值评估、建筑遗产的传承价值等，制定出保护建筑遗产的国家和地方相结合的制度，确立了中国建筑遗产保护的基础理论，并运用了乡土建筑遗产保护的理念与方法，构建出了中国乡土建筑文化遗产的保护机制和规划

[①] 刘亚：《河北省名城镇村价值特色分类保护研究》，硕士学位论文，河北师范大学，2013年；黄爱莲：《历史文化名城保护与旅游发展的优先：桂林案例》，《社会科学家》2015年第8期；郑国珍：《历史文化名镇名村的保护现状与发展对策——兼谈〈中国历史文化名镇名村、传统村落保护和整治导则〉的编制》，《中国文化遗产》2015年第1期；[韩]李敏景、吴成勋、李钟民：《历史文化名镇名村景观管理体系改善方案研究——以古都保护培育地区为例》，《建筑城市空间研究》2016年第1期。

[②] 周宗云：《关于历史文化名城名镇名村保护与创建工作的思考建议——以浙江省宁海县为例》，《城市建筑》2017年第6期；马云晋：《历史文化街区保护与利用的三个关键》，《人民论坛》2019年第25期；马宏斌、郑海晨、赵文玉：《我国建筑学领域历史文化村镇研究综述》，《西北民族大学学报》（自然科学版）2020年第3期；张彧、史文正、王金平：《城市型历史文化名村保护规划实施评估方法研究——以山西大阳泉村为例》，《中国名城》2020年第9期。

[③] 张凯莉：《建筑遗产的环境设计研究》，博士学位论文，北京林业大学，2006年。

体系，并通过具体实例应用来验证其科学性。①

3. 在建筑文化遗产保护理论方面的研究

韩国在这方面的研究一直走在前面，且在建筑文化遗产的学术研究上比较活跃和积极。通过对建筑文化遗产保护方法的研究，探索建筑文化遗产的保护价值，同时对建筑遗产保护理论进行深入分析，构建出了建筑文化遗产的保护价值标准，提出了建筑文化遗产保护及再利用的方法理论体系。② 并从澳大利亚和美国的建筑文化遗产保护与利用的经验来分析韩国建筑文化遗产保护系统和活用方案，利用 BIM（Building Information Modeling）空间信息分类系统，建立了建筑文化遗产保护与管理评价体系，最后提出了建筑文化遗产可持续性保护的策略建议。③

基于 UNESCO 亚太文化遗产保护奖的研究，通过信息化技术平台扩大建筑遗产的保护与可持续影响力，提出了世界文化遗产保护发展下中国建筑遗产的数字化保护模式与策略。④ 根据"新中国建筑遗产"的保护和再利用的经验与新议题的策略方法，提出构建中国建筑遗产的大数据平台技术体系的方法路径与思路。⑤ 通过使用分布式数据收集等的经验方法进行分析，提出创建建筑文化遗产风险管理的应用系统功能程序与技术平台，建立了建筑文化遗产模型的 ICT（Information Communi-

---

① 林源：《中国建筑遗产保护基础理论研究》，博士学位论文，西安建筑科技大学，2007 年；叶全胜、李希昆：《云南乡土建筑文化遗产保护的机制构建》，《云南民族大学学报》（哲学社会科学版）2007 年第 1 期；单霁翔：《乡土建筑遗产保护理念与方法研究》（上），《城市规划》2008 年第 12 期。

② ［韩］赵正植：《建筑文化遗产保护的方向与方法》，《建筑》2009 年第 11 期；［韩］刘仁川：《建筑文化遗产保护》，《建筑》2009 年第 13 期；［韩］金成卓、金永泰：《近代建筑文化遗产的保护价值标准研究》，《大韩建筑学会联合论文集》2012 年第 1 期。

③ ［韩］崔贤尚、金成宇：《基于建筑文化遗产保护管理的 BIM 空间信息分类体系研究》，《韩国室内设计学会论文集》2015 年第 1 期；［韩］朴光范：《关于建筑遗产的保存及活用方案的案例研究》，《韩国商学技术学会论文集》2017 年第 11 期；［韩］韩旭：《建筑遗产可持续保存建议》，《建筑》2018 年第 3 期。

④ 郑越、张顾：《世界遗产保护发展趋势下我国建筑遗产保护策略初探——基于 UNESCO 亚太文化遗产保护奖研究》，《建筑学报》2015 年第 5 期；童乔慧、卫薇：《澳门建筑遗产的数字化保护模式》，《新建筑》2016 年第 6 期。

⑤ 薛求理：《新中国建筑刍议》，《建筑遗产》2019 年第 3 期；李爱群、侯妙乐、董友强等：《建筑遗产大数据的构建探索》，《自然与文化遗产研究》2020 年第 4 期。

cations Technology）技术体系①。

因此，通过分析建筑遗产保护与利用发展历程和案例，对建筑文化遗产保护与利用做分析和研究，建立我国建筑文化遗产的批判性复原模式和建筑遗产价值评估体系的构建思路，提出20世纪建筑遗产巨匠的设计理念与建筑遗产的保护与传承的作用意义。②

（三）世界遗产评价与管理研究

1. 在世界遗产研究方面

韩国和日本在文化遗产研究方面一直走在世界各国的前列。韩国建筑编辑部提出民族文化遗产是世界文化遗产和建筑教育改革的方向。③在文化财政厅的大力支持下，对文化遗产评价制度进行了改革，对文化遗产的保护、传承与活用等相关的指标采取了专门研究机构组织实施评价，并制定了联合国教科文组织申请世界文化遗产的规定。④ 日本爱知大学国际中国学研究中心的周星和周超提出日本文化遗产的分类体系及其保护制度。⑤ 才津佑美子等主张重返乡村之美，延续乡村传统文化，提出古村落申遗的过程及具体应对策略。⑥

2. 世界遗产管理方面的相关研究

韩国学者就如何进行世界文化遗产的保护与利用，通过对世界文化遗产的突出普遍性价值（OUV）的挖掘与深入研究，进行了世界文化遗

---

① ［韩］李钟旭：《虚拟现实中建筑文化遗产风险管理的用户要求事项分析》，《韩国计算机情报学会论文集》2019年第9期；［韩］刘恩地、刘正民：《利用地形及建筑文化遗产模型的Visual-SAM基础增强现实系统》，《韩国计算机情报学会学术发表论文集》2020年第2期。

② ［韩］金泰英、金荣才：《建筑文化遗产的批评性复原研究》，《大韩建筑学会论文集》2020年第8期；金磊：《论20世纪遗产建筑巨匠的设计理念与作用》，《中国名城》2020年第9期。

③ 建筑编辑部：《新闻评论：民族文化遗产是世界文化遗产和建筑教育改革的方向》，《建筑》1996年第7期。

④ ［韩］郑光烈、赵贤真、吴阳烈等：《文化遗产厅财政事业自律评价制度评价指标开发研究》，《韩国文化旅游政策研究》2005年第12期；韩国文化遗产厅：《联合国教科文组织申请世界遗产的规定》，《韩国文化遗产》2006年第50期。

⑤ 周星、周超：《日本文化遗产的分类体系及其保护制度》，《文化遗产》2007年创刊号。

⑥ ［日］才津佑美子：《世界遗产——白川乡的"记忆"》，徐琼译，《民族遗产》2008年第1期；［日］朝仓敏夫：《日本的世界文化遗产推进战略》，《百济文化》2009年第40期。

产旅游资源的管理与开发利用，提出了韩国寺庙建筑的世界文化遗产申报的战略方案。① 根据韩国历史民俗村入选 UNESCO 世界文化遗产之后的变化，进行分析与评估；针对世界文化遗产的可持续旅游资源的指标开发，建立韩国历史民俗村保护体系和管理效果的评价体系。② 通过中、韩、日三国的 UNESCO 世界文化遗产旅游区的文化真实性评价标准及标准的差异性分析，建立了 UNESCO 世界文化遗产入选的申请标准的比较分析平台和管理机制。③

国内学者丁超等通过 UNESCO 世界遗产入选标准和中国申报 UNESCO 世界文化遗产的入选标准进行了比较分析，建立了适合中国的世界文化遗产申报策略与路径。④ 深入分析了世界遗产保护国际宪章的经验和启示，制定了 UNESCO 世界文化遗产 OUV 的完整性与整体性保护方法，提出了科学有效的保护和发展对策、申报 UNESCO 世界文化遗产的方法和管理程序等。⑤

3. 世界遗产保护与利用方面的相关研究

针对 UNESCO 世界文化遗产的价值、保护与利用、文化遗产的意义等进行了诠释，进而创建了为社会实践提供理论支撑的学科知识体系"文化遗产学"。为此，提出了遗产与历史、社会、族群、经济、

---

① ［韩］黄秉春：《世界文化遗产旅游者追求价值研究》，博士学位论文，韩国京畿大学，2008 年；［韩］林在海：《世界文化遗产河回村的民俗文化价值》，《国学研究》2009 年第 13 期；［韩］洪光彪：《韩国寺庙的世界文化遗产申请战略》，《韩国教授佛家联合学会杂志》2010 年第 13 期。

② ［韩］金美妍、姜东振：《郎洞村列入世界文化遗产名录后根据变化分析建立居民自力型保全体系》，《大韩国土·城市规划学会杂志》2012 年第 6 期；［韩］金亨宇：《世界文化遗产的可持续旅游资源、指标开发研究》，博士学位论文，韩国培材大学，2014；［韩］徐欢、于文东、姜泰：《世界文化遗产的管理效果评价体系研究》，《韩国传统造景学会杂志》2013 年第 4 期。

③ ［韩］洪兰芝、郑基恩：《韩中日世界文化遗产旅游区的构成真实性评价》，《商品学研究》2019 年第 6 期；［韩］徐慧智、柳成龙：《世界文化遗产登记选定标准趋势比较》，《韩国生态环境建筑学会学术发表大会论文集》2019 年第 1 期。

④ 丁超：《世界遗产入选标准的对比分析及中国申报世界遗产的对策》，《北京大学学报》（自然科学版）2006 年第 2 期。

⑤ 镇雪锋：《文化遗产的完整性与整体性保护方法——遗产保护国际宪章的经验和启示》，博士学位论文，同济大学，2007 年；郭旃：《世界文化遗产的标准及申报方法和程序》，《中国名城》2009 年第 2 期。

评定与申报、保护与管理等一系列有关文化遗产学的知识体系构建方法，构建了中国世界文化遗产战略管理模式，制定出申报 UNESCO 世界文化遗产的方法策略。[①]

张成渝通过对中国文化遗产的案例来验证对西方认识的再思考，探索中国文化遗产保护与资源利用的现实问题。并进一步指出，在世界遗产视野下中国应加强村落遗产的保护与研究，构建中国地域文化的多样性，通过中国古村落遗产保护中活态化文化标准及评价的可行性分析，进行了联合国教科文组织的世界文化遗产保护奖与中国传统村落评定方法的比较研究，实现了中国世界文化遗产的全球战略和世界话语权。[②]

赵云分析了中国 UNESCO 世界文化遗产监测预警平台，通过大数据等信息化技术把文化遗产和当今社会更密切地联系起来，提出了完整的世界文化遗产监测理论体系，形成了对联合国教科文组织世界文化遗产事业的中国贡献和中国话语权，强调中国文化遗产保护要有国际性视野，进一步向全世界推崇中国式生活、中国价值观和中国话语权，使中国文化遗产的突出普遍性价值得到世界的认可。[③]

最后，采用分类推导的研究方法，以文化遗产大数据为研究对象，以文化遗产的地域分布特征和数据特性为切入点，建立文化遗产的二维分类框架体系；深入分析了近二十年来国内外文化遗产评价机

[①] 蔡靖泉：《文化遗产学》，华中师范大学出版社 2014 年版；吴育标：《中国世界文化遗产战略管理模式研究——以西江千户苗寨战略管理模式为例》，博士学位论文，中国地质大学（北京），2010 年；彭兆荣：《文化遗产学十讲》，云南教育出版社 2012 年版；赵向华：《论红旗渠申报世界文化遗产的策略》，《河南科技大学学报》（社会科学版）2013 年第 5 期。

[②] 张成渝：《对中国遗产例证西方认识的再思考：基于德尔德的〈遗产及其文化边界〉》，《建筑学报》2014 年第 4 期；刘伟国、刘志平：《世界遗产视野中的村落遗产研究》，《三门峡职业技术学院学报》2015 年第 2 期；张天新、王敏：《中国村落遗产保护中活态文化标准的可能性分析——从亚太地区文化遗产保护奖与中国传统村落评定的比较说起》，《中国园林》2015 年第 4 期。

[③] 赵云：《中国世界文化遗产监测预警总平台建设现状与发展思路——基于需求研究的思考》，《中国文化遗产》2018 年第 1 期；李梅田：《文化遗产保护要有国际视野》，《人民论坛》2019 年第 2 期；管宁：《中华文化基因与当代中国话语建构——基于文化遗产保护的认知、理念与实践视角》，《江苏社会科学》2020 年第 1 期。

构的研究趋势和发展走向，提出二十世纪文化遗产保护与发展的策略方案，最终建立适合中国文化遗产的战略方针。[①]

本书在研究背景、目的及国内外研究现状的基础上进行了完善和深化分析，主要以古村落、历史文化名镇（名村）与建筑遗产、世界文化遗产等为研究对象。先行研究的内容主要分为现状分析、管理政策、保护与发展、评价方法、评价体系、指标开发、保护与申遗策略等七大类别的研究内容，并通过这一方法导出了具体调查和研究的分析方法。

根据本书想要进行的类型研究发现，针对汉族古村落及少数民族地区古村落保护与申报世界文化遗产的相关研究还很少。另外，大部分研究侧重古村落的现状分析、管理政策、保护与发展等方面的内容，在评价方法、评价体系、评价认证指标开发等方面比较薄弱，特别在针对少数民族地区古村落保护与申遗策略方面相关的前期研究还没有涉及。

综上所述，虽然前期研究取得了丰硕成果，针对古村落保护与申遗研究，还存在进一步拓展研究的空间，尚有许多问题需要深入研究。本书将在以上研究动态的基础上进行完善和深化，以多民族传统文化为研究主线，突出中国古村落与自然和谐共生的理念。以"面对新时代的需求和挑战，古村落保护与申遗如何保持地域适应性？其古村落 UNESCO 世界遗产 OUV 评价标准作用机制、实现路径如何？中国古村落保护与申遗的评价体系如何构建？"为研究目标。这些都是亟须探讨的关键问题，也是本书需要着重研究和回应的。比较分析结果显示，为了保证中国古村落的可持续发展，开发针对中国古村落保护与申遗的评价认证指标的研究具有现实意义，其研究成果将为全国传统村落保护与发展提供示范和借鉴。

---

① 曾熙、谭旭、王晓光：《文化遗产大数据二维分类框架研究》，《图书情报知识》2020 年第 1 期；单霁翔：《20 世纪遗产保护的发展与特点》，《当代建筑》2020 年第 4 期。

第 二 章
古村落的相关理论研究

第一节 相关概念与用语定义

一 古村落的相关概念

（一）古村落（历史文化名村、传统村落）的概念

古村落是指中华民国元年（1912）以前建设的村落，并且村落周边的自然环境、民居建筑、历史文化、传统氛围、选址与布局、村落的原始风貌等都比较完好地遗存和传承下来，且拥有独特的地域性民俗和风俗的村落被称为古村落。[①] 如今古村落也被称为历史文化名村或传统村落。"传统"是人类内心的思想、习俗、风俗和外表等的行为，其传统文化形态等文化传承下来的具有固有历史性的原始生活方式。因此，"传统村落"正确的定义多少还存在一些模糊，但意味着传统在长久的时代变化中毫不动摇地传承下来的地区性传统文化，值得我们去珍惜、保护与传承[②]。古村落的特性分析中体现出了古村落（历史文化名村、传统村落）具体的六种特征属性（见表2–1）。

[①] 朱晓明：《试论古村落的评价标准》，《古建园林技术》2001年第4期。
[②] ［韩］金美妍：《世界文化遗产良洞村的可持续维护·管理方法研究》，硕士学位论文，京城大学，2013年。

表2-1　　　古村落（历史文化名村、传统村落）特征分析

类型	序号	定义内容	特征
古村落 （历史文化 名村、 传统村落）	1	历史悠久的地方	传统文化·历史的延续性
	2	有影响力人物的地方	传承的影响性
	3	与自然和谐的地方	环境的协调性
	4	美丽乡村（乡村计划）	科学合理的规划
	5	有儒教影响的地方	无形关系
	6	有公共园林的地方	突出的普遍价值

资料来源：刘志宏《西南少数民族特色古村落保护和可持续发展研究——基于韩国比较》，《中国名城》2019年第12期。

在表2-1中呈现出来的古村落（历史文化名村、传统村落）的这种定义，充分体现出古村落文化遗产的文化价值得到了认证，得到中华人民共和国财政的资助和管理的传统村落，在中国也被称为历史文化名村，与韩国"民俗村"的概念相似。历史文化名村是由中华人民共和国住房和城乡建设部、国家文物局共同评定的古村落，遗存文物非常丰富，具有重要的历史价值和纪念意义，具有历史一定时期的地域民族特色和传统文化氛围的整体反映，是一种制度化的传统村落。

因此，在古村落文化传承的视角下，"民俗"这个词所具有的意义和范围非常全面和广泛，而正式定义的民俗范围（民俗、民风或习俗、所用的衣服、房屋、器具等）过于狭窄。具体的古村落（历史文化名村、传统村落、民俗村）及相关的概念界限如图2-1所示。本书在接下来的研究中统一以"古村落（传统村落）"的表现形式来进行具体的陈述和运用。

（二）少数民族特色村寨的概念

少数民族特色村寨的概念从广义上来解析，主要是指少数民族人口相对聚居，且在人数上占本地区的人口比例较高，生活和生产等功能较为完备，少数民族文化特征及其聚落特征较为明显的自然村或行政村。

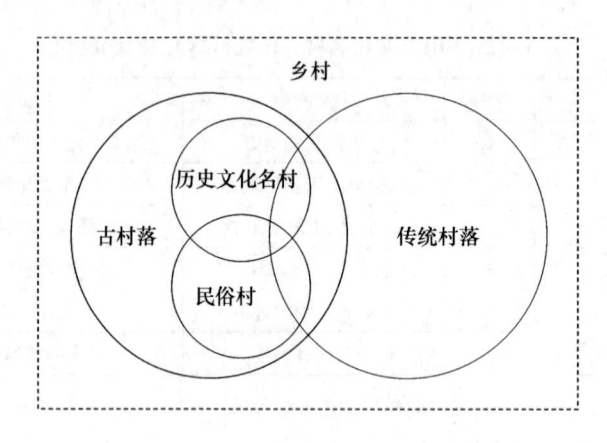

图 2-1　村落及相关概念界限

资料来源：笔者绘制。

因此，中国少数民族古村寨具有独特的民族文化、民族美学、民族生活和谐、古村寨与周边环境协调发展、古村寨产业经济和社会价值等特点突出。[①] 国家民族事务委员会于 2020 年 1 月颁发了《关于做好第三批中国少数民族特色村寨命名相关工作的通知》，将全国范围内具有代表性的 595 个村寨列入第三批"中国少数民族特色村寨"名录。[②]

（三）古村落的价值

1. 古村落的价值表现形式

古村落是传统文化的物质、非物质形态共存的文化遗产。比起个别观察古村落的物理现象，更应该有机地联系和掌握古村落的物理空间和精神内容相结合的一个有意义的体系。当我们从社会、环境、文化和意识形态四个角度来解释其意义体系时，我们惊讶地发现古村落隐藏了最具有那个时代历史意义的价值观。同时，古村落是自然环境、语言环境、社会组织、生产活动、经济形态、意识形态和价值观

[①] 徐永志、姚兴哲：《中国少数民族特色村寨的空间分布格局研究》，《贵州民族研究》2020 年第 1 期。

[②] 李达：《近十年中国少数民族特色村寨建设回顾与思考》，《北方民族大学学报》2020 年第 2 期。

念等相互作用的空间实体，包括自然、环境、建筑、社会和人的复杂体系。基于此，古村落的价值可以从物质文化要素、非物质文化要素两个方面进行分析与归纳①。

因此，古村落是有形文化遗产，同时也是无形文化遗产。其中优秀的古村落具有世界文化遗产的突出普遍性价值，具体价值表现形式如表2-2所示。

表2-2　　　　　　　　古村落的价值表现形式分析

类型	分类	内容
物质文化形态要素	古村落的选址与布局	·古村落的传统布局保持良好，历史街巷体系完整
		·具有很高的科学、文化、历史和考古价值
		·具有代表性的地区，特定的历史背景和民族特色
	传统建筑	·传统建筑细部与周边环境的原型完整保存，协调性强
		·建筑质量良好
		·传统建筑的结构、材料和装饰等工艺美学价值较高
	生产生活工具	·传统公共设施的利用率高，与生产生活有着密切的联系
		·有关遗产的生产材料、加工、活动及空间、组织管理等内容与古村落的特定环境息息相关
		·维持原村民的生活与生产方式
非物质文化形态要素	乡土民俗	·完整的古村落布局标准
		·具有地域乡土民俗文化特色
		·具有一个时代的代表性文化
	传统工艺	·被指定为无形文化遗产，技术工艺水平具有典型的地域特征
		·运用多种传统工艺技术
	历史影响	·具有明确代表性等级以上的历史文化传承
		·具有重大历史影响和传承活力
		·传承的持续时间具有100年以上的历史

资料来源：段贝丽《海岛传统村落价值评价研究：舟山案例》，硕士学位论文，浙江海洋大学，2016年。

---

① 朱宗周、马颐瑄：《平定县南庄传统村落的价值特色》，《南方建筑》2016年第5期。

2. 古村落的价值构成

本书以价值为对象的主观、客观的测量单位，针对古村落的历史文化、文化遗产、生产活动、旅游经济等综合因素相结合的价值构成。也就是说，古村落的价值是由保存价值和利用价值两种因素构成的。古村落的具体价值构成要素如图2-2所示[①]。

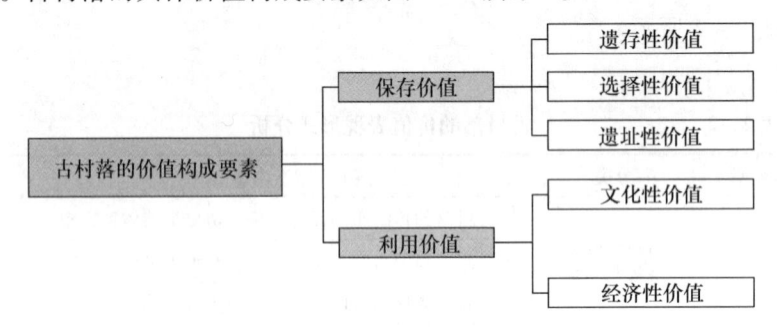

图2-2 古村落的价值构成要素

```
                         ┌── 遗存性价值
              ┌─保存价值─┼── 选择性价值
              │          └── 遗址性价值
古村落的价值构成要素
              │          ┌── 文化性价值
              └─利用价值─┤
                         └── 经济性价值
```

资料来源：笔者绘制。

评价古村落的价值是本书的一个重要目标，古村落的历史价值和发展的评价是古村落保护和利用的重要依据。古村落的突出普遍性价值体现在多方面，包括建筑价值、科学价值、经济价值、历史价值、社会价值和艺术价值等[②]。具体构成如图2-3所示。

3. 古村落文化资源的价值

过去，文化遗产一直比较重视其财产、法律价值以及所有与管理有关的概念。近年来文化遗产的概念也包括了古村落传统文化资源的价值概念，乃至扩大到了包括古村落村民参与在内的社会价值，即公共财产价值的概念。根据文化遗产的概念，文化遗产比起根据财产概念的经济价值评价，更注重非物质文化价值的评价。但实际上，文化遗产在经济上也具有同等重要的价值属性。比如：古村落要想保持原

---

① 刘志宏：《西南少数民族特色古村落保护和可持续发展研究——基于韩国比较》，《中国名城》2019年第12期。

② 杨锋梅：《基于保护与利用视角的山西传统村落空间结构及价值评价研究》，博士学位论文，西北大学，2014年。

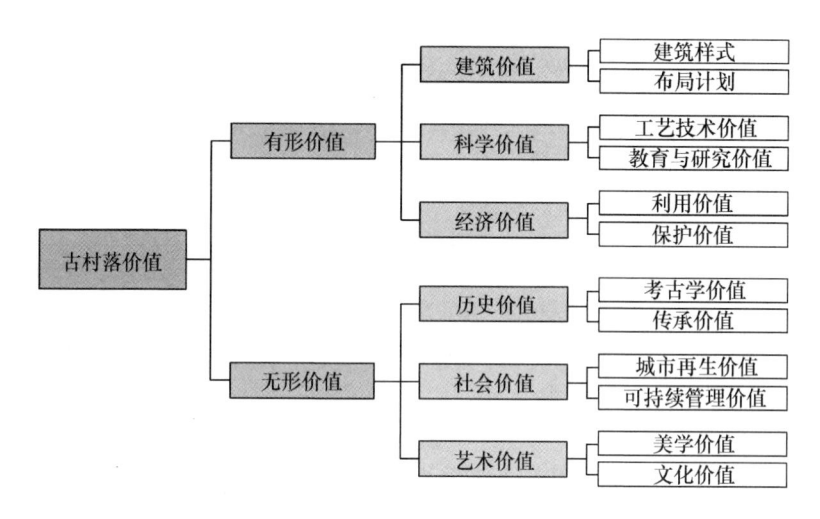

第二章　古村落的相关理论研究　　025

```
                    ┌─ 建筑价值 ─┬─ 建筑样式
                    │           └─ 布局计划
          ┌─ 有形价值─┼─ 科学价值 ─┬─ 工艺技术价值
          │         │           └─ 教育与研究价值
          │         └─ 经济价值 ─┬─ 利用价值
古村落价值 ─┤                   └─ 保护价值
          │         ┌─ 历史价值 ─┬─ 考古学价值
          │         │           └─ 传承价值
          └─ 无形价值─┼─ 社会价值 ─┬─ 城市再生价值
                    │           └─ 可持续管理价值
                    └─ 艺术价值 ─┬─ 美学价值
                                └─ 文化价值
```

图 2-3　古村落的价值构成

资料来源：笔者绘制。

始风貌和原居民的生活生产方式，就必须通过实现古村落本身的经济价值来促进其发展。通过古村落文旅融合（特色旅游产业经济的发展）等，来提高古村落居民的经济收入，使村民具有获得感、幸福感、安全感和归属感。

从价值的基本概念来解析，市场上交易的商品的经济价值分为市场价值和非市场价值。市场价值存在着商品实际交换的市场，意味着市场内商品的交换价值；非市场价值是指除了在市场内交换的价值外，其财富所具有的多余的经济价值。其实，古村落文化资源的价值也存在类似的情况，也具有市场上经济价值的属性，同时也具有利用性价值和保护性价值的特点。从价值的属性来进行分析，具体古村落文化资源的经济价值如图 2-4 所示。[①]

（四）古村落可持续性的概念

1. 可持续的古村落

持续的可能性意味着今天的居住地或者生活、生产场所等可以持

---

① 刘志宏：《西南少数民族特色古村落保护和可持续发展研究——基于韩国比较》，《中国名城》2019 年第 12 期。

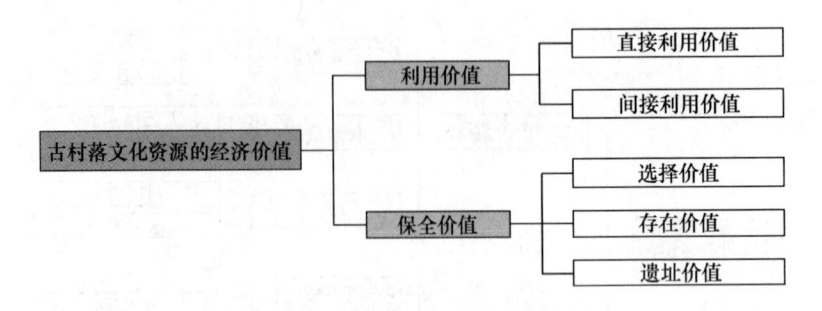

```
古村落文化资源的经济价值 ─┬─ 利用价值 ─┬─ 直接利用价值
                      │           └─ 间接利用价值
                      └─ 保全价值 ─┬─ 选择价值
                                  ├─ 存在价值
                                  └─ 遗址价值
```

图2-4 古村落文化资源的经济价值

资料来源：笔者绘制。

续到未来。可持续性用英语表示为"Sustainability"，虽然开始广泛使用这个概念还不到10年，但现在已经成为学术界和日常生活中经常使用的专门用语。

一般来说，可持续的古村落意味着未来也要继续发展，具体与古村落的历史文化、生活生产活动和景观文化遗产等相关，如环境健康、生产性、经济性，从活用角度来看，也就是具有一定存续性的古村落。也就是说，可持续的古村落应该长期适应周围环境，具有与周边地区的协调性，做到协同发展，居民之间的关系等根据时代要求和古村落的条件，被再生为可持续性保护与发展。

2. 可持续的保存

1973年，在UNESCO的"国际自然保护联盟"会议上，提出了为实现可持续的生活质量，包括人类在内的大气、水质、土壤、天然等的环境保护。1974年，在墨西哥举行的UNESCO会议上，被采纳的"Cocoyoc（可可优克）宣言"中，第一次正式使用了可持续发展的用语。1974年，在捷克的布加勒斯特召开的UNESCO人类环境会议上，针对环境、资源和人口等相互之间的密切联系性的综合性接触，提出了世界和谐发展预案。

保全（Conservation）是指为了维持原状态的固有生态系统（Ecosystem）中有传统价值的持续变化的一种发展趋势。在这里，对于可持续的保全，意味着资产中传统的本质价值是持续的，持续的可能性不仅要维持物理层面，还要保持具有象征性、功能性的非物理性，持续性接受不断的变化[①]。

因此，古村落的可持续保全可以解释为包括古村落持续性和变化性在内的更广泛、更适当的意义。为了保证古村落的可持续性保全，通过中国适用的评价认证体系和文化遗产保护体系等，将古村落可持续保全的概念一起整理，进行具体的古村落可持续保全的属性分析与归纳总结如图2-5所示。

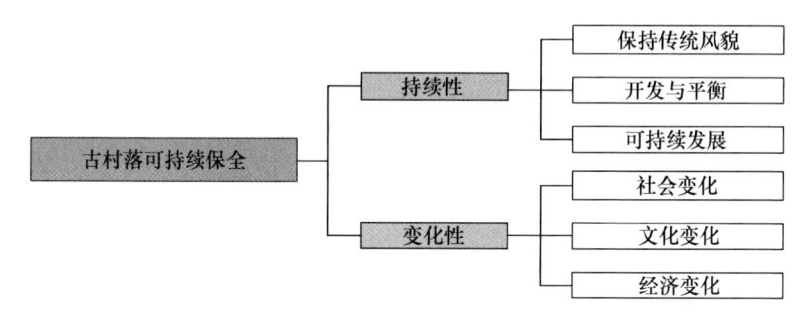

图2-5 古村落可持续保全的属性

资料来源：笔者绘制。

具有持续性和变化性的保全（Conservation）与保存（Preservation）和保护（Protection）的概念明显不同。保存（Preservation）的概念是促进经济使用和最小限度的人为管理，以管理某种程度变形的生态系统，尽管保存作用很强，但使用它增加了一定的保护意义。为了古村落的保存，需要进行一定的修复与保护，并维持古村落的原始风貌形态。古村落的民俗文化价值随着社会的变化，传承为可持续的传统文化[②]。

保护是对生态系统的一种管理概念，该生态系统已经发生了巨大的变化和破坏，进行限制性的利用和高强度的人为管理。这种管理方

[①] ［韩］李柱玉、韩毕元：《世界文化遗产良洞村的可持续维护·管理方法论研究》，《建筑历史研究》2011年第6期。

[②] 刘志宏、李钟国：《中国传统村落评价认证指标体系分析研究》，《韩国启明大学产业技术研究所论文报告集》2017年第1期。

法适用于古井围栏、后山的维护以及铁栅栏的安装等。在中国古村落文化遗产的修缮中，保护应用最为广泛。也同时体现出古村落可持续发展的含义。

原始保存不能与保护和保全并存，但是保存是一个概念，表示保护的一种状态。其中保全、保存、保护这些概念平衡了三者冲突的变化性定义，具有可持续发展和开发的现实意义，需要以复杂而广泛的方式来设定，包括变化的总体范围。

表2-3总结了保全、保存和保护概念之间的差异性。将来，希望通过社会共识引入保全的概念并规范中国古村落的保护，而不是单一的坚持严格的保护原则。因为古村落保全的概念，更能体现出中国古村落文化遗产的保护与发展并存的价值和意义。

表2-3 保全、保存、保护概念之间的差异分析

类型	概念的关键词	内容	概念图
保全（Conservation）	可持续发展，开发与平衡，功能利用，传统文化传承，密集的关联性、变化性和生态的持续性	·为了可持续发展，功能利用在未来也以开发和平衡、传承传统文化，维持可能性 ·将不可恢复的文化资源保护和可恢复的资源管理视为整合的概念，并且是需要人类主动作用的概念	保全（Conservation） 保存　保护 可持续发展 开发
保存（Preservation）	原始维护、人工修复、发展与对抗、原始形式、遗存	·继承用于维持原始文化遗产的可持续传统文化的传承 ·有限的使用和最少的人为管理	保存（Preservation） 保护　开发

续表

类型	概念的关键词	内容	概念图
保护（Protection）	人为管理、遗迹保护、限制利用、文物保护区	·如果需要保护文化遗产，可以指定保护对象或保护区 ·如果被认定为人为或自然条件的变化等需要调整的话，可以调整指定的保护物或保护区域	保护（Protection） 维持 ↔ 管理

资料来源：刘志宏、李钟国《西南民族村落与韩国传统村庄保护和建设的比较研究——以广西洞井古村寨、韩国良洞传统村落为研究案例》，《西南民族大学学报》（人文社会科学版）2015年第11期。

二 文化遗产的相关概念

（一）文化遗产的定义

1. 文化（Culture）

文化不仅被用作时代流动中自然本性的概念，而且还隐含着人类本性之类的内部资源的含义，并最初在"耕作自然"的意义上创造了新的价值。把文化定义为"社会成员共享的信念、知识、行为"等的总和。

2. 遗产（Heritage）

遗产是人类为了生活而在过去形成的文化产物，意味着如果不停留在自然状态下，逐渐在生活水平不断发展的过程中形成的，可以为后代带来继承的价值。这是从过去到现在的所有东西中进一步发展到未来一代的"传承"，扩大了遗产的实际意义。

3. 文化遗产（Cultural Heritage）

文化遗产又可称文化资产、文化财产或文化财，是指具有历史、艺术、科学等文化保存价值，并经政府机构或国际组织指定或登录之物品，可分为"物质文化遗产"和"非物质文化遗产"[①]。包含了之

[①] 刘志宏、李钟国：《传统村落入选UNESCO世遗名录现状与分布探析——以中国、韩国和日本为例》，《沈阳建筑大学学报》（社会科学版）2017年第2期。

前提到的"文化"和"遗产"的意义,比起"文化财产"这个词,扩大了研究范围和意义。遗产指的是先人留下的财宝、土地和房屋等有价值的东西,但也包括多种物品的文化价值,因此该用语的使用时间并不是太久。

为了保护世界文化遗产,加强了限制和规定条例,各国根据本国的具体情况和政策也相应地制定和颁布了本国的文化遗产保护法。国家和地方自治团体对于世界文化遗产的登记,首先应根据国家指定的文化遗产来进行可持续的维护、管理和支援。根据文化遗产的定义,对世界文化遗产名录中记载的文化遗产进行分类,具体文化遗产分类框架如图2-6所示。

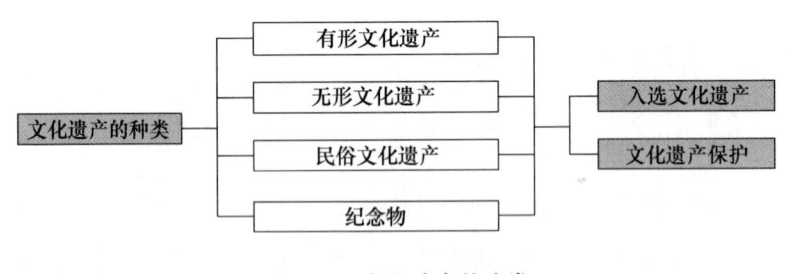

图2-6 文化遗产的分类

资料来源:笔者绘制。

(二)世界遗产(World Heritage)的概念

根据世界文化及自然遗产保护相关协议,选定了为全人类需要保护的具有显著的突出普遍性价值的遗产,统称世界遗产。从祖先那里继承下来,今后将要传给后代的资产中,具有卓越的普遍性价值的遗产被称作"世界遗产"。

(三)世界文化遗产的概念

世界文化遗产(World Cultural Heritage)是指在人类文明和自然的相融合下,人类保存下来的易损坏且具有文化价值的重要财产[1]。

---

[1] 刘志宏、李钟国:《传统村落申报世界文化遗产方法分析研究——以亚洲地区的UNESCO传统村落为例》,《西安建筑科技大学学报》(社会科学版)2017年第6期。

UNSECO世界文化遗产的价值大体上可以分为协约性价值和旅游商品化价值。世界文化遗产是历史、文化上具有"突出的普遍性价值"（OUV）的遗址、建筑物、场所等，入选登记标准是作为文化遗产的价值根据和要求是"真实吗"而产生的"真实性"（Authenticity）和为了充分证明其资源要素根据"完美无缺吗"而产生的"完整性"（Integrity）的拥有水平。

因此，根据UNSECO世界遗产公约的第一个规定，如果达到表2-4中三个内容之一者，就可以被列入UNSECO世界文化遗产名录[①]。

表2-4　　　　　　　世界文化遗产的分类

类型	具体内容	备注
文物	·从历史学、科学或艺术学方面来看，具有突出的普遍性价值的建筑物、绘画及雕刻，具有考古价值的遗址或结构，铭文、洞穴、住宅区及各类文物的遗迹联合体	
建筑物	·从历史学、科学或艺术学方面来看，因其建筑的形式、同一性及其在景观中的地位，具有突出的普遍性价值的单独或相互连接的建筑物	
遗址	·从历史学、人类学、人种学或美学方面来看，具有突出的普遍性价值的人造工程或自然与人类的共同杰作及考古遗址地域	

资料来源：刘志宏《西南少数民族特色古村落保护和可持续发展研究——基于韩国比较》，《中国名城》2019年第12期。

三　指标的相关概念

（一）指标（Indicator）的概念

指标在历史意义上被定义为"表示目的、方向、标准"等的标志。指标是表示质量水平或目标达成程度的可测量变量或特点。也就是说，将成果定义为结构、过程、结果方面定量提出的成果测定。指

[①] 刘志宏、李钟国：《传统村落入选UNESCO世遗名录现状与分布探析——以中国、韩国和日本为例》，《沈阳建筑大学学报》（社会科学版）2017年第2期。

标是指以一定的方向或目的来测定某个现象，通过统计数据来测定"发展模式、现在坐标"。为了达到目的的判断标准的主要方针，反映了现在的一种评价状态。政策的制定、实施、评价认证等客观地为指标的设定提供标准和依据，对具体化目的、寻求有效手段起着重要的作用。因此，为了可持续保存，评价认证指标一般具有指标的概念和目的，意味着可以评价可持续保护的变化、状态的一种标准。

（二）指标的标准与特征分析

当指标的标准或价值尺度和评价作用的指标在数值化或变量时，为了客观可靠性，必须经过正确的评价。对指标的选定标准，国际机构和研究人员考虑到指标的选定目的和各种评价条件，提出了多种评价方案。B. Wheeller 提出了维持和开发生态旅游的 8 项评价指标原则[①]。具体指标的选定标准与特征分析见表 2-5。

表 2-5　　　　　　　　指标标准与特征分析

顺序	标准内容	特征
1	不损害生态旅游资源价值，开发环境健全的方式	维持可能性
2	提供直接参与的经验	参与性
3	对政府、地区、公司、游客等的教育应先行	教育性
4	所有当事人都应该认识资源的内在价值	提高认识
5	接受资源本身，认可资源的界限，成为面向需求的管理	智慧管理
6	政府、机构、公司等许多利害关系当事人之间的合伙企业	关联性
7	要促进道德、伦理责任，促进文化和自然环境的行动	协调性
8	资源、社区、产业界应提供长期的便利	长期收益

为了成为高效客观的指标，在 B. Wheeller 等提出的 8 个标准中添加了与目标的相关性、指标开发合理性和综合性意义两种，作为评价标准。以指标选定的标准为重点，可以提出如表 2-6 所示的可持续

---

① B. Wheeller, "Ecotourism: A Ruse by any Other Name", *Tourism Management*, June 1994, p. 1.

指标评价标准分析内容。

表 2-6　　　　　　　　可持续指标评价标准分析

顺序	标准内容	关键词
1	与测量和评价有关联	持续性
2	应当监测社区的自然保护活动，与经济、社会、环境有联系	联系性
3	理解和解释的容易性界限价值，不仅是专家，普通人也应该理解	易理解性
4	必须掌握利害关系者的开发	开发
5	要反映持续可能性的倾向和变化	长期反映
6	指标要与其他地区有影响	影响性
7	必须具备测量标识提供的资料和信息的可靠性	信赖性
8	需要获得一些利用指标的资料	取得容易性

因此，指标具有一定的目标性或方向性，作为测量任何状态或事物的手段，为了测量的目标达成程度，评价内的标准起到了尺度的作用。另外，指标标准在政策制定上设定其目的，提出了预测未来变化的数据资料，不仅用作制定政策的基础资料，还有将目的系统化，政策对策的当前状态测定、管理、负责未来的变化和开发等多种功能。

（三）指标的开发方法

评价指标的开发方法主要通过西南少数民族地区古村落文化遗产价值体系的构建，获得古村落 OUV 评价认证指标的数据范围。针对符合古村落 OUV 标准进行判断，并对具有参考价值的评价指标进行分类选取。为了体现其客观性和科学性评价原则，结合定性和定量来进行评价。因此，在指标的开发上必须建立科学的定量化评价标准。

考虑到设置指标的目的和各种限制性条件，选择指标的标准对于每位评估专家和国际组织都是不同的。指标是根据其定义反映出最全面的象征性评价目标，并通过系统构建，评估领域按类别来进行分类，并列出用于衡量指标项目的具体权重性指标。指标具体开发方法与步骤如图 2-7 所示。

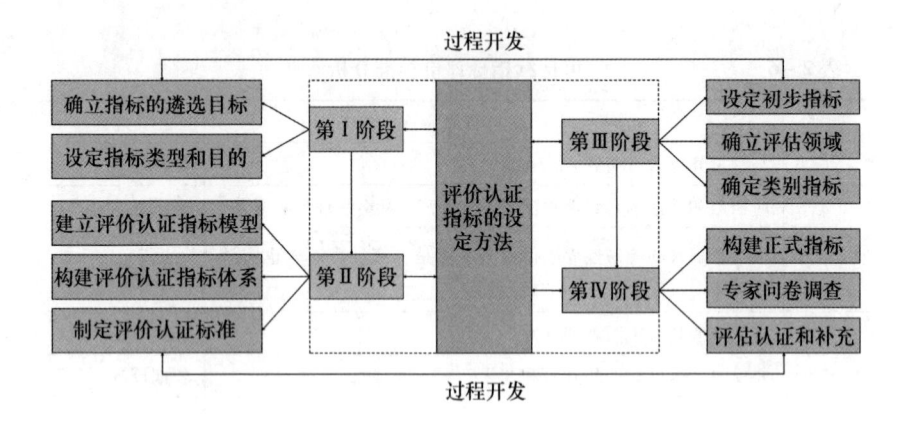

图 2-7 评价认证指标的阶段性设定方法

资料来源：笔者绘制。

第二节 先行评价认证标准

一 UNESCO 世界文化遗产评价认证标准

（一）世界文化遗产评价标准

UNESCO 世界文化遗产的评价认证标准可以概括为需要证明该遗产具有的突出普遍性价值（OUV）。评价认证标准是随着遗产 OUV 证明的变化而改变。因此，将提出的评价认证标准的变化与突出的普遍性价值评价标准并行，观察其变化趋势，这是列入 UNESCO 世界遗产名录的最重要的条件，需要对申请世界遗产即个别遗产所具有的价值进行准确的叙述，对政策的制定、实施、评价认证等客观提供标准和根据，对具体化目的、寻求有效手段起着重要作用。对此，UNESCO 世界遗产委员会制定了"OUV 的评价标准"，并向运营方针（Ⅱ.D.）提出了具体的评价标准方案。

关于世界遗产 OUV 评价标准的事项，自 1977 年制定以来，一直随着文化和自然遗产的概念变化而变化。运营方针初期虽然没有对世界遗产 OUV 的具体定义，但是对于普遍性（Universal），可以说是

"全世界所有人认可的遗产的重要性"。根据"世界遗产指南",文化遗产以6条标准评价是否符合世界遗产OUV。如果登记的文化遗产符合6条规则中的一条或多条,就表示该文化遗产具有突出的普遍性价值。根据"世界遗产指南"的世界遗产OUV评价认证标准来分析入选的中国古村落案例,详见表2-7。

表2-7 UNESCO世界文化遗产评价认证标准及中国古村落入选现状

标准分类	标准内容	入选案例	数量(项)
I	能代表一种独特的艺术成就,一种人类的创造性天才杰作	黔东南苗族村寨、藏羌碉楼	2
II	能在一定时期内或世界某一文化领域内,对建筑艺术、纪念物艺术、城镇规划以及景观设计方面的发展产生过重要影响	开平碉楼、丁村和党家村、江南水乡古镇、藏羌碉楼	4
III	能为一种已消逝的或仍在延续的文明或文化传统提供一种独特的,至少是特殊的见证	西递和宏村、开平碉楼、福建土楼、丁村和党家村、江南水乡古镇、藏羌碉楼、侗族村寨	7
IV	可作为一种建筑或建筑群或景观或科技成就的杰出范畴,展示出人类历史上一个(或几个)重要阶段	西递和宏村、开平碉楼、福建土楼、丁村和党家村、江南水乡古镇、黔东南苗族村寨、藏羌碉楼、侗族村寨	8
V	可作为传统的人类居住地、使用地或海洋利用的杰出范例,代表一种(或几种)文化,或代表人类与环境的融会,尤其是在不可逆转之变化的影响下变得易于损坏	西递和宏村、福建土楼、黔东南苗族村寨、藏羌碉楼、侗族村寨	5
VI	与具有突出普遍意义的事件、现行传统、思想、信仰、文学艺术作品有直接或实质的联系(只有在某些特殊情况下,该项标准与其他标准一起作用时,此款才能成为列入《世界遗产名录》的理由)	丁村和党家村、江南水乡古镇、黔东南苗族村寨	3

资料来源:刘志宏、李钟国《传统村落入选UNESCO世遗名录现状与分布探析——以中国、韩国和日本为例》,《沈阳建筑大学学报》(社会科学版)2017年第2期。

（二）世界文化遗产的突出普遍性价值（OUV）

根据 UNESCO 世界遗产 OUV 的评价，这些变化，意味着突出的普遍性价值（OUV）成为世界遗产名录中最基本和最重要的条件。应该与已经提到的 UNESCO 世界文化遗产 6 条入选标准的条件一起进行讨论，并客观地证明这一点，就表示该文化遗产具有 UNESCO 世界文化遗产的突出普遍性价值（OUV）。

结果表明，UNESCO 世界文化遗产的突出普遍性价值（OUV）的证明是入选世界遗产名录中最重要的条件，同时也是对该 UNESCO 世界文化遗产的突出普遍性价值（OUV）的有效证明。具体 UNESCO 世界文化遗产的突出普遍性价值（OUV）的评价标准和价值体系如图 2-8 所示。

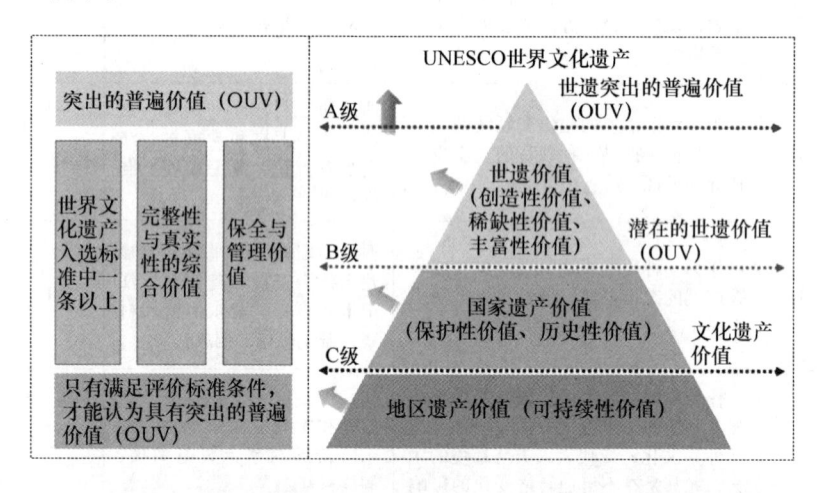

图 2-8　古村落世界文化遗产 OUV 评价标准及价值体系

资料来源：笔者绘制。

二　中国传统村落评价认证标准

本书为了设置古村落的评价认证指标，确立了指标设置的目的，初步考虑了指标的目的和类型，建立了指标设置的模型框架，并设置了选择指标的标准、指标的结构和指标的体系。

(一) 中国传统村落评价认证指标体系

中华人民共和国住房和城乡建设部等部门于2012年颁布了《传统村落评价认定指标体系（试行）》，据此总结了传统村落民居建筑、传统村落选址与布局以及传统村落无形文化遗产领域的综合现行评价认证指标体系3个类别（表2-8）。

表2-8　　　　现行中国传统村落评价认证指标体系

评价领域	分类	顺序	指标	指标分解	百分制
传统村落民居建筑评价认证指标体系（CV.Ⅰ）	定量评价	1	悠久性	·现存建筑最初建设年代	4
				·传统建筑群集中建设年代	6
		2	稀有性	·文物保护单位等级	10
		3	规模	·传统建筑占地面积	20
		4	比率	·传统建筑用地面积占村落总建设用地面积的比率	15
		5	丰富性	·建筑功能种类	10
	定性评价	6	完整性	·现存传统建筑（群）与建筑细部和周边环境保护现状	15
		7	工艺美学价值	·现存传统建筑（群）与整体建筑物的造型、结构、材料和装饰等美学价值	12
		8	传统工艺技术传承	·到目前为止，运用多种传统工艺技术营造的日常生活建筑	8
	合计	8			100
传统村落选址与布局评价认证指标体系（CV.Ⅱ）	定量评价	1	历史性	·村落的选址年代	5
		2	多样性	·现存历史环境要素种类	15
	定性评价	3	布局完整性	·村落传统布局的保护程度	30
		4	科学·文化价值	·村落选址、规划、营造的科学、文化、历史和考古学价值	35
		5	协调性	·村落和周边自然景观融合与共存	15
	合计	5			100

续表

评价领域	评价认证指标项目（要素层）				百分制
	分类	顺序	指标	指标分解	
传统村落无形文化遗产评价认证指标体系（CV.Ⅲ）	定量评价	1	稀缺性	·无形文化遗产的等级	15
		2	丰富性	·无形文化遗产的种类	5
		3	持续性	·传承的持续时间	15
		4	规模	·传承活动规模	5
		5	传承人	·有无明确的传承人	5
	定性评价	6	活性化	·传承与影响现状	25
		7	依存性	·无形文化遗产关联意识、传承人、资料、工艺、其他设置活动等与周边环境的依存程度	30
	合计	7			100

资料来源：梁水兰《传统村落评价认定指标体系研究——以滇中地区为例》，硕士学位论文，昆明理工大学，2013年。

该评价认证指标体系使用逐步分析方法，并应用了层次结构和问卷调查评价标准。此外，它是定性评价、定量评价、主观评价和客观评价的组合，共包含20个指标项。评价是一种客观的认证方法，是评价者根据一定评价目的和评价标准对评价对象进行认知的活动。

评价系统通常经过以下步骤来设置最终指标项目。本书建立了指标设置的目的，并分析和选择了评价指标设置的模型、指标结构、指标体系和选择标准。具体的评价认证指标体系的构建过程如图2-9所示。

（二）中国传统村落评价认证指标体系建设适用过程

采用评价认证指标体系，可以选择具有卓越历史文化价值的传统村落，明确表现出对古村落的价值分布。同时，这也符合传统村落的完整布局规划提出依据的目的。具体的评价认证指标体系建设适用过

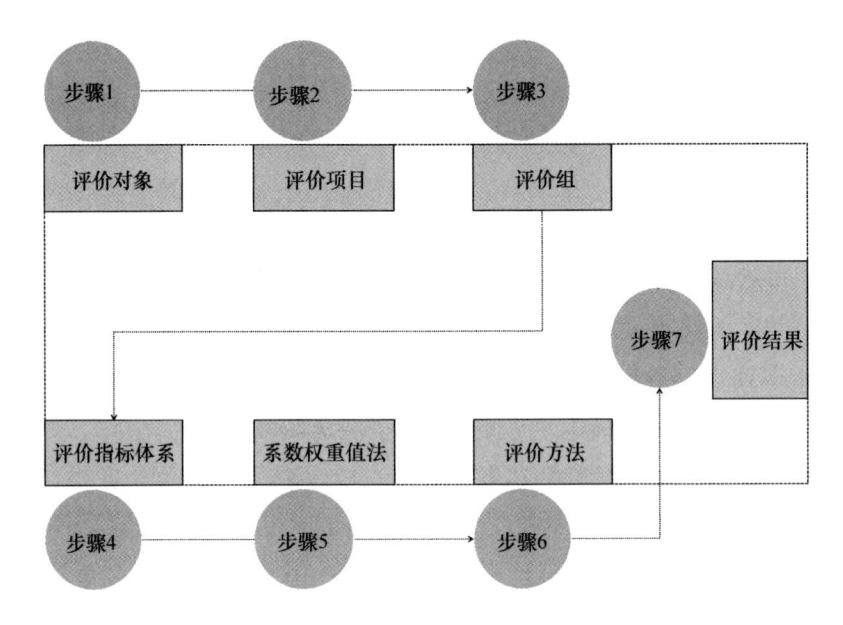

图 2-9 评价认证指标体系的构建过程

资料来源：笔者绘制。

程如下：

1. 评价认证指标体系是选定的传统村落的直接标准

中国传统村落命名的登记是基于评价体系，根据传统村落的具体情况，提出相对入选分数。这些分数是古村落成功入选传统村落的基础条件。

根据《传统村落评价认定指标体系（试行）》，我国古村落评价分为"传统民居建筑、村落选址及布局、无形文化遗产"三个评价领域。登记的中国传统村落 3 项一级指标的评价总分数必须在 60 分以上，该古村落才能被认定为具有突出的历史文化价值，才能入选中国传统村落命名的正式名录。

2. 评价认证指标体系是传统村落的保护标准

评价认证指标体系分为"传统民居建筑、村落选址及布局和无形文化遗产"三个评价领域。是通过主观性和客观性相结合的正确评价，充分反映了古村落保护的整体情况。

3. 评价认证指标体系是文化遗产资源的调查依据

通过评价结果，掌握了古村落文化遗产资源的保护现状，对古村落文化遗产进行了明确的调查和数据统计。

4. 评价认证指标体系是传统村落文化遗产的评价认证标准

可通过评价标准来评估古村落的历史文化价值。另外，UNESCO世界遗产级的中国传统村落在世界文化遗产的评价认证标准中，是按照Ⅰ—Ⅵ的标准来进行登记入选的。

5. 评价认证指标体系是传统村落可持续发展的依据

为了传统村落的可持续发展，通过建立科学的评价认证指标体系，进行定性和定量的评价，提出了科学的系统化评价方法。为了探索传统村落的可持续发展依据，以UNESCO世界文化遗产登记的中国传统村落为研究对象，将可持续的保护对象类型化。

（三）现行中国传统村落评价认证标准概况

中国传统村落可持续保存的目的是保护古村落的原始"乡愁"，继承优秀的中华文明和传统文化，营造和谐自然的古村落空间形态。传统村落是中国历史文化遗产的重要组成部分。传统村落反映了不同时期、不同地区、不同民族、不同社会的古村落自然环境空间形式和演变的历史过程，传承了传统村落风貌、卓越的建筑艺术、传统民俗的古村落原始形态。

因此，为了科学地保全中国传统村落，中华人民共和国住房和城乡建设部、文化部和财政部等开始了"中国传统村落"的调查和选定工作。为了更好地掌握中国传统村落的现状，有效地进行了保护和建设，中华人民共和国住房和城乡建设部等部门2012年制定并颁布了《传统村落评价认定指标体系（试行）》。它由传统村落民居建筑、选址与布局和无形文化遗产3个评价领域构成，评价认证指标体系的构想如图2-10所示。

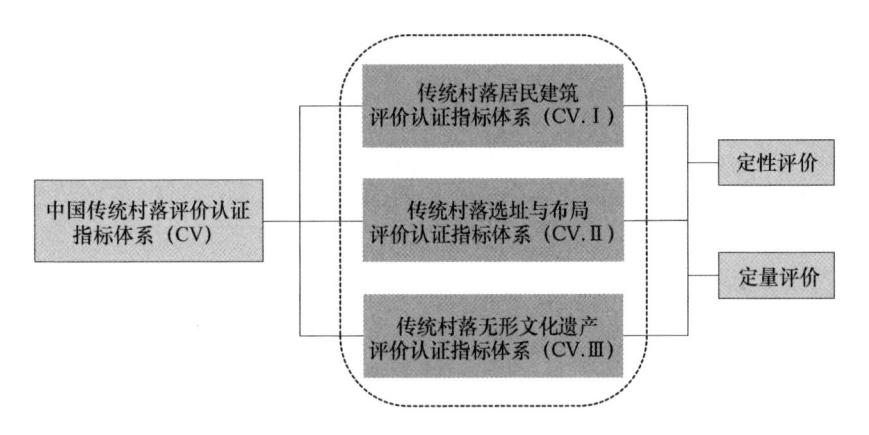

图 2-10　中国传统村落评价认证指标体系的构想框架

资料来源：笔者绘制。

第三节　评价认证标准的差异性

UNESCO 世界文化遗产由遗址、建筑物和场所组成，大体上包括研究世界文明足迹的重要遗址、居住地、寺庙、宫殿和宗教发生地等，通过表 2-7 中的 6 条评价标准来进行对该遗产评价是否符合登记入选条件。为了保证中国传统村落的可持续保存，通过 UNESCO 世界文化遗产评价标准和中国传统村落评价认证标准的比较得出具体评价的区别如下。

一　评价方法的差异性

中华人民共和国住房和城乡建设部自 2012 年开始自行开发了中国传统村落评价认证指标体系。但这与中国传统村落的可持续保护标准，与 UNESCO 世界文化遗产等国际标准存在一定的差异。代表性评价方法的不同点是，世界文化遗产评价标准是强调定性的评价，但是中国传统村落评价认证标准是定性和定量相结合的评价详见表 2-9。

表 2-9　　　　　　　　评价方法的差异性比较与分析

分类	指标与标准	评价领域	评价方法
中国传统村落评价认证指标体系（CV）	CV.Ⅰ	传统村落民居建筑评价认证指标体系	定性评价和定量评价
	CV.Ⅱ	传统村落选址与布局评价认证指标体系	
	CV.Ⅲ	传统村落无形文化遗产评价认证指标体系	
世界文化遗产评价标准（U）	U.Ⅰ	创意性 （独创性、稀有性）	定性评价
	U.Ⅱ	关系性 （其他领域的关系、空间性）	
	U.Ⅲ	时间关系性 （传统·历史关系、过去的）	
	U.Ⅳ	过程关系性 （阶段性关系、历史的延续性）	
	U.Ⅴ	空间的关系性 （自然空间的关系）	
	U.Ⅵ	无形的关系性 （其他领域的关系、阶段性）	

资料来源：刘志宏、李钟国《中国传统村落评价认证指标体系分析研究》，《韩国启明大学产业技术研究所论文报告集》2017 年第 1 期；中华人民共和国住房和城乡建设部等部门发布《传统村落评价认定指标体系（试行）》（建村〔2012〕125 号），2012 年 12 月。

二　评价领域的差异性

具体评价领域的不同点与表 2-9 相同。本书的目的是认识到对中国传统村落的国际标准化评价认证的必要性，通过 UNESCO 世界文化遗产评价标准和中国传统村落评价认证指标体系的比较分析和利用定性、定量的评价方法来区分评价认证指标项目的差异性等。

本章分析了"中国传统村落 3 个评价认证指标体系""UNESCO 世界文化遗产 6 条评价标准"两个领域的评价体系中各评价指标的不同点和相同点，对其差异的联系程度进行比较研究，并进行了应用和验证指标的可行性。整体上评价认证标准较少，根据标准（U.Ⅰ-创意性，U.Ⅵ-无形关系性）一级评价指标等大领域的不同，相互之间具有一定的联系性。

  本章以先行研究和文献调查为中心，掌握了世界文化遗产、古村落和指标等的概念和术语定义，提出了 UNESCO 世界文化遗产评价认证标准及中国传统村落评价认证指标体系、现有评价认证标准的差异性。

第 三 章
古村落的比较研究

第一节 概述

一 中韩日三国古村落的关系

自古以来，日本、韩国与中国是一衣带水的地缘关系。日本、韩国传统村庄和民居结构形式等都深受中国古村落风格的影响，他们以积极的心态吸收中国传统文化的同时，一直坚守着自己独特的民族文化特色。即便在城镇化快速发展的背景下，日本和韩国古村落的民居建筑依然传承着本民族的文化思想，并融合自身民族的地域文化特点逐步发展成了本民族特有的村落规划体系。中、日、韩三国在传统建筑上有着密切联系，既有共通性又有后期衍生出来的差异性。然而，相对于韩国新农村浓郁的民族韵味，中国在经济的快速发展中，不仅部分城镇的原貌已基本丢失，本来充满着文化活力和民族文化韵味的古村落也在城镇化的急速发展中趋于雷同，丢掉传承了几千年的地域传统和村落民族文化[①]。

近年世界各地区越来越重视对古村落的保护，因此古村落的保护环境也发生了前所未有的变化。有的村落借保护与申遗的机会，采取了有效合理的策略，一跃成为世界文化遗产并得到了联合国教科文组

[①] 刘志宏、李钟国：《西南民族村落与韩国传统村庄保护和建设的比较研究——以广西洞井古村寨、韩国良洞传统村落为研究案例》，《西南民族大学学报》（人文社会科学版）2015 年第 11 期。

织的保护与认证，发挥出村落独特的文化价值。同时，也有一些村落由于受到城镇化建设的影响，出现了消失的迹象。由于部分村落缺乏科学的保护措施和体系，也没有较为完善的保护体制来进行比较和参照，导致古村落的价值没有很好地被挖掘和展现出来，从而影响到了古村落保护与申遗。

本书以亚洲地区的古村落为例，具体分析以中国、韩国和日本的古村落被UNESCO列入世界文化遗产的传统村落的保护现状与分布特征，对古村落文化遗产合理可行的保护方法进行了分析，并对古村落保护的实际管理制度与方向性设定及价值活用等进行了比较研究。通过亚洲地区的古村落保护现状与特征分析，来掌握古村落文化遗产的价值和入选标准的基本条件，同时比较分析3个国家的古村落在申请世界文化遗产时的方法策略。其学术价值具有前瞻性和研究性。

亚洲地区的古村落在被联合国教科文组织列为世界文化遗产的申请登记基准和对应战略上，相关的参考材料相对不足。古村落保护与申遗的方法最基本的就是要按照"什么样"的登记对象来进行选定，且被选定的对象"如何"进行申请登记，通过申遗的过程"如何"进行古村落的保护和价值的活用，这些都是本章要解决的问题。

本书提出了亚洲地区卓越的古村落作为世界文化遗产的有形文化价值被联合国教科文组织列为世界文化遗产的具体登记申请现状与发展情况。并通过亚洲地区的古村落现状分析，来掌握世界文化遗产的价值和登记标准的模式变化及文化遗产中心的登记推进顺序进行详细的分析与研究。总之，可持续发展的古村落有形文化遗产价值将最终为其他地区古村落的联合国教科文组织列为世界文化遗产进行登记申请的有效实施方案作参考。在此基础上，提出先行保护方法和制度的限制，并为世界文化遗产登记的保护与申遗策略制订提供必要性和可行性方案。

二 发展趋势①

近年来，国内外有关世界文化遗产的案例研究成果较多，但是从

---

① 刘志宏、李钟国：《传统村落入选UNESCO世遗名录现状与分布探析——以中国、韩国和日本为例》，《沈阳建筑大学学报》（社会科学版）2017年第2期。

古村落文化遗产保全方法与价值活用视角上的研究不是很多，主要集中于社会学、考古学、建筑学、生态学等进行研究。进入21世纪以来，为全面恢复即将消失的传统文化的研究正在努力探索新的研究思路与方法。从先行研究来看，不仅对古村落的保护与再生复原进行了探讨，而且对申遗的具体方法也做了进一步分析和整理。

（一）国内发展现状分析

国内对古村落相关研究主要从保护与申遗的现状方面开展，比如吴晓勤等着重提出了皖南古村落申报世界文化遗产的方法；并从多角度分析了地理环境和社会因素与古村落分布的关系，探索了古村落的生存规律，初步提出了宏观保护框架[1]；主张从世界文化遗产的视角对古村落保护的理念与方式进行分析，对村落遗产入选项目及中国村落的发展进行深入研究，提出了中国村落遗产保护的策略与方法[2]。

（二）国外发展现状分析

国外对古村落的研究主要从村落的文化遗产保全方法与制度及价值挖掘等方面开展。韩国学者李柱玉和韩毕元对韩国与中国古村落的保全方法与保护制度进行了比较分析[3]；金洪基提出了UNESCO世界记录遗产的改良方案体系[4]。日本学者浅野聪对日本与中国台湾历史的环境保全制度与文化遗产保护法进行了比较分析[5]；才津佑美子提出了村落世界遗产制度与申报过程的关系，总结出村落遗产保护的方法等[6]；中川武对亚洲的城市发展与文化遗产保护进行了比较分析[7]。

---

[1] 曹迎春、张玉坤：《"中国传统村落"评选及分布探析》，《建筑学报》2013年第12期。

[2] 耿涵、周雅：《文化遗产视角下传统村落保护的理念与方式》，《建筑文化》2015年第5期；刘伟国、刘志平：《世界遗产视野中的村落遗产研究》，《三门峡职业技术学院学报》2015年第2期。

[3] [韩]李柱玉、韩毕元：《世界文化遗产良洞村的可持续维护·管理方法论研究》，《建筑历史研究》2011年第6期。

[4] [韩]金洪基：《韩国和日本传统村落保护制度比较研究》，《大韩建筑学会论文集》（设计版）2008年第12期。

[5] [日]浅野聪：《日本和中国台湾地区文化历史的环境保护制度比较研究——以文化遗产保护法为例》，《日本建筑学会论文集》1994年。

[6] [日]才津佑美子：《世界遗产——白川乡的"记忆"》，徐琼译，《民族遗产》2008年第1期。

[7] [日]中川武：《亚洲的城市发展和文化遗产保护》，《建筑学报》2008年第10期。

综上所述，目前尚未有文献从 UNESCO 世界文化遗产古村落申报方法上进行比较分析研究。笔者将在以上研究动态的基础上进行完善和深化，并以地理学的视角，对亚洲地区的世遗古村落进行地理环境分布、空间分布及时间分布等的特征分析，突出古村落保护与申遗的和谐关系；以新型城镇化建设为契机，探讨古村落保护与申遗的实现路径。

第二节 中、日、韩世遗古村落入选比较分析

一 古村落入选 UNESCO 世遗名录的现状

（一）古村落入选现状分析

亚洲地区，对于古村落的历史文化来看，虽然有着不同的历史发展阶段和人文环境及自然地理的差异，但仍存在村落文化共性的一面，在中、日、韩三国有很多古村落保护方法及申遗的过程存在着相似之处。截止到 2021 年 1 月 6 日，通过世界文化遗产中心官网以 Village（村）为关键词进行检索，被列入世界文化遗产的中、韩、日 3 个国家的古村落具体情况如表 3-1 所示。

表 3-1 世界文化遗产入选标准及案例古村落列入情况分析

古村落	入选标准 I	II	III	IV	V	VI	列入时间	始建时间	用途功能	遗存现状	所属国家及地区
安徽省皖南古村落——西递和宏村			●	●	●		2000 年	1131 年 1047 年	居住	活态	中国东部
福建省土楼与村落			●	●	●		2008 年	15—20 世纪	居住和防御	活态	中国东南部
广东省开平碉楼与村落		●	●	●			2007 年	19 世纪末—20 世纪初	居住和防御	活态	中国南部
韩国历史村落——河回村和良洞村			●	●			2010 年	14—15 世纪	居住	活态	韩国东部
日本白川乡和五屹山历史村座				●	●		2010 年	12 世纪	居住	活态	日本中部

资料来源：刘志宏、李钟国《传统村落申报世界文化遗产方法分析研究——以亚洲地区的 UNESCO 传统村落为例》，《西安建筑科技大学学报》（社会科学版）2017 年第 6 期。

按照《实施〈世界遗产公约〉操作指南》（简称《世遗操作指南》）的有关规定，在评选文化遗产的突出普遍性价值和独特的文化价值时是依据世界文化遗产的6项列入标准来进行评价的，其中被提名的文化遗产对象必须符合《世遗操作指南》规定6项标准中的1项或者多项才能被认为该文化遗产具有突出普遍性价值。从表3-1可知，亚洲地区的古村落符合世界文化遗产6种入选标准中第Ⅲ、Ⅳ、Ⅴ三种标准的最多，目前在亚洲地区的古村落中符合第Ⅰ和Ⅵ两种标准的案例还没有出现，符合第Ⅱ种标准的古村落只有中国广东省开平碉楼与村落一处。

（二）古村落文化遗产与城镇文化遗产入选数据比较分析

根据世界遗产中心官网数据统计可知，列入标准Ⅲ、Ⅳ、Ⅴ是村落文化遗产采用最多的入选标准，不同于世界城镇文化遗产以标准Ⅱ、Ⅲ、Ⅳ为主。两者的差别在于标准Ⅱ和Ⅴ，体现了古村落文化遗产和城镇文化遗产入选标准的差异性，古村落文化遗产与城镇文化遗产的入选情况如表3-2所示。

表3-2　　　　古村落文化遗产与城镇文化遗产的入选情况

列入标准	古村落文化遗产（项）	城镇文化遗产（项）
Ⅰ	0	49
Ⅱ	3	151
Ⅲ	9	105
Ⅳ	18	210
Ⅴ	13	67
Ⅵ	0	53
合计	43	635

由表3-2可知，古村落文化遗产强调的是人类传统居住、土地使用或海洋利用方式最杰出的范例，它代表一种（或几种）文化或人类与环境的相互作用，特别是当此典型范例因不可逆变化的冲击

而变得脆弱时,强调的是传统的土地使用方式和文化或人类与环境的相互作用。城镇文化遗产侧重于体现出在世界某一文化领域内或一段时期内,人类在建筑、技术、古迹艺术、城镇规划或景观设计的发展过程中的重要交流,即着重强调文化的交流。从列入标准来看,在古村落文化遗产中,强调其文明见证和阐释建筑物等的杰出范例的同时,其独特性在于传统的土地使用方式和文化或人类与环境的相互作用。

古村落文化遗产属于文化遗产的一种类型,是根据 UNESCO 世界文化遗产标准而被选入的。根据以上的分析和 UNESCO 世界文化遗产中心官网的数据统计可知,世界文化遗产列入标准Ⅲ、Ⅳ、Ⅴ是世界村落文化遗产采用最多的,而列入标准Ⅰ的村落文化遗产基本上没有,列入标准Ⅵ的村落只有一项。而世界城镇文化遗产以标准Ⅱ、Ⅲ、Ⅳ为主,Ⅰ和Ⅵ为辅。两者的差别在于标准Ⅱ和标准Ⅴ,充分体现了村落文化遗产和城镇文化遗产登记基准的差异性,具体详见图3-1。

类别	标准	数量
世界村落文化遗产	UNESCO入选标准(Ⅰ)	0
	UNESCO入选标准(Ⅱ)	3
	UNESCO入选标准(Ⅲ)	9
	UNESCO入选标准(Ⅳ)	18
	UNESCO入选标准(Ⅴ)	13
	UNESCO入选标准(Ⅵ)	0
世界城镇文化遗产	UNESCO入选标准(Ⅰ)	49
	UNESCO入选标准(Ⅱ)	151
	UNESCO入选标准(Ⅲ)	105
	UNESCO入选标准(Ⅳ)	210
	UNESCO入选标准(Ⅴ)	67
	UNESCO入选标准(Ⅵ)	53

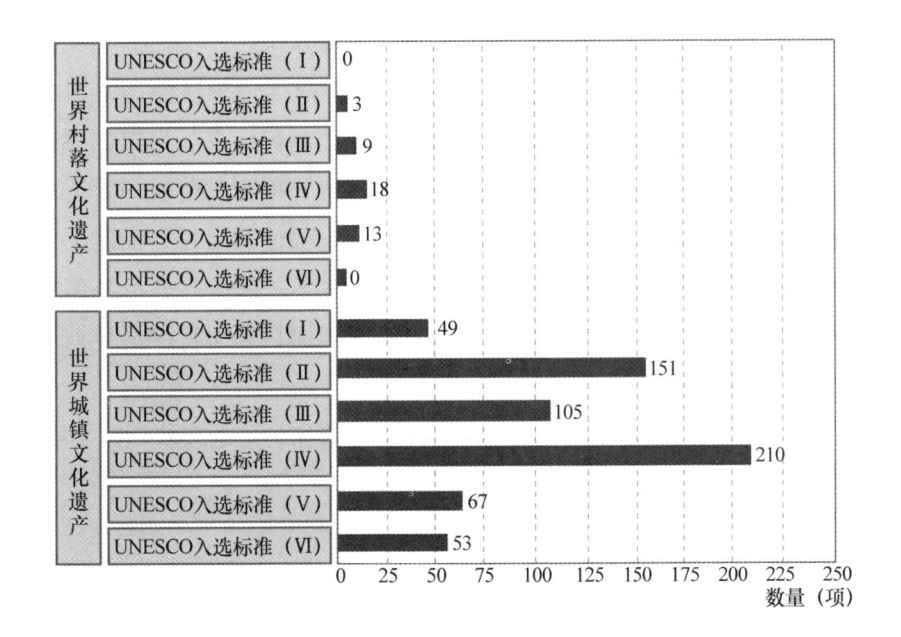

图3-1 村落文化遗产与城镇文化遗产入选数据比较分析

资料来源:笔者绘制。

二 古村落UNESCO世界文化遗产的特征

地理环境是古村落选址与布局的直接因素,古村落微观地理类型丰富,一般有滨水、山脊、平原、丘陵、湿地等重要的地貌类型元素。这说明先祖在古村落选址时,很大程度上考虑到了山水作为立村的重要条件。另外,海拔高程还与古村落对外交通条件有着一定联系。一般来说,海拔越高,地势起伏变化越大,交通越不方便,古村落与外界的阻碍就越大,古村落也就越易于遗存。

(一)中国世遗古村落

1. 中国世遗古村落的保护规划现状

保护古村落的目的就是要保护住我们的"乡愁",让中华文明和历史文化永远传承下去,营造一方自然和谐的村落空间。为了科学可行的有效保护好我国的村落文化遗产,住房和城乡建设部、文化部及财政部等发起了"中国传统村落"调查和评选工作,目的是更好地掌握传统村落的现状,并开展有效的保护和建设工作。

截至2020年,我国已逐步建立起了包括中国传统村落、中国少数民族特色村寨等比较完整的古村落文化遗产保护体系。根据世界遗产中心和中国文化遗产中心的数据,中国共有3项古村落被列为正式的世界文化遗产项目(安徽省皖南古村落——西递和宏村、福建土楼与村落、广东省开平碉楼与村落)。中国古村落文化遗产申报与保护体现出多元化的发展趋势。比如安徽省黟县西递村和宏村保护规划现状如图3-2所示。

广东省开平碉楼与村落和福建土楼与村落保护规划现状如图3-3所示。

a. 黟县西递村保护规划现状　　　b. 黟县宏村保护规划现状

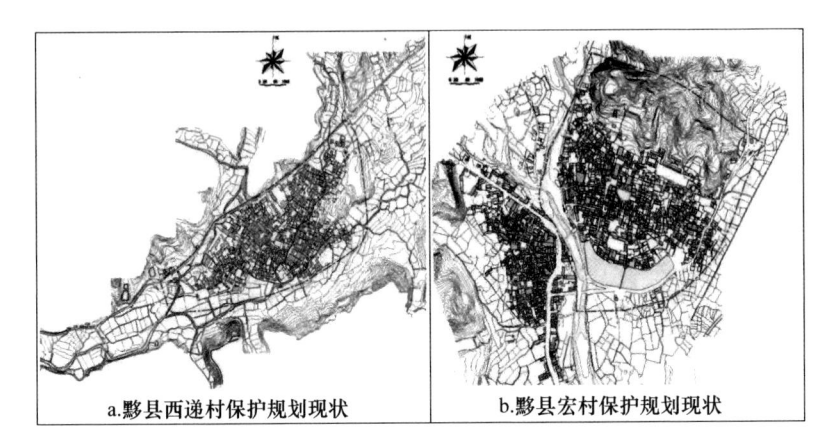

图 3-2　安徽西递—宏村保护规划现状

资料来源：黄山市规划设计院、黟县建设局。

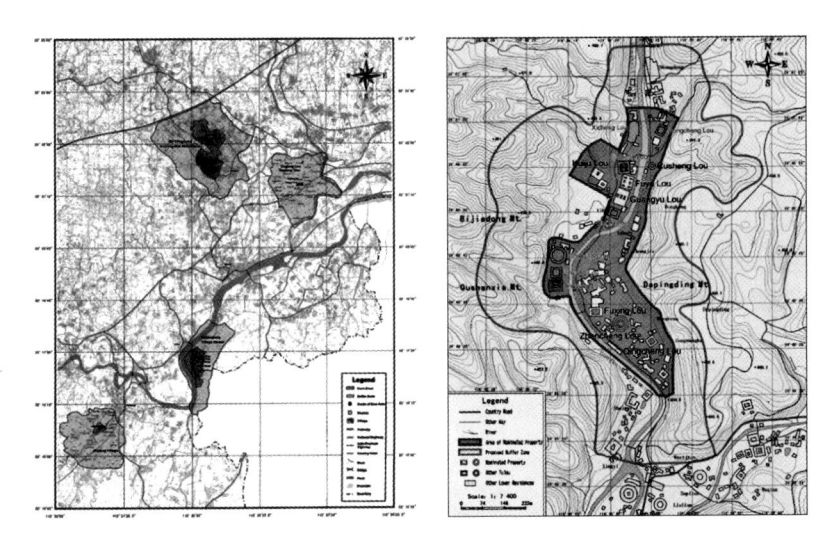

a. 开平碉楼与村落保护规划现状　　　b. 福建土楼与村落保护规划现状

图 3-3　广东开平碉楼与村落—福建土楼与村落保护规划现状

资料来源：世界遗产官网，http://whc.unesco.org/en/list/1113/。

2. 中国世遗古村落的分布特征

中国的古村落文化遗产包含了丰富的民族文化，源远流长的汉文化，如徽州文化（中国东部安徽省的皖南古村落—西递村和宏村）、客家人文化（中国东南部福建省的福建土楼与村落）以及近现代随着中西文化交融而形成的中西合璧文化（中国南部广东省的开平碉楼与村落），在古村落遗产地理环境特征上呈现出百花齐放的文化特点。

中国被列入世遗的三项古村落的现状都以活态为主，保存遗址为辅，目的都是村民的日常生活使用。其中安徽省的皖南古村落——西递村和宏村分别建设于1047年和1131年，申遗的形式以两村捆绑式申报为主，其功能为居住。福建土楼始建于15世纪至20世纪，广东开平碉楼与村落建设于19世纪末至20世纪初，这两项主要以民居的独特文化价值来申报，强调村落建筑的个性，其功能以居住为主、防御为辅。其中最具代表性的中国世遗古村落是西递村和宏村，具体村落的空间形态与风貌特色如图3-4、图3-5所示。

a. 西递村全景

b. 西递村牌坊透视 　　　　c. 西递村学堂私塾

图3-4　安徽皖南古村落——西递村的原始风貌

资料来源：笔者拍摄。

第三章 古村落的比较研究　053

a. 宏村传统民居原始风貌

b. 宏村自然生态环境

c. 宏村牌坊 　　　　　　　　d. 宏村文化空间

图3-5 安徽皖南古村落——宏村的原始风貌

资料来源：笔者拍摄。

（二）韩国和日本世遗古村落

1. 韩国世遗古村落的保护规划现状

截至 2015 年 7 月，韩国共有 11 处文化遗产被收录进世界遗产名录。韩国的文化遗产具有独特而又朴素低调的性格。文化遗产的形成贯穿了韩国历史的全过程，异常丰富多彩。韩国的文化遗产具有华丽而又不乏整洁的艺术性，以及从宫阙、寺庙等建筑上体现出的科学性等多种价值。但村落遗产被列入世界文化遗产是从 2010 年开始的，到 2020 年，被联合国教科文组织列为世界文化遗产的与村（Village）相关的文化遗产只有一项（韩国的历史村落：河回村和良洞村），且保存完整，目前以观光旅游为主。韩国在传统村落保全方法上具有科学合理的实施路径[①]。比如每年都会以申遗来推动文化遗产保护法的实施。韩国在村落文化遗产特征上呈现出地域的文化特点。

（1）韩国良洞民俗村的保护现状

村庄空间组织形式和建造条件。韩国良洞村位于雪苍山主峰相连的山脊与溪谷之间，村庄由多间传统韩屋、草家屋及连成片的茂盛树林所组成（香坛—观稼亭—无天堂—书百堂）。此外，200 年前名门世家的生活面貌流传至今，原始古屋保存有 54 户，能一眼看尽朝鲜时代中期具有传统构造形式的各种韩屋。

村庄文化遗产现状。1984 年该村被指定为重要民俗资料。2010 年，它被联合国教科文组织列入世界文化遗产名录。全村有 198 栋传统建筑物，并有 26 栋已被指定为文化遗产保护对象。其中圣主峰是书百堂的"眼罩"，圣主峰和书百堂在视觉上相互对应。横向体系是把书百堂、无天堂、香坛、观稼亭相连接起来，这些资产的要素互相对应，从而很好地呈现出传统村庄的固有特色。非物质遗产是在观稼亭举行端午节祭祀、门族会议和相关活动，每年正月十五日进行祭祀活动时，把村庄的细白布挂在观稼亭前的两棵银杏树上。村庄的有形

[①] 刘志宏、李钟国：《西南民族村落与韩国传统村庄保护和建设的比较研究——以广西洞井古村寨、韩国良洞传统村落为研究案例》，《西南民族大学学报》（人文社会科学版）2015 年第 11 期。

资产详见表3-3。

表3-3　　　　　　　　韩国良洞民俗村的有形资产

自然要素		·雪苍山、圣主峰、香木树等
人工要素	公共空间	·旌忠碑阁、二香亭、水风井等
	私人空间	·无天堂、书百堂、杨东川、观稼亭等
	心理空间	·杜谷影堂、东湖亭等

（2）韩国河回民俗村的保护现状

村庄因为冬季西北风对居住非常不利，为了改善这一不利条件，在村庄的西北边建造了数栋万松亭来阻止西北风的入侵。从村庄的横向体系来看，在居住中心和跨东西方向进行建构交叉，通过南北方向的街道和东西景观来划分居住地。东西方向和南北方向的两条分支的内路之间设定径向岔路，民居的坐向显现着东西南北等的多样性（图3-6）。

图3-6　韩国河回民俗村保护规划

资料来源：http：//cafe.naver.com/。

村庄文化遗产现状。1984年该村被指定为重要民俗资料，2010年被联合国教科文组织列入世界文化遗产名录。全村有458栋传统建筑物，其中有12栋已被指定为文化遗产保护对象。此外，还有森林村万松亭被指定为天然纪念物和受保护的文化遗产。

村庄的有形资产详见表3-4。其中通过养真堂和火山及忠孝堂的视觉对应效果来达到民居的文化价值。"远志精舍—玉渊精舍"和"宾渊精舍—兼任精舍"互相对应构成传统村庄的主要景观文化。三神堂的院子和堂屋相对应构成村庄的中心空间，这样就可以通过对应的要素来达到各个因数更大的价值和意义。村庄中心周围的江河构成韩国河回民俗村的特色文化遗产。非物质文化遗产是每年正月十五日在"国师堂、城隍庙、三神堂"举行洞祭典礼，仪式后会有跳地神活动。

表3-4　　　　　　　　韩国河回民俗村的有形资产

自然要素		·芙蓉台、火山、三神堂的榉树、万松堂、蒜峰等
人工要素	公共空间	·荷花池的观景亭、集会堂、展览厅等
	私人空间	·养真堂、忠孝堂等
	心理空间	·杜谷影堂、东湖亭等

为了掌握村庄已有适用的保护概念，法律制度是为了确保村庄的保护和建设方向，使其尝试探索该管制区域的体制方式。要应用在民俗村的保护和文化遗产保护法的法律框架中，韩国颁布了《安东市河回民俗村入口费征收条例》。根据本地域村落的特性适用的制度性安排至今仍然不成熟，维持村落原型的基本原则的文化遗产保护方法对所有的民俗村庄适用。河回民俗村、良洞民俗村的管制区域是由文化遗产指定区的单一区域构成，在"文化遗产保护办法"的基础上，根据村落原型保护的原则来获得规则。

该法律制度对所有村庄适用，只设置一个区域不统一适用于所有城镇文化遗产保护区或缓冲区。根据这样的方式，通过文化遗产集中区域的景观得不到内部的法律保护，但是外部的法律保护不得不加以重视，否则，因为轻率的被开发村落景观将会存在被破坏的不良后果。一方面，考虑到这些担忧如果设置更大的文化遗产集中区域范围，开发的限制范围也扩大的话有可能会增加村民的不满。因此，从文化遗产集中区域中仅单一区域设定的区域开发和有关保护的对立性来看，有鉴于变化和开发的可能性不存在。另一方面，考虑到村庄的可持续发展，这样的方式必须通过社会上的讨论来得到改善。

2. 韩国世遗古村落的分布特征

韩国的传统村庄，地理位置靠近中国北部，与中国古村落在社会文化特性方面存在着相似性。这两个国家的古村落都拥有着以教育文化为基础的同一种宗法秩序和持续的共同体。两国均从20世纪60年代开始，受到城镇化的快速发展的影响，古村落发生了巨大的变化。此外，两个国家都是在20世纪80年代后期开始，关于传统文化的价值得到了社会的重新认识。同时，在古村落文化遗产的地理环境特征上也呈现出百花齐放的文化特点。

韩国这两项古村落的现状都以活态为主，保存遗址为辅，目的都是村民的日常生活使用。河回村和良洞村分别始建于高丽末和朝鲜初（14—15世纪），申遗的形式也是以两村捆绑式申报方式为主，其功能为居住[1]。韩国东部的安东市河回村和庆州市的良洞村，分别以水和山来营造自然环境布局。

3. 日本世遗古村落的保护现状与分布特征

20世纪80年代以来，随着日本经济的高速发展，日本东京市内的历史性建筑不断被改建。但其中也存在有保护和再生上进行认真思考的例子。当今，东京地区保存文物的原创性，对于将要消失的文化遗址进行复原，在创造城市魅力上十分重要，这一理论已逐渐达成了共识。例如，日本的白川乡和五屹山历史村座在1995年被列入

---

[1] [韩]李柱玉、韩毕元：《世界文化遗产良洞村的可持续维护·管理方法论研究》，《建筑历史研究》2011年第6期。

UNESCO世界文化遗产以来，都保持着原真性文化形态，其功能以居住和观光为主。日本还对其他具有保全价值的村落遗产进行了合理的修缮与建设，在保全制度和申遗方法上采取了独特的措施。日本的白川乡和五屹山历史村座始建于12世纪，申遗形式以两村捆绑式申报为主，其功能为居住，同时发展对文化遗产现存情况进行详细的调查与研究，日本的白川乡和五屹山历史村座的保护规划现状详见图3-7。

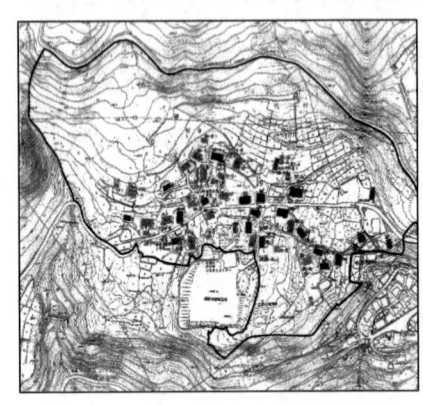

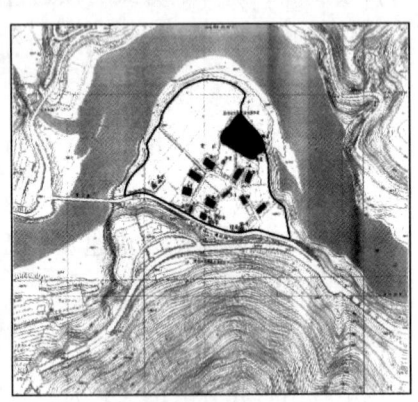

a. 白川乡村保护规划现状　　　　b. 五屹山历史村座保护规划现状

图3-7　日本白川乡和五屹山历史村座保护规划现状

资料来源：世界遗产官网，http://whc.unesco.org/en/list/1113/。

截至2020年，被UNESCO列为世界文化遗产的与村（Village）相关的文化遗产在日本有1项，即本州岛中部岐阜县白川乡和五屹山历史村座——荻町（Ogimachi）、相仓（Ainokura）和菅沼（Suganuma），其地势海拔高1500米左右，山坡陡峭，沿河谷分布。

韩国和日本在古村落文化遗产分布特征上呈现出地域文化特点的差异性和共同性。除韩国安东市河回村以水源和农田为立村的主要因素外，其余均以山脊为立村要素。截至2016年，韩国、日本、格鲁吉亚及叙利亚等亚洲国家逐步建立起了自己国家独有的比较完整的村落文化遗产保护体系。

同样，根据世界遗产中心和各国文化遗产中心官网的数据收集统计发现，韩国共有1项（2处古村落）入选 UNESCO 世界文化遗产项目，1项（3处古村落）入选 UNESCO 世界文化遗产预备项目。日本有1项（2处古村落）入选世界文化遗产项目，但是古村落世界文化遗产预备项目目前还没有。所以，亚洲地区古村落文化遗产申报与保护体系呈现出多元化的发展趋势。

（三）中、日、韩三国的世遗古村落的空间分布特征

从中国、韩国和日本的世遗古村落分布上看，它们较集中于各个国家的东部、中部和南部地区，且世界文化遗产的分布有一定的相似性。三国的世遗古村落在八大区域中空间分布情况具体如图3-8所示。

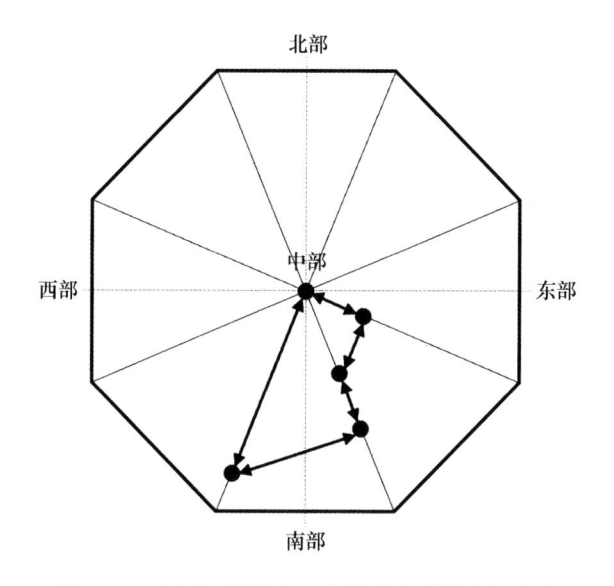

图3-8 中国、韩国和日本世遗古村落空间分布

资料来源：笔者绘制。参见刘志宏、李钟国《传统村落入选 UNESCO 世遗名录现状与分布探析——以中国、韩国和日本为例》，《沈阳建筑大学学报》（社会科学版）2017年第2期。

亚洲地区的世遗古村落主要分布在此3个国家的原因有两个方面：一是由于这3个国家的古村落传承文化价值较高，并达到世遗古村落的入选标准；二是这3个地区古村落保护的理念和申遗方法得当。因此可见，在亚洲地区部分发达国家的经济发展与古村落的遗存

和保护并不矛盾，古村落不一定会在地区经济高速发展中销声匿迹，而且利用新技术和新方法，在适宜性保护与发展的前提下会让古村落延续传承下去。

（四）中、日、韩三国世遗古村落的时间分布特征

亚洲地区世遗古村落在时间分布特征上可以分为古村落选址、建筑建设时间和古村落传承延续时间。首先，从古村落的选址、建筑建设时间来看，中国安徽省的皖南古村落—西递村和宏村，始建时间分别为1047年和1131年，均在1年内完成。日本本州中部岐阜县白川乡和五屹山历史村座，始建时间为12世纪。韩国东部的安东市河回村和庆州市的良洞村，始建时间为14—15世纪，基本上跨世纪才得以完成。中国东南部福建省的福建土楼与村落，始建时间为15—20世纪，经历了几个世纪的建设周期。最晚的是中国南部广东省的开平碉楼与村落，始建时间为19世纪末至20世纪初，建设完成将近两个世纪。其次，从世遗古村落的传承延续时间来看，基本上是指传承延续时间较长，遗存下来的均为活态传统村落。传承较好的古村落始建时间相对比较晚，大多为10世纪以后始建的村落，其中最晚的是中国南部广东省的开平碉楼与村落，仅延续1个世纪左右。最后，从以上情况来看，世遗古村落很大程度上受到了社会因素的影响，部分较为优秀的古村落在历史的发展中可能消失。

第三节 古村落文化遗产保护比较研究

一 古村落文化遗产保护制度的比较

为了保护好世遗古村落文化遗产，基于中国、韩国和日本等亚洲国家适用性法律制度考察的结果，根据亚洲国家各自的保护制度来进行比较分析，具体保护制度及方法的差异性整理如表3-5所示。大部分亚洲国家传统村落的保护，采用刚性的原型保护原则，通过引入社会共识的保护方法等进行科学性保护制度的制定和实施。

表3-5　　　　世遗古村落文化遗产保护制度的应用比较分析

制度＼国家	中国	韩国	日本
法律依据	文物保护法	文物保护法	文物保护法
实施令	没有	文物保护法实施令	文物保护法实施令
实施规则	文物保护法实施规则	文物保护法实施规则	文物保护法实施规则
指定方法	地方文物保护管理条例、古村落保护条例	国家制定制度	地方自治部门决定的条例、国家选定制度
保全计划	建立地方文化遗产保护管理计划	指定后国家建立主导性保全计划	保全地区决定后建立地方自治部门独具的保全计划
地方规则	古村落保护管理办法	没有	没有
其他政策	历史文化名村、少数民族特色村落	没有	没有

二　古村落文化遗产保护的价值

在不同类型的古村落中，文化价值是村落价值的重要因素。同时具备卓越的地域文化特点，且又具有地域民俗文化体系的古村落文化遗产，就会成为杰出价值的代表案例。古村落的经济发展是古村落形成特殊文化价值的最重要文化因素。古村落的文化价值造就，离不开当地的商业文化，其独有的文化村落价值体现了典型地域文化特色的特征。古村落文化遗产的经济性价值具体表现如表3-6所示。

表3-6　　　　世遗古村落文化遗产保护价值分析

运用价值	直接运用价值	·让观光游客得到直接的消费价值
	间接运用价值	·让村民得到直接的生活价值 ·让政府得到直接的建设延续价值
保护价值	选择价值	·为了资源的未来使用价值 ·商业化的运营价值 ·文化遗产保护中心后期的展示价值
	存在价值	·文化艺术性等的审美价值（美学价值） ·科学研究性价值 ·世界性可传承的有形价值 ·教育功能及旅游功能的价值
	遗产价值	·历史性卓越的杰出文化价值 ·世界文化遗产的卓越的普遍性价值 ·世界文化遗产的真实性和完整性价值 ·世界文化遗产的收录价值

三 古村落文化遗产保护的对象

为了古村落的保护，必须改善古村落保护的方向性，设定保护对象必须具有科学性，确定好古村落遗产保护体系的合理性建构。扩大古村落文化遗产保护的资源范围及宣传力度，通过政府财政支援及补偿村民政策等措施，来完善古村落文化遗产保护对象的设定。在古村落文化遗产保护对象的设定上，需要确保古村落的村民收益及经济可持续发展。具体设定古村落文化遗产保护对象的方法如表3-7所示。

表3-7　　　　　　古村落文化遗产保护对象的设定

项目	方法
保护制度的优化	·设定保护标准及准则，村民主动遵守规定 ·防止村民擅自设置设施和增建 ·拆除非法建筑物 ·融合村民的管理规定 ·村民的自发努力 ·防止原型被破坏
确立保护对象	·确定民间主导型保护 ·确定行政上专业人才的主导 ·扩大行政和村民的沟通系统 ·对于保护方法专家的必要建议 ·村民的意见收集 ·传统文化保护的活动支援 ·体现地域文化村落的特色——节庆文化等的多样性 ·区域合作专题研讨会 ·信息化体系的建立
文化遗产保护措施	·扩大村民文化遗产的相关教育 ·确立游客的接纳体系 ·扩大传统民居的保护支援 ·扩大有形文化遗产的经济性资源 ·扩大村落文化遗产的价值保护资源
补偿制度的制定	·确保经济的持续性 ·补偿管理制度的设定 ·维持村民必需的经济政策 ·维持村民必需的生活需求 ·村落收益使用的公开化 ·企业或团体的参与申办

续表

项目	方法
资金支援的持续性	·技术系统的支援 ·村民演出项目的开发支持 ·通过共同宣传方案 ·为了宣传的行政支援 ·保障开发商与村民的和谐 ·开发商必要的维持政策权力 ·村落文化遗产活态保护方法的设定

第四节 古村落申遗的方法比较研究

一 中国古村落申遗的方法分析

中国古村落的现状以活态为主,保存遗址为辅。其中安徽省的皖南古村落——西递村和宏村分别建设于1047年和1131年,申遗形式以两村捆绑式申报为主,其功能为居住。福建土楼与村落始建于15—20世纪,广东省的开平碉楼与村落建设于19世纪末至20世纪初,这两项主要以民居建筑独特文化价值来申报,强调村落民居建筑的个性,其功能以居住为主、防御为辅。首先,安徽省皖南古村落——西递和宏村,在申报世界文化遗产的过程中,当时在中国村落类型的申报上还是第一例,没有可以参考和借鉴的案例。在申报中,只是将其与平遥古城和丽江古城做了简单的比较和分析,突出了古村落独特的文化视角。具体古村落申遗方法详见图3-9。

其次,福建省土楼与村落,是世界上独一无二的夯土民居建筑,造型独特、规模宏大、结构奇巧。在申报世界文化遗产的过程中,福建省土楼与村落申遗历经了四个阶段:自发阶段(1998—1999)、统一阶段(2000—2001)、延缓阶段(2002—2006)和冲刺阶段(2007—2008)。具体的古村落申遗方法详见图3-10。

最后,因中西文化交融而形成的中西合璧文化(广东开平碉楼与村落),建设于19世纪末至20世纪初,主要以民居建筑的独特文化

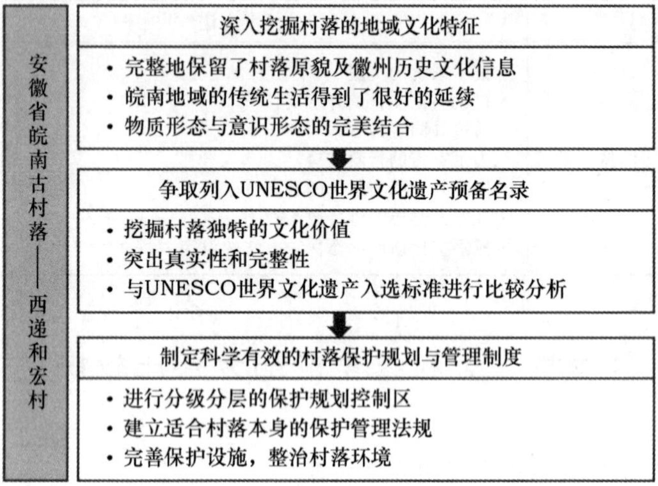

```
┌─────┬──────────────────────────────────────┐
│     │      深入挖掘村落的地域文化特征        │
│ 安  │ • 完整地保留了村落原貌及徽州历史文化信息│
│ 徽  │ • 皖南地域的传统生活得到了很好的延续   │
│ 省  │ • 物质形态与意识形态的完美结合         │
│ 皖  ├──────────────────────────────────────┤
│ 南  │    争取列入UNESCO世界文化遗产预备名录   │
│ 古  │ • 挖掘村落独特的文化价值               │
│ 村  │ • 突出真实性和完整性                   │
│ 落  │ • 与UNESCO世界文化遗产入选标准进行比较分析│
│ ——  ├──────────────────────────────────────┤
│ 西  │    制定科学有效的村落保护规划与管理制度 │
│ 递  │ • 进行分级分层的保护规划控制区         │
│ 和  │ • 建立适合村落本身的保护管理法规       │
│ 宏  │ • 完善保护设施，整治村落环境           │
│ 村  │                                      │
└─────┴──────────────────────────────────────┘
```

图 3-9　西递和宏村申报世界文化遗产的方法构架

资料来源：笔者绘制。

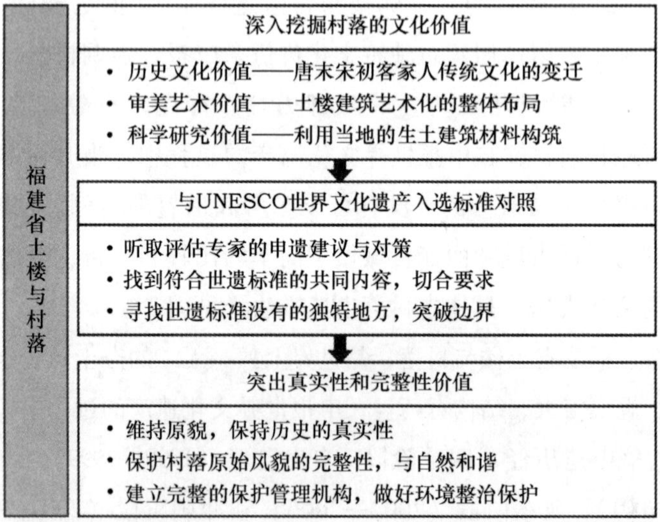

```
┌─────┬──────────────────────────────────────┐
│     │        深入挖掘村落的文化价值          │
│     │ • 历史文化价值——唐末宋初客家人传统文化的变迁│
│     │ • 审美艺术价值——土楼建筑艺术化的整体布局│
│ 福  │ • 科学研究价值——利用当地的生土建筑材料构筑│
│ 建  ├──────────────────────────────────────┤
│ 省  │     与UNESCO世界文化遗产入选标准对照    │
│ 土  │ • 听取评估专家的申遗建议与对策         │
│ 楼  │ • 找到符合世遗标准的共同内容，切合要求 │
│ 与  │ • 寻找世遗标准没有的独特地方，突破边界 │
│ 村  ├──────────────────────────────────────┤
│ 落  │         突出真实性和完整性价值         │
│     │ • 维持原貌，保持历史的真实性           │
│     │ • 保护村落原始风貌的完整性，与自然和谐 │
│     │ • 建立完整的保护管理机构，做好环境整治保护│
└─────┴──────────────────────────────────────┘
```

图 3-10　福建省土楼与村落申报世界文化遗产的方法构架图

资料来源：笔者绘制。

价值来申报，强调古村落民居建筑的个性与特色，其功能以居住为主、防御为辅。以中西文化相结合来申报世界文化遗产，当时在世界村落类型的申报上还是首例。在申报中，突出了古村落防御外敌的特点，并结合科学的营造方式，凸显侨乡人民对家乡的贡献。具体申遗方法详见图3-11。

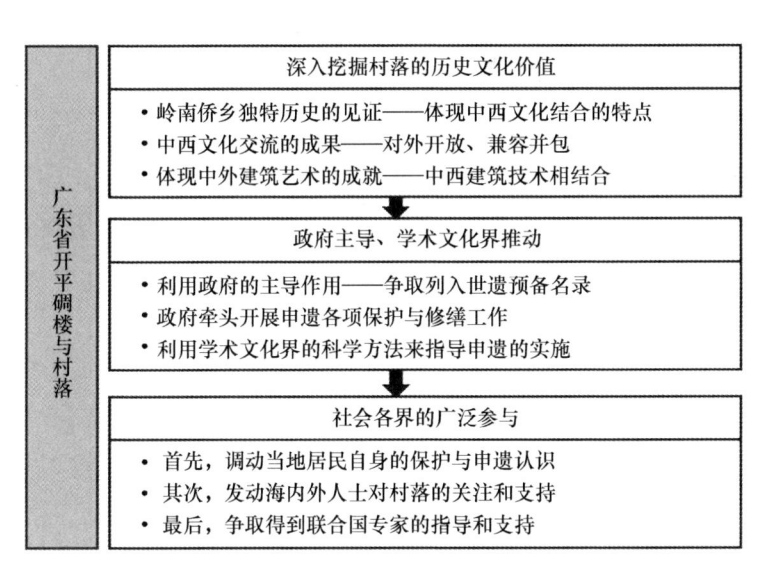

```
┌─────┐  ┌─────────────────────────────────────┐
│     │  │      深入挖掘村落的历史文化价值       │
│     │  │ • 岭南侨乡独特历史的见证——体现中西文化结合的特点 │
│     │  │ • 中西文化交流的成果——对外开放、兼容并包      │
│ 广   │  │ • 体现中外建筑艺术的成就——中西建筑技术相结合  │
│ 东   │  └──────────────────┬──────────────────┘
│ 省   │                     ↓
│ 开   │  ┌─────────────────────────────────────┐
│ 平   │  │       政府主导、学术文化界推动        │
│ 碉   │  │ • 利用政府的主导作用——争取列入世遗预备名录 │
│ 楼   │  │ • 政府牵头开展申遗各项保护与修缮工作       │
│ 与   │  │ • 利用学术文化界的科学方法来指导申遗的实施  │
│ 村   │  └──────────────────┬──────────────────┘
│ 落   │                     ↓
│     │  ┌─────────────────────────────────────┐
│     │  │         社会各界的广泛参与           │
│     │  │ • 首先，调动当地居民自身的保护与申遗认识    │
│     │  │ • 其次，发动海内外人士对村落的关注和支持    │
│     │  │ • 最后，争取得到联合国专家的指导和支持      │
└─────┘  └─────────────────────────────────────┘
```

图3-11 广东省开平碉楼与村落申遗方法构架图

资料来源：笔者绘制。

二 韩国、日本古村落申遗的方法分析

韩国（1项）、日本（1项）的UNESCO世界文化遗产古村落保护与申遗的现状以活态化利用为主，保存遗址为辅，目的都是保护村民的原始生活习惯供日常生活使用。其中韩国安东市的河回村和庆州市的良洞村都建于14—15世纪，日本的白川乡和五屹山历史村座始建于12世纪，两国申遗的形式都以两村捆绑式申报为主，其功能为居住。这两项UNESCO古村落在申报中所采取的具体科学有效的方法如图3-12所示。

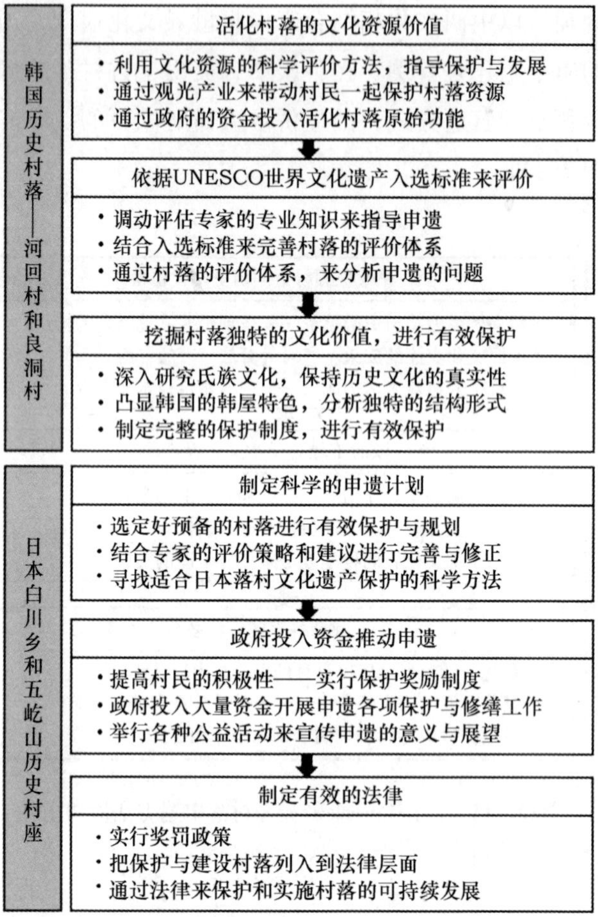

```
┌─────┬──────────────────────────────────────────┐
│韩    │         活化村落的文化资源价值              │
│国    │ • 利用文化资源的科学评价方法，指导保护与发展  │
│历    │ • 通过观光产业来带动村民一起保护村落资源      │
│史    │ • 通过政府的资金投入活化村落原始功能          │
│村    ├──────────────────────────────────────────┤
│落    │      依据UNESCO世界文化遗产入选标准来评价    │
││    │ • 调动评估专家的专业知识来指导申遗            │
│河    │ • 结合入选标准来完善村落的评价体系            │
│回    │ • 通过村落的评价体系，来分析申遗的问题        │
│村    ├──────────────────────────────────────────┤
│和    │      挖掘村落独特的文化价值，进行有效保护    │
│良    │ • 深入研究氏族文化，保持历史文化的真实性      │
│洞    │ • 凸显韩国的韩屋特色，分析独特的结构形式      │
│村    │ • 制定完整的保护制度，进行有效保护            │
├─────┼──────────────────────────────────────────┤
│日    │           制定科学的申遗计划                │
│本    │ • 选定好预备的村落进行有效保护与规划          │
│白    │ • 结合专家的评价策略和建议进行完善与修正      │
│川    │ • 寻找适合日本落村文化遗产保护的科学方法      │
│乡    ├──────────────────────────────────────────┤
│和    │          政府投入资金推动申遗                │
│五    │ • 提高村民的积极性——实行保护奖励制度         │
│屹    │ • 政府投入大量资金开展申遗各项保护与修缮工作  │
│山    │ • 举行各种公益活动来宣传申遗的意义与展望      │
│历    ├──────────────────────────────────────────┤
│史    │            制定有效的法律                   │
│村    │ • 实行奖罚政策                              │
│座    │ • 把保护与建设村落列入到法律层面              │
│     │ • 通过法律来保护和实施村落的可持续发展        │
└─────┴──────────────────────────────────────────┘
```

图 3-12　韩国和日本古村落申报世界文化遗产的方法构架

资料来源：笔者绘制。

三　古村落保护方法与价值活用的体系研究

在亚洲地区的古村落申报世界文化遗产方法体系的建构中，因为各国及地理位置、古村落历史文化、经济发展、政治等各异，自然而然就形成了亚洲各国各自的多样性世界文化遗产古村落保全方法。利用亚洲古村落申遗方法及价值评价体系建构的经验，可以找到古村落遗产存在的共同点。

第三章 古村落的比较研究

传统文化作为一种独特的有形文化遗产①,其保护必须通过科学可行的总体方法体系来实施。古村落是自然文化遗产和物质文化遗产相结合的文化生态系统,由于目前全球环境恶化,必须留住传统文化的根。

首先,对古村落保全体系进行全面强化,加强古村落文化遗产的生态系统保全工作。并将古村落文化遗产保全纳入世界性传统文化遗产保护中来,这对亚洲地区各个国家古村落文化的保全和研究具有巨大的实际意义和价值。其次,通过科学的保全方法来维护古村落在世界文化遗产地位上系统体系的自然平衡。使其古村落文化遗产发挥出各自的价值,达到维护古村落的可持续发展、村民的生活稳定等,进而提高古村落的自然生存能力。最后,通过多样性的古村落文化遗产保护策略及各方面的努力,重视亚洲地区古村落的和谐发展与传承。传承与发展是古村落在世界文化遗产上作为活态文化遗产的特征之一②,也是古村落文化遗产保全的核心内容。同时也需要世界文化遗产中心及政府与更多相关部门及村民本身的共同参与,协同创新来做好保全工作,从而更完善地保全与更好地传承祖先遗留下来的古村落珍贵的世界文化遗产。古村落是遗产中的特殊文化遗产,古村落遗产是物质文化遗产,同时也是非物质文化遗产。既是一种活态的生产性遗产,也是传承历史文化的自然传统文化形态③。

本书旨在以亚洲地区的古村落文化遗产的保护方法的比较分析为主要研究思路,基于中国、韩国和日本等亚洲地区国家的古村落被联合国教科文组织列为世界文化遗产的保全案例分析为基础,对古村落遗产的保护方法、文化价值、资源利用、申遗对策等方面做了比较完整系统的分析,提出了亚洲遗产文化圈中古村落文化遗产保护方法与

---

① 胡田翠、鲁峰:《古村落旅游可持续发展评价指标体系构建研究》,《现代经济》2007年第10期。
② 陈传金:《古村落资源分类与评价体系研究》,硕士学位论文,南昌大学,2008年。
③ [韩]孙浩基、金相范:《农村体验古村落景观保全价值评估研究》,《农村地图和开发》2010年第4期。

价值活用体系的建构路径。通过比较分析古村落案例来找到适合普遍的古村落遗产价值的分析与研究方法。通过以上对古村落保护方法的提出与研究，使古村落的文化价值最大化，并对保全方法进行体系化建构，真正实现对世界文化遗产传统村落保全的措施，其中相关的解决方法体系详见图 3-13。

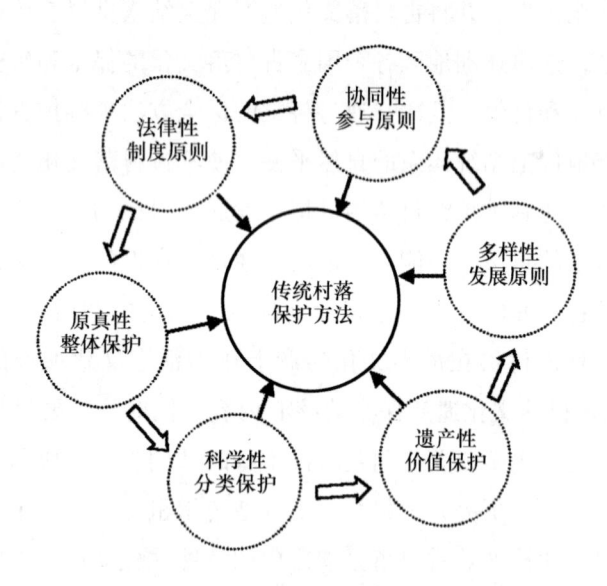

图 3-13　古村落文化遗产保护方法体系

资料来源：笔者绘制。

然而，世界文化遗产价值是一个涵盖了文化性价值、历史性价值、经济性价值及无形文化价值等的复杂体系[①]。古村落文化遗产价值评价可以通过申报世界文化遗产的过程来实现和引导，可以利用分级分层的保护方法对古村落资源的价值进行评价，具体古村落遗产价值的评价体系构建如图 3-14 所示。

为了世界文化遗产的价值得到最大化，彻底落实古村落保护与价值转化问题，根据世遗申报标准来评价村落文化遗产的突出普遍性价

---

① 金永泽：《古村落类型发展阶段建设指标体系开发》，博士学位论文，韩国全南大学，2014 年。

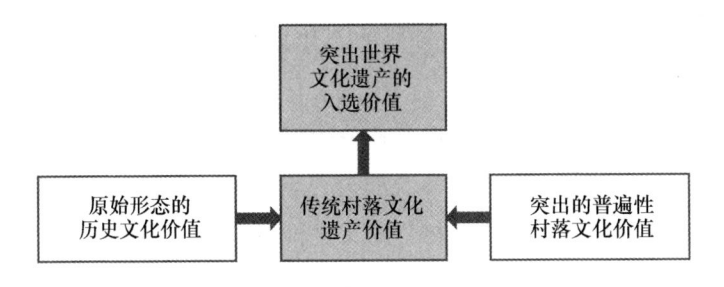

图 3-14 古村落文化遗产价值的评价体系

资料来源：笔者绘制。

值。本书以亚洲地区的古村落申报世界文化遗产的方法及入选现状进行比较分析，以中、韩、日亚洲地区国家的古村落被列为世界文化遗产的入选案例为基础，对古村落的入选现状与特征、申遗方法等做了比较完整系统的分析，最后提出了亚洲遗产文化圈中古村落文化遗产保全方法与价值评价体系的建构路径。通过比较分析与研究古村落案例来找到古村落申遗的方法。

通过对亚洲国家古村落被列为世界文化遗产的过程分析与研究，对古村落的文化价值多层次、多方位地进行综合评价，从总体上把握古村落申遗的方法与策略。对其文化遗产保护价值、入选现状情况与评价方法等做出科学合理的分析与评价。找到申遗的方法与存在的问题，从而为其他更多的古村落保护与申遗提供科学的决策依据。

四 世遗古村落带来的启示

（一）挖掘古村落文化遗产的独特价值

根据以上世遗古村落的入选现状与分布特征分析可知，在不同的古村落类型中，古村落的文化价值是世界文化遗产入选评价的重要因素之一。同时，必须具备卓越的地域文化特点，且具有地域民俗文化体系的古村落文化遗产，这就会成为世界文化遗产中突出的普遍性价值代表案例。古村落的观光和经济发展也是形成特殊文化价值的重要文化因素之一。

在具体的古村落文化遗产价值评价体系中，需挖掘出古村落物质文化之外的非物质文化、古村落活态化传承文化等无形文化遗产价值。例如，加强对古村落独有的民族生存意识的精神文化、历史人物思想文化体系、非物质文化遗产相关的仪式（传承人、材料、工艺以及其他实践活动等）与古村落及周边环境的依存程度、文化遗产的种类和级别等的深入挖掘。古村落的文化价值造就，还离不开当地的商业文化，其独有的古村落文化价值体现了地域文化典型的特征和经济社会发展新趋势。

（二）重视古村落的活态化传承与应用

通过申遗，将古村落的文化延续下来，并以活态化的形式进行古村落的利用和开发。通过古村落的活态文化来延续古村落的原始生活形态、村民的民俗民风、历史的记忆和传承历史文化等。例如，古村落的传统工艺、节庆活动、婚嫁习俗、民族特色表演、原始生活文化体验等非物质文化遗存，同时也强调古村落的民风民俗、血缘和氏族关系、原始生产、农耕生活等方面的内容，将其进行明确、合理的遗存与活态化传承。

在以上具体的活态化传承项目中进行客观性评价建构，分析传承的具体情况。如，古村落达到良好传承以上，并具有持续传承活力，可以通过定量和定性评估来进行分值的设置与评价。

（三）科学制定古村落保护方法与世遗文化价值评价认证体系

文化遗产作为古村落共有的精神与物质文化财富，成功与科学的保护可以强化村民对本土文化的理解和延续，促进地域社会经济的健康持续发展。要使世遗古村落保持格局完整、风貌依旧、文化传承延续，古村落环境得到较好治理，必须科学地制定好保护规划方案。例如，明确古村落的保护对象，并进行分层、分等级划定保护范围，制定好世遗申报的评价体系构架，做到保护与申遗同时和谐进行，建立起两者之间有机结合的科学评价体系。

UNESCO承认的申报世界文化遗产的古村落文化遗产类遗址，必须满足"具有突出的普遍性价值的文化遗产"的条件。古村落代表着与自然和谐依存的人类聚居文化空间，有着悠久的历史文化和地域特色民族文化。对古村落的保护与文化价值等深层内涵的挖掘与研究，借鉴与参考申遗成功的古村落之经验，制定出适合自身价值的评价体系。因此，制定好科学合理的古村落文化评价体系十分重要，为申遗成功奠定坚实的基础，具体的 UNESCO 世遗村落文化价值识别与评价体系如图 3-15 所示。

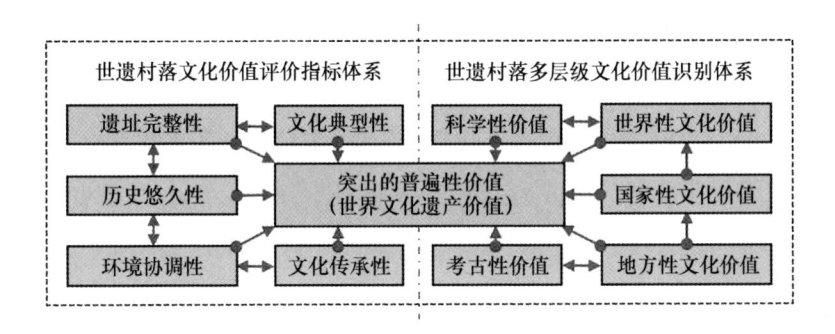

图 3-15　世遗村落文化价值识别与评价认证体系

资料来源：笔者绘制。

古村落突出的普遍性价值（世界文化遗产价值）可以通过世遗村落文化价值评价指标体系和世遗村落多层级文化价值识别体系来进行构建和评价认证。具体的体系指标之间的关联程度和组织构架关系，通过具体的因子建立来达到对古村落文化价值的科学定量评价。比如，世遗村落文化价值评价指标体系中的"遗址完整性、历史悠久性、环境协调性、文化典型性和文化传承性"及世遗村落多层级文化价值识别体系中的"世界性文化价值、国家性文化价值、地方性文化价值、科学性价值和考古性价值"都可以根据定量评价的方法来进行分层级考量，采用分层次的分析法和综合评价相结合的方法来构建评价模型。建立客观性评价与主观性评价相结合的体系构架，设定为一级指标、二级指标和三级指标等分类别进行评估，按照指标的量度来进行分值的设定，使 UNESCO 世界文化遗产古村落在具体的文化价值识别与评价认证体系上进行指标体系化构建和定量评价。这样的方法体系可以使更多的古村落进行科学有效的保护与申报世界文化遗产，为全球化文化遗产保护与发展工作奠定基础。

  本书以亚洲地区古村落原貌保护的方法分析为基础，确保原真性整体保护与价值活用的合理实施，使其适应世界文化遗产登记申报的具体要求，达到全球化的保全方法体系，从而实现亚洲文化背景下古村落的可持续发展。基于这样的背景，提出在世界文化遗产登记申请标准下开展古村落文化遗产的保护方法比较分析具有重大意义。

第 四 章
古村落保护与申遗的评价指标开发

第一节 评价指标项目建立

一 评价指标项目的比较分析

本书通过现有的 UNESCO 世界文化遗产 6 条评价标准和中国传统村落 3 个评价认证指标体系（共 20 个评价认证指标项目）的比较，分析了 UNESCO 世界文化遗产和中国传统村落评价标准的对应适用关系及关联程度。

（一）世界文化遗产评价标准和中国传统村落民居建筑评价领域比较

为了引进预备评价指标项目，通过世界文化遗产 6 条评价标准和中国传统村落民居建筑领域的 8 个评价指标项目的比较，得出的关联性程度，其具体分析结果如图 4-1 所示。

第一，世界文化遗产评价标准（U.）中的"创意性（独创性、稀有性）"（U.Ⅰ）与中国传统村落民居建筑领域评价认证指标体系（CV.Ⅰ）的"稀有性"有着密切的联系，但是与评价认证指标项目"悠久性""规模""比率""丰富性""完整性""工艺美学价值"和"传统工艺技术传承"等毫无关联。说明世界文化遗产评价标准（U.）中的第一条标准要求很高，中国传统村落民居建筑领域的评价指标项目很难达到其要求。

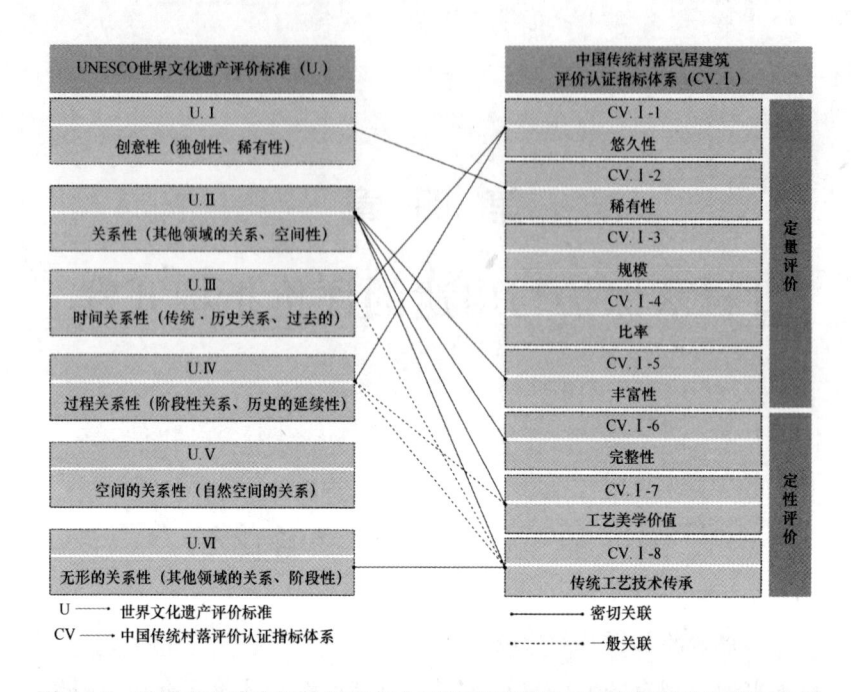

图4-1 世界文化遗产评价标准与中国传统村落民居建筑评价认证指标比较

资料来源：笔者绘制。

第二，世界文化遗产评价标准（U.）的"关系性（其他领域的关系、空间性）"（U.Ⅱ）与中国传统村落民居建筑领域评价认证指标体系（CV.Ⅰ）的"丰富性""完整性""工艺美学价值""传统工艺技术传承"有着密切的关联。与评价认证指标体系项目"悠久性""规模""比率"没有任何关联。

第三，世界文化遗产评价标准（U.）的"时间关系性（传统·历史关系、过去的）"（U.Ⅲ）项目与中国传统村落民居建筑评价认证指标体系（CV.Ⅰ）的"悠久性"有着密切的联系，与"传统工艺技术传承"有所关联。与评价认证指标体系项目"稀有性""规模""比率""丰富性""完整性""工艺美学价值"没有关联。

第四，世界文化遗产评价标准（U.）的"过程关系性（阶段性关系、历史的延续性）"（U.Ⅳ）项目与中国传统村落民居建筑评价认证指标体系（CV.Ⅰ）的"悠久性"有着密切的联系，与"工艺美学价值"以及"传统工艺技术传承"有所关联。与其他评价认证指标体系项目没有关联。

第五，世界文化遗产评价标准（U.）的"空间的关系性（自然空间的关系）"（U.Ⅴ）与中国传统村落民居建筑领域评价认证指标体系"（CV.Ⅰ-1）—（CV.Ⅰ-8）"8个评价指标体系项目几乎没有关联。

第六，世界文化遗产评价标准（U.）的"无形的关系性（其他领域的关系、阶段性）"（U.Ⅵ）和中国传统村落民居建筑领域评价指标体系（CV.Ⅰ）的"传统工艺技术传承"有着密切的关联。与"（CV.Ⅰ-1）—（CV.Ⅰ-7）"7个指标项目没有关联。

（二）世界文化遗产评价标准和中国传统村落选址与布局评价领域比较

通过世界文化遗产6条评价标准和中国传统村落选址与布局领域的5个评价认证指标体系项目进行比较，具体分析结果如图4-2所示。

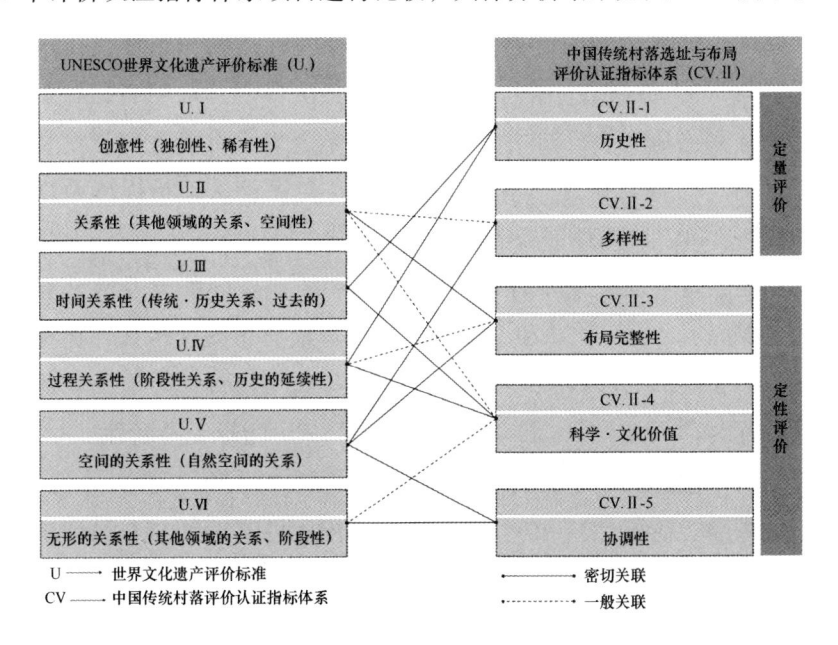

图4-2 世界文化遗产评价标准与中国传统村落选址与布局评价认证指标比较

资料来源：笔者绘制。

第一，世界文化遗产评价标准（U.）中的"创意性（独创性、稀有性）（U.Ⅰ）"与中国传统村落选址与布局领域评价认证指标体系（CV.Ⅱ）中指标项目没有关联。

第二，世界文化遗产评价标准（U.）的"关系性（其他领域的关系、空间性）"（U.Ⅱ）和中国传统村落选址与布局领域评价认证指标体系（CV.Ⅱ）的"布局完整性"具有极高的关联度，与"多样性""科学·文化价值"指标项目存在一定的关系。与评价认证指标体系项目"历史性""协调性"没有任何关联。

第三，世界文化遗产评价标准（U.）的"时间关系性（传统·历史关系、过去的）"（U.Ⅲ）和中国传统村落选址与布局的评价认证指标体系（CV.Ⅱ）的"历史性""科学·文化价值"存在着密切的关系，与"多样性""布局完整性""协调性"3个评价认证指标项目没有关联。

第四，世界文化遗产评价标准（U.）的"过程关系性（阶段性关系、历史的延续性）"（U.Ⅳ）和中国传统村落选址与布局评价认证指标体系（CV.Ⅱ）的"历史性""科学·文化价值"有着密切的联系，与"布局完整性"有一定的关联，与评价认证指标体系项目"多样性"和"协调性"没有任何关联。

第五，世界文化遗产评价标准（U.）的"空间的关系性（自然空间的关系）"（U.Ⅴ）和中国传统村落选址与布局评价认证指标体系（CV.Ⅱ）的"多样性""布局完整性"和"协调性"有密切的关联度，而与"历史性""科学·文化价值"2个指标无关联性。

第六，世界文化遗产评价标准（U.）的"无形的关系性（其他领域的关系、阶段性）"（U.Ⅵ）和中国传统村落选址与布局评价认证指标体系（CV.Ⅱ）的"协调性"关联度极高，与"科学·文化价值"有一定的关联，与"历史性""多样性""布局完整性"3个指标项目没有任何关联。

（三）世界文化遗产评价标准和中国传统村落无形文化遗产领域比较

对UNESCO世界文化遗产6条评价标准和中国传统村落无形文化

第四章　古村落保护与申遗的评价指标开发　077

遗产领域的 7 个评价认证指标体系项目如图 4-3 进行比较，得出两者关联可能性的具体分析结果如下：

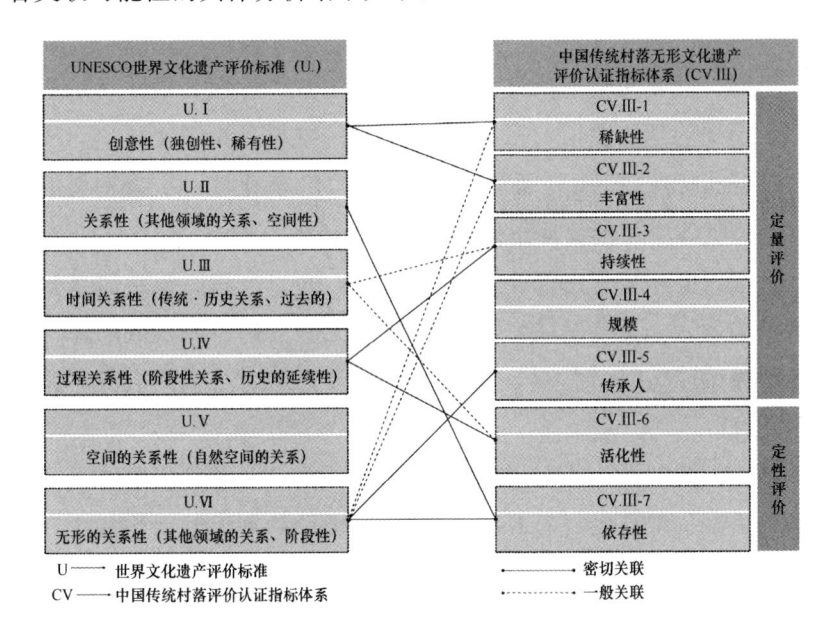

图 4-3　世界文化遗产评价标准与中国传统村落无形文化遗产评价认证指标比较

资料来源：笔者绘制。

第一，世界文化遗产评价标准（U.）中的"创意性（独创性、稀有性）"（U.Ⅰ）与中国传统村落无形文化遗产领域评价认证指标体系（CV.Ⅲ）的"稀缺性""丰富性"有较为密切的关系，但是与"持续性""规模""传承人""活化性""依存性"5 个评价指标项目没有关联。

第二，世界文化遗产评价标准（U.）的"关系性（其他领域的关系、空间性）"（U.Ⅱ）与中国传统村落无形文化遗产评价认证指标体系（CV.Ⅲ）的 6 个指标项目"稀缺性""丰富性""持续性""规模""传承人""活化性"的关联度均为零。

第三，世界文化遗产评价标准（U.）的"时间关系性（传统·历史关系、过去的）"（U.Ⅲ）与中国传统村落无形文化遗产的评价认证指标体系（CV.Ⅲ）的"持续性""活化性"有着一定的关联，与"稀缺性""丰富性""规模""传承人"和"依存性"5个评价指标没有任何关联。

第四，世界文化遗产评价标准（U.）的"过程关系性（阶段性关系、历史的延续性）"（U.Ⅳ）与中国传统村落无形文化遗产领域评价认证指标体系（CV.Ⅲ）的"持续性""活化性"有着密切的关联，与其他5个评价认证指标体系项目无任何关联。

第五，世界文化遗产评价标准（U.）的"空间的关系性（自然空间的关系）"（U.Ⅴ）与中国传统村落无形文化遗产领域的评价认证指标体系"（CV.Ⅲ-1）—（CV.Ⅲ-7）"7个指标项目几乎没有任何关联。

第六，世界文化遗产评价标准（U.）的"无形的关系性（其他领域的关系、阶段性）"（U.Ⅵ）和中国传统村落无形文化遗产评价认证指标体系（CV.Ⅲ）的"传承人"有着密切的关联，与"依存性""稀缺性"和"丰富性"有着一般的关联，与"持续性""规模"和"活化性"3个指标没有任何关系。

二　预备评价指标项目的导入

为了引进中国传统村落的世界文化遗产评价指标项目，对中国传统村落评价体系的指标项目与世界文化遗产评价标准进行了比较，分析了其必要性、重要性、适用性和关联性等，最终建立了预备评价指标项目。

为了证明UNESCO世界文化遗产评价标准（6条）和中国传统村落评价认证指标体系（3个）的具体评价指标项目的关联程度，在中国传统村落评价认证指标体系中选定了关联程度较高的评价指标项目，作为中国传统村落世界文化遗产评价标准的预估指标。通过这一点，中国传统村落3个评价认证指标体系共构成了20个评价指标项目和世界文化遗产6条评价标准进行关联程度的比较研究，根据这2个评价标准的关联程度及价值评价原则，研究出了具体的评价认证

第四章　古村落保护与申遗的评价指标开发　　079

指标。

综合探讨，采用UNESCO世界文化遗产6条评价标准和中国传统村落3个评价认证指标体系进行比较与整合，最终推导出了22个预备评价指标项目。中国传统村落世界文化遗产预评估指标项目的具体分析内容如下。

（一）评价指标项目关联性分析

UNESCO世界文化遗产6条评价标准和中国传统村落3个评价认证指标体系的关联性比较分析，有关评价指标项目关联性的具体分析内容将分为以下各项目进行说明。

1. 世界文化遗产评价标准"（U.Ⅰ）：创意性"的关联性分析

世界文化遗产评价标准中"（U.Ⅰ）：创意性"与中国传统村落评价认证指标体系中传统村落民居建筑领域指标"（CV.Ⅰ-2）：稀有性"，传统村落无形文化遗产领域指标"（CV.Ⅲ-1）：稀缺性"及"（CV.Ⅲ-2）：丰富性"有着密切的关联性。但是与传统村落选址与布局领域（CV.Ⅱ）中5个指标没有任何关联。

2. 世界文化遗产评价标准"（U.Ⅱ）：关系性"的关联性分析

世界文化遗产评价标准中"（U.Ⅱ）：关系性"与中国传统村落评价认证指标体系中传统村落民居建筑领域指标"（CV.Ⅰ-5）：丰富性""（CV.Ⅰ-6）：完整性""（CV.Ⅰ-7）：工艺美学价值""（CV.Ⅰ-8）：传统工艺技术传承"和传统村落选址与布局领域指标"（CV.Ⅱ-3）：布局完整性"具有极高的关联度，与"（CV.Ⅱ-2）：多样性""（CV.Ⅱ-4）：科学·文化价值"指标项目有着一定的关联。与"（CV.Ⅲ-7）：依存性"指标项目有密切关联。

3. 世界文化遗产评价标准"（U.Ⅲ）：时间关系性"的关联性分析

世界文化遗产评价标准中"（U.Ⅲ）：时间关系性"与中国传统村落评价认证指标体系中民居建筑评价领域指标"（CV.Ⅰ-1）：悠久性"和传统村落选址与布局评价领域指标"（CV.Ⅱ-1）：历史性""（CV.Ⅱ-4）：科学·文化价值"具有密切的关联性，与传统村落民居建筑评价领域"（CV.Ⅰ-8）：传统工艺技术传承"指标和传统村落无形文化遗产领域指标"（CV.Ⅲ-3）：持续性""（CV.Ⅲ-6）：活化性"有着一定的关联性。但是与其他评价领域指标没有什么关联性。

4. 世界文化遗产评价标准"（U.Ⅳ）：过程关系性"的关联性分析

世界文化遗产评价标准中"（U.Ⅳ）：过程关系性"与中国传统村落评价认证指标体系中民居建筑评价领域指标"（CV.Ⅰ-1）：悠久性"、选址与布局评价领域指标"（CV.Ⅱ-1）：历史性""（CV.Ⅱ-4）：科学·文化价值"和传统村落无形文化遗产领域指标"（CV.Ⅲ-3）：持续性""（CV.Ⅲ-6）：活化性"有着密切的关联性，与民居建筑评价领域的"（CV.Ⅰ-7）：工艺美学价值""（CV.Ⅰ-8）：传统工艺技术传承"和传统村落选址与布局领域指标"（CV.Ⅱ-3）：布局完整性"存在着一般的关联性。

5. 世界文化遗产评价标准"（U.Ⅴ）：空间的关系性"的关联性分析

世界文化遗产评价标准中"（U.Ⅴ）：空间的关系性"与中国传统村落评价认证指标体系中民居建筑评价领域指标"（CV.Ⅰ）"和传统村落无形文化遗产领域指标"（CV.Ⅲ）"中的任何一项都没有关联。但是与传统村落选址与布局评价领域指标项目"（CV.Ⅱ-2）：多样性""（CV.Ⅱ-3）：布局完整性"和"（CV.Ⅱ-5）：协调性"有着密切的关联性。

6. 世界文化遗产评价标准"（U.Ⅵ）：无形的关系性"的关联性分析

世界文化遗产评价标准中"（U.Ⅵ）：无形的关系性"与中国传统村落评价认证指标体系中民居建筑领域评价指标项目"（CV.Ⅰ-8）：传统工艺技术传承"、传统村落选址与布局领域评价指标项目"（CV.Ⅱ-5）：协调性"和传统村落无形文化遗产领域评价指标项目"（CV.Ⅲ-5）：传承人"的关联程度极高，与传统村落选址与布局领域的评价指标项目"(CV.Ⅱ-4):科学·文化价值"和传统村落无形文化遗产评价领域"(CV.Ⅲ-1):稀缺性"、"(CV.Ⅲ-2):丰富性"和"(CV.Ⅲ-7):依存性"存在着一定的关联。通过对UNESCO世界文化遗产评价标准和中国传统村落评价认证指标体系进行比较,具体关联程度的分析结果如图4-4所示。

UNESCO世界文化遗产 6条评价标准(U.)	关联程度	中国传统村落 3个评价认证指标体系(CV.)		
		CV.Ⅰ	CV.Ⅱ	CV.Ⅲ
U.Ⅰ	关联程度	2	x	1 2
U.Ⅱ	关联程度	5 6 7 8	2 3 4	x
U.Ⅲ	关联程度	1 8	1 4	3 6
U.Ⅳ	关联程度	1 7 8	1 3 4	3 6
U.Ⅴ	关联程度	x	2 3 5	x
U.Ⅵ	关联程度	8	4 5	1 2 5 7

■ 密切的关联程度　　▨ 一般的关联程度　　⬚ x 没有关联
U. 世界文化遗产评价标准　　CV. 中国传统村落评价认证指标体系

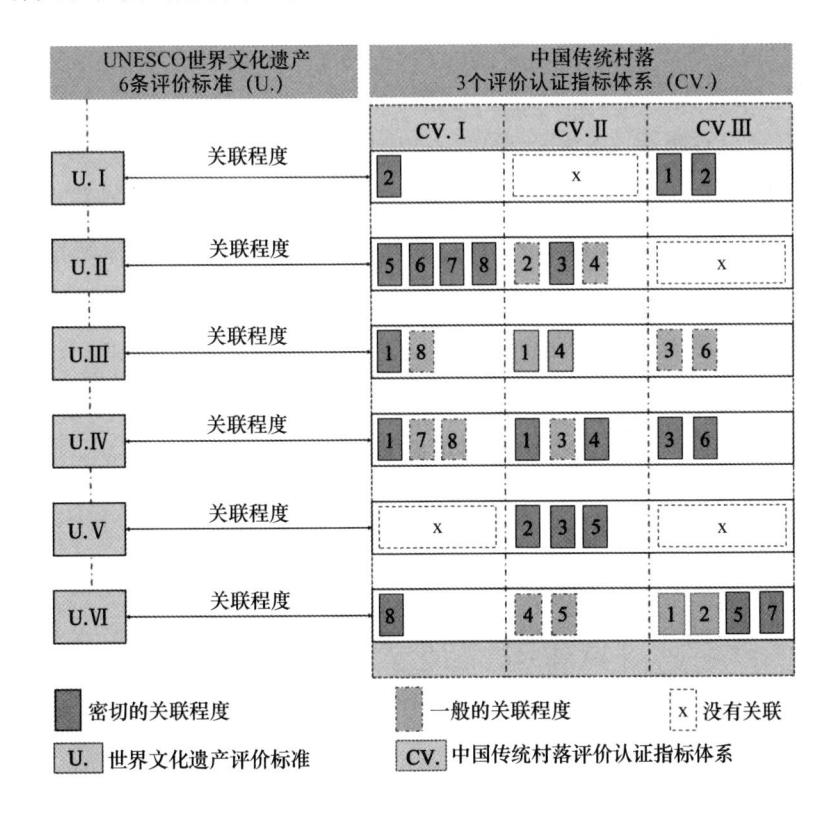

图4-4　评价指标项目关联程度结果分析

资料来源:笔者绘制。

(二)各预备评价指标项目的设定[①]

通过UNESCO世界文化遗产6条评价标准和中国传统村落3个评

[①] 刘志宏、李钟国:《UNESCO世界文化遗产入选标准与中国传统村落评价认证指标体系的比较研究》,《大韩建筑学会论文集》(设计版)2017年第5期。

价认证指标体系的比较，根据评价指标项目的关联程度及适用效果，为了建立中国传统村落世界文化遗产评价标准，最终选定了22个评价认证指标项目，评价方法分为定性评价和定量评价两种。另外，相关可能性的关联程度评价分别对应确定为 A—D 四个等级（按关联程度从高到低的顺序进行）。关于建立古村落保护与申遗的预备评价指标项目的具体内容如下。

1. 创意性预备评价指标项目的设定

UNESCO 世界文化遗产评价标准中的第 1 条"（U.Ⅰ）：创意性（独创性、稀有性）"相关的预备评价指标项目与中国传统村落评价认证指标体系中的（CV.Ⅰ-2：稀有性）、（CV.Ⅲ-1：稀缺性）、（CV.Ⅲ-2：丰富性）3 个指标项目有着密切的关联性。选定预备评价指标项目的具体内容如表 4-1 所示。

表 4-1　　　　　　　创意性预备评价指标项目的设定

UNESCO 世界文化遗产		中国传统村落			
评价标准	评价领域	评价指标	指标内容	分类	关联程度
U.Ⅰ	创意性（独创性、稀有性）	CV.Ⅰ-2	稀有性：文物保护单位等级	定量评价	A　B　C　D
		CV.Ⅲ-1	稀缺性：无形文化遗产的等级	定量评价	A　B　C　D
		CV.Ⅲ-2	丰富性：无形文化遗产的种类	定量评价	A　B　C　D

2. 关系性预备评价指标项目的设定

根据 UNESCO 世界文化遗产入选标准中的第 2 条"（U.Ⅱ）：关系性（其他领域的关系、空间性）"相关的预备评价认证指标项目与中国传统村落评价认证指标体系中的（CV.Ⅰ-5：丰富性）、（CV.Ⅰ-6：完整性）、（CV.Ⅰ-7：工艺美学价值）、（CV.Ⅰ-

8：传统工艺技术传承）、（CV.Ⅱ-3：布局完整性）、（CV.Ⅲ-7：依存性）6个评价认证指标项目有着密切的关联性。选定预备评价指标项目的具体内容如表4-2所示。

表4-2　　　　　　关系性预备评价指标项目的设定

UNESCO世界文化遗产		中国传统村落					
评价标准	评价领域	评价指标	指标内容	分类	关联程度			
U.Ⅱ	关系性（其他领域的关系、空间性）	CV.Ⅰ-5	丰富性：建筑功能种类	定量评价	A	B	C	D
^	^	CV.Ⅰ-6	完整性：现存传统建筑（群）与建筑细部和周边环境保护现状	定性评价	A	B	C	D
^	^	CV.Ⅰ-7	工艺美学价值：现存传统建筑（群）与整体建筑物的造型、结构、材料和装饰等美学价值	定性评价	A	B	C	D
^	^	CV.Ⅰ-8	传统工艺技术传承：运用多种传统工艺技术营造的日常生活建筑	定性评价	A	B	C	D
^	^	CV.Ⅱ-3	布局完整性：村落传统布局的保护程度	定性评价	A	B	C	D
^	^	CV.Ⅲ-7	依存性：无形文化遗产关联意识、传承人、资料、工艺、其他设置活动等与周边环境的依存程度	定性评价	A	B	C	D

3. 时间关系性预备评价指标项目的设定

UNESCO世界文化遗产评价标准中的第3条"（U.Ⅲ）：时间关系性（传统·历史关系、过去的）"相关的预备评价指标项目与中国传统村落评价认证指标体系中的（CV.Ⅰ-1：悠久性）、（CV.Ⅱ-1：历史性）、（CV.Ⅱ-4：科学·文化价值）3个项目关联程度极高。选定预备评价指标项目的具体设定内容如表4-3所示。

表4-3　　　　　　　　时间关系预备评价指标项目的设定

UNESCO 世界文化遗产		中国传统村落			
评价标准	评价领域	评价指标	指标内容	分类	关联程度
U.Ⅲ	时间关系性（传统·历史关系、过去的）	CV.Ⅰ-1	悠久性：现存建筑最初建设年代、传统建筑群集中建设年代	定量评价	A　B　C　D
		CV.Ⅱ-1	历史性：村落的选址年代	定量评价	A　B　C　D
		CV.Ⅱ-4	科学·文化价值：村落选址、规划、营造的科学、文化、历史和考古学价值	定性评价	A　B　C　D

4. 过程关系性预备评价指标项目的设定

UNESCO世界文化遗产评价标准中的第4条"（U.Ⅳ）：过程关系性（阶段性关系、历史的延续性）"相关的预备评价指标项目与中国传统村落评价认证指标体系中的（CV.Ⅰ-1：悠久性）、（CV.Ⅱ-1：历史性）、（CV.Ⅱ-4：科学·文化价值）、（CV.Ⅲ-3：持续性）、（CV.Ⅲ-6：活化性）5个评价指标项目有着密切关联。选定预备评价指标项目的具体设定内容如表4-4所示。

5. 空间的关系性预备评价指标项目的设定

UNESCO世界文化遗产第5条评价标准"（U.Ⅴ）：空间的关系性（自然空间的关系）"相关的预备评价指标项目与中国传统村落评价认证指标体系中的（CV.Ⅱ-2：多样性）、（CV.Ⅱ-3：布局完整性）、（CV.Ⅱ-5：协调性）3个评价指标项目有着密切的关联性。选定预备评价指标项目的具体设定内容如表4-5所示。

表 4-4　　　　　过程关系性预备评价指标项目的设定

UNESCO 世界文化遗产		中国传统村落						
评价标准	评价领域	评价指标	指标内容	分类	关联程度			
U.Ⅳ	过程关系性（阶段性关系、历史的延续性）	CV.Ⅰ-1	悠久性：现存建筑最初建设年代、传统建筑群集中建设年代	定量评价	A	B	C	D
^	^	CV.Ⅱ-1	历史性：村落的选址年代	定量评价	A	B	C	D
^	^	CV.Ⅱ-4	科学·文化价值：村落选址、规划、营造的科学、文化、历史和考古学价值	定性评价	A	B	C	D
^	^	CV.Ⅲ-3	持续性：传承的持续时间	定量评价	A	B	C	D
^	^	CV.Ⅲ-6	活化性：传承与影响现状	定性评价	A	B	C	D

表 4-5　　　　　空间的关系性预备评价指标项目的设定

UNESCO 世界文化遗产		中国传统村落						
评价标准	评价领域	评价指标	指标内容	分类	关联程度			
U.Ⅴ	空间的关系性（自然空间的关系）	CV.Ⅱ-2	多样性：现存历史环境要素种类	定量评价	A	B	C	D
^	^	CV.Ⅱ-3	布局完整性：村落传统布局的保护程度	定性评价	A	B	C	D
^	^	CV.Ⅱ-5	协调性：村落和周边自然景观融合与共存	定性评价	A	B	C	D

6. 无形的关系性预备评价指标项目的设定

UNESCO 世界文化遗产评价标准的第 6 条"（U.Ⅵ）：无形的关系性（其他领域的关系、阶段性）"相关的预备评价指标项目与中国传统村落评价认证指标体系中的（CV.Ⅰ-8：传统工艺技术传承）、（CV.Ⅱ-5：协调性）、（CV.Ⅲ-5：传承人）、3个评价指标项目有着密切关联。选定预备评价指标项目的具体设计内容如表4-6所示。

表4-6　无形的关系性预备评价指标项目的设定

UNESCO世界文化遗产			中国传统村落					
评价标准	评价领域	评价指标	指标内容	分类	关联程度			
U.Ⅵ	无形的关系性（其他领域的关系、阶段性）	CV.Ⅰ-8	传统工艺技术传承：运用多种传统工艺技术营造的日常生活建筑	定性评价	A	B	C	D
^	^	CV.Ⅱ-5	协调性：村落和周边自然景观融合与共存	定性评价	A	B	C	D
^	^	CV.Ⅲ-5	传承人：有无明确的传承人	定量评价	A	B	C	D

（三）最终预备评价指标项目的设定

1. 评价领域的设定

通过UNESCO世界文化遗产6条评价标准，制定了"创意性（Creativity）、关系性（Relationship）、时间关系性（Temporal Relationship）、过程关系性（Process Relationship）、空间关系性（Spatial Relationship）、无形关系性（Intangible Relationship）"等6个评价领域的重点目标，构成了评价认证标准的有效联系。在中国，随着传统村落社区（Local Community）重要性的突出，以促进评价指标的增加为目标。另外，中华人民共和国住房和城乡建设部于2012年提出了关于传统村落可持续保护和管理的"民居建筑（Priate House）、选址与布局（Location and Deployment）、无形文化遗产（Intangible Cultural Heritae）"三个主要评价认证指标体系。

第四章　古村落保护与申遗的评价指标开发　　087

因此，本书为世界文化遗产中国传统村落保护的科学评价，选定了UNESCO世界文化遗产6个评价领域和中国传统村落3个评价领域，其相互关联性和具体评价领域设定的分析结果如图4-5所示。

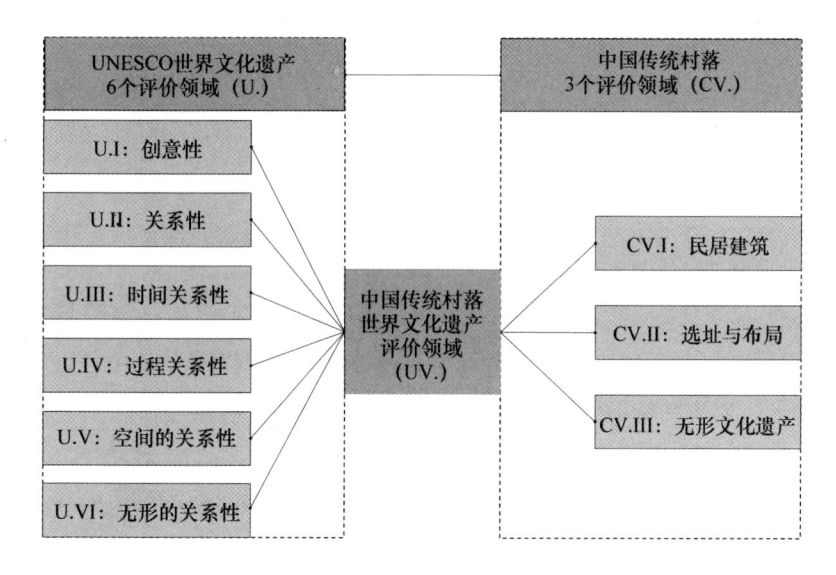

图 4-5　评价领域设定的分析结果

资料来源：笔者绘制。

第一，对于UNESCO世界文化遗产的评价领域，"创意性领域"是对世界文化遗产的独创性和稀有性方面进行评价；"关系性领域"是对与其他领域的联系和空间性方面的反映，并评价人类价值的重要交换；"时间关系性领域"是对现存或已经消失的文化传统或历史联系的过去文明或突出的证据进行评价；"过程关系性领域"是评价历史的延续和阶段性联系的代表性事例；"空间的关系性领域"是从自然空间的联系角度对环境或人类的相互作用进行评价；"无形的关系性领域"是从阶段性卓越的艺术价值及其他领域的联系角度来评价事件或存在的传统和思想等。

第二，中国传统村落的评价领域，"民居建筑领域"主要是对中国传统村落的代表性古村落传统建筑方面，建筑的悠久性（现存传统建筑的最初建设年代和传统建筑群集中建设年代）、稀有性（文物保护单位等级)、规模(传统建筑占地面积)、比率(传统建筑用地面积占村落总建设用地面积的比率)、丰富性(建筑功能种类)、完整性、工艺美学价值和传统工艺技术传承 8 个指标项目进行评价。"选址与布局领域"是针对古村落的位置和传统的布局规划方面,对古村落的历史性(古村落的选址年代)、多样性(现存历史环境要素种类)、布局完整性(古村落传统布局的保护程度)、科学·文化价值和协调性 5 个评价指标项目。"无形文化遗产领域"是对于古村落的无形文化遗产方面来评价,主要有无形文化遗产的稀缺性(无形文化遗产的等级)、丰富性(无形文化遗产的种类)、持续性(传承的持续时间)、规模(传承活动的规模)、传承人(有无明确的传承人)、活化性(传承及影响现状)和依存性(无形文化遗产关联意识、传承人、资料、工艺、其他设置活动等与周边环境的依存程度) 7 个评价认证指标项目。

2. 根据评价领域设定最终的预备指标项目

通过 UNESCO 世界文化遗产的评价认证标准(6 条)和中国传统村落的评价认证指标体系(3 个)的比较分析,共选定了 22 个评价认证指标项目。UNESCO 世界文化遗产评价标准分为创意性、关系性、时间关系性、过程关系性、空间的关系性、无形的关系性 6 个评价领域,中国传统村落评价认证指标体系分为民居建筑、古村落选址与布局、无形文化遗产 3 个评价领域。具体的最终预备评价认证指标项目设定如表 4-7 所示。

表 4-7 最终预备评价认证指标项目的设定

UNESCO 世界文化遗产			中国传统村落					
评价标准	评价领域	评价指标	指标内容	分类	关联程度			
U.Ⅰ	创意性(独创性、稀有性)	CV.Ⅰ-2	稀有性:文物保护单位等级	定量评价	A	B	C	D
^	^	CV.Ⅲ-1	稀缺性:无形文化遗产的等级	定量评价	A	B	C	D
^	^	CV.Ⅲ-2	丰富性:无形文化遗产的种类	定量评价	A	B	C	D

续表

UNESCO 世界文化遗产		中国传统村落					
评价标准	评价领域	评价指标	指标内容	分类	关联程度			
					A	B	C	D
U.Ⅱ	关系性（其他领域的关系、空间性）	CV.Ⅰ-5	丰富性：建筑功能种类	定量评价	A	B	C	D
		CV.Ⅰ-6	完整性：现存传统建筑（群）与建筑细部和周边环境保护现状	定性评价	A	B	C	D
		CV.Ⅰ-7	工艺美学价值：现存传统建筑（群）与整体建筑物的造型、结构、材料和装饰等美学价值	定性评价	A	B	C	D
		CV.Ⅰ-8	传统工艺技术传承：到目前为止，运用多种传统工艺技术营造的生活建筑	定性评价	A	B	C	D
		CV.Ⅱ-3	布局完整性：村落传统布局的保护程度	定性评价	A	B	C	D
		CV.Ⅲ-7	依存性：无形文化遗产关联意识、传承人、资料、工艺、其他设置活动等与周边环境的依存程度	定性评价	A	B	C	D
U.Ⅲ	时间关系性（传统·历史关系、过去的）	CV.Ⅰ-1	悠久性：现存建筑最初建设年代、传统建筑群集中建设年代	定量评价	A	B	C	D
		CV.Ⅱ-1	历史性：村落的选址年代	定量评价	A	B	C	D
		CV.Ⅱ-4	科学·文化价值：村落选址、规划、营造的科学、文化、历史和考古学价值	定性评价	A	B	C	D

续表

UNESCO世界文化遗产		中国传统村落			
评价标准	评价领域	评价指标	指标内容	分类	关联程度
U.Ⅳ	过程关系性（阶段性关系、历史的延续性）	CV.Ⅰ-1	悠久性：现存建筑最初建设年代、传统建筑群集中建设年代	定量评价	A B C D
		CV.Ⅱ-1	历史性：村落的选址年代	定量评价	A B C D
		CV.Ⅱ-4	科学·文化价值：村落选址、规划、营造的科学、文化、历史和考古学价值	定性评价	A B C D
		CV.Ⅲ-3	持续性：传承的持续时间	定量评价	A B C D
		CV.Ⅲ-6	活化性：传承与影响现状	定性评价	A B C D
U.Ⅴ	空间的关系性（自然空间的关系）	CV.Ⅱ-2	多样性：现存历史环境要素种类	定量评价	A B C D
		CV.Ⅱ-3	布局完整性：村落传统布局的保护程度	定性评价	A B C D
		CV.Ⅱ-5	协调性：村落和周边自然景观融合与共存	定性评价	A B C D
U.Ⅵ	无形的关系性（其他领域的关系、阶段性）	CV.Ⅰ-8	传统工艺技术传承：运用多种传统工艺技术营造的日常生活建筑	定性评价	A B C D
					A B C D
		CV.Ⅱ-5	协调性：村落和周边自然景观融合与共存	定性评价	A B C D
		CV.Ⅲ-5	传承人：有无明确的传承人	定量评价	A B C D
6条标准		22个指标			4个等级

三 指标认证的专家问卷调查

为了确保问卷调查的公正性和专业性，本书选定了西南少数民族古村落保护与申遗的评价认证指标项目，进行了指标开发研究。

问卷调查对象及应答者在传统村落及民居建筑、传统村落评价认证指标体系、建筑及城市历史、民俗及地域文化、文化遗产等领域，以5年以上且工作经验丰富的专家为选定对象。对专家问卷调查，通过世界文化遗产6个评价领域和中国传统村落3个评价领域的比较，运用定性和定量相结合的评价方法，统计分析了评价认证指标体系的科学性。

（一）专家问卷调查表概要

为了开发古村落保护与申遗的指标，专家问卷调查通过电子邮件和网络调查进行分发和回收，其中大学30所、研究机构16家，政府和其他机构10个，共56个单位。调查以中国传统村落和文化遗产领域的相关专家为对象，利用电话、电子邮件和网络进行问卷调查。共发放问卷120份，回收有效问卷100份。专家调查的情况利用中国传统村落研究领域建立的统计分析项目进行调查分析，问卷调查则运用了适用调查的程序。对文化遗产和传统村落等相关领域的专家问卷调查的具体内容如表4-8所示。

表4-8　　　　　　　　专家调查问卷的具体内容

分类	内容	分析方法	项目数量
专家特性问卷调查表	研究领域、所属地区、工作经历、年龄、职业、学历、性别	频率分析	24
专家评价领域的关联程度	"创意性、关系性、时间关系性、过程关系性、空间的关系性、无形的关系性"与"民居建筑、选址与布局、无形文化遗产"的关联	频率分析、比较分析、技术统计分析等	22
合计			46

为了掌握应答者的特性，进行了频率分析。对导出的评价认证指标体系进行了专家问卷调查，对评价领域的关联可能性、重要性和必要性进行了验证，并以此为基础，推导出了最终评价认证指标

项目。

本问卷调查的目的是开发西南少数民族古村落保护与申遗的评价认证指标,了解实质性的利用情况,通过比较反映在指标开发上,提高研究的科学性、客观性和系统性。

(二) 专家特性问卷调查

专家特性以传统建筑、古村落评价领域、建筑·城市理论领域、历史·地理领域、文化·旅游领域、文化遗产领域等100名专家为对象进行问卷调查。而且,对专家的特性问卷调查分为研究领域、所属地区、工作经历、年龄、职业、学历、性别等。具体专家特性问卷调查的内容如表4-9所示。

表4-9　　　　　专家特性问卷调查表的内容

分类	顺序	细部项目	人员(名)	比率(%)	分布
研究领域	1	传统建筑、古村落	27	27.0	
	2	古村落评价认证指标体系	9	9.0	
	3	建筑、城市规划及历史理论	32	32.0	
	4	民俗与地域文化	12	12.0	
	5	文化遗产及其他	20	20.0	
所属地区	1	华北、东北地区	8	8.0	
	2	华东地区	15	15.0	
	3	中南地区	70	70.0	
	4	西南、西北地区	7	7.0	
工作经历	1	5年以上—10年未满	5	5.0	
	2	10年以上—15年未满	6	6.0	
	3	15年以上—20年未满	40	40.0	
	4	20年以上	49	49.0	
年龄	1	30—39岁	11	11.0	
	2	40—49岁	49	49.0	
	3	50—59岁	27	27.0	
	4	60—69岁	13	13.0	

续表

分类	顺序	细部项目	人员（名）	比率（%）	分布
职业	1	公务员、技术员	10	10.0	
	2	研究员	25	25.0	
	3	大学教授	65	65.0	
学历	1	大学	9	9.0	
	2	研究生及以上	91	91.0	
性别	1	女性	42	42.0	
	2	男性	58	58.0	

为了掌握专家的特性，根据表4-9的内容，调查收集的评价认证对象资料的详细频率分析结果如下。

第一，研究领域模块中，有32人（32.0%）是从事建筑、城市规划及历史理论研究的专家，从事传统建筑、古村落研究的评估专家有27人（27.0%），从事文化遗产及其他研究的评估专家有20人（20.0%），从事民俗与地域文化研究的评估专家有12人（12.0%），从事古村落评价认证指标体系研究的评估专家有9人（9.0%）。

第二，所属地区模块中，中南地区的专家有70人（70.0%），华东地区有15人（15.0%），华北和东北地区有8人（8.0%），西南和西北地区有7人（7.0%）。

第三，工作经历模块中，20年以上共有49人（49.0%）参与，15年以上—20年未满有40人（40.0%）参与，10年以上—15年未满有6人（6.0%）评价，5年以上—10年未满只有5人（5.0%）参与。

第四，年龄层中，40—49岁专家中有49名（49.0%）参与，50—59岁专家中有27名（27.0%）参与，60—69岁专家中有13名

（13.0%），30—39 岁专家中有 11 名（11.0%）评价。

第五，在学历模块中，有 91 名（91.0%）的专家具有研究生学历，大学学历只有 9 名（9.0%）。

第六，性别模块中，男性专家有 58 名（58.0%），女性专家有 42 名（42.0%）。

（三）指标开发的问卷调查结果分析

对评价认证指标体系的问卷调查结果显示，古村落对整体评价指标项目的保护与申遗的预备指标项目引进关联可能性平均为 B 等级以上，据分析，大部分专家对引入评价认证指标的细节项目持肯定态度。创意性（独创性、稀有性）及认证关联的可能性整体上是 A 等级、关系性（与其他领域的联系、空间性）评价领域 A 等级、时间关系性（传统·历史关系、过去的）评价领域 A 等级、过程关系性（阶段性联系、历史的延续性）评价领域 A 等级、空间的关系性（自然空间的关系）评价领域 B 等级、无形的关系性（其他领域的关系、阶段性）评价领域 B 等级的平均值，但是根据专家的问卷调查结果，评价认证指标的细节项目存在一定的差异性。

专家问卷调查中，以 100 分为基准构成，评价了各指标项目的关联适用程度，评价的平均分数在 C 等级（60 分）以上的指标项目可以认定为具有适用性。表 4-10 是作为专家问卷调查时提供的等级设定参考表，分为 A—D 四个等级。

表 4-10   专家调查问卷等级分数的设定

分类	指标项目			
等级	A	B	C	D
评价分数	100	80	60	40
标准	非常关联	关联	一般关联	无关联

资料来源：刘志宏、李钟国《UNESCO 世界文化遗产入选标准与中国传统村落评价认证指标体系的比较研究》，《大韩建筑学会论文集》（设计版）2017 年第 5 期。

因此，增加了问卷调查指标项目，可以接受古村落相关领域专家们的多种意见。另外，通过100名专家的问卷调查结果，为引进世界文化遗产评价标准和中国传统村落评价认证指标体系比较的分析结果如下。

1. 创意性领域相关的评价指标项目

UNESCO世界文化遗产评价标准"（U.Ⅰ）：创意性（独创性、稀缺性）"评价领域相关的指标项目对应中国传统村落3个评价认证指标项目，关联度的最高比例达到了75.0%。"（CV.Ⅰ-2）稀有性：文物保护单位等级"评价指标项目为A等级75.0%，呈现出最高关联可能性；B等级占25.0%，有着相对较高的关联可能性；但是C等级和D等级为0.0%，在专家评价中没有太大的共鸣，无关联可能性。"（CV.Ⅲ-2）丰富性：无形文化遗产的种类"评价指标项目有69.0%的专家评为A等级，呈现出最高关联性；B等级（28.0%）相对较低；C等级为3.0%；D等级为0.0%。"（CV.Ⅲ-1）稀缺性：无形文化遗产的等级"评价指标项目为A等级（59.0%），具有相对较高的关联性；B等级为40.0%；C等级是1.0%；D等级为0.0%。具体的创意性评价领域分析结果如图4-6所示。

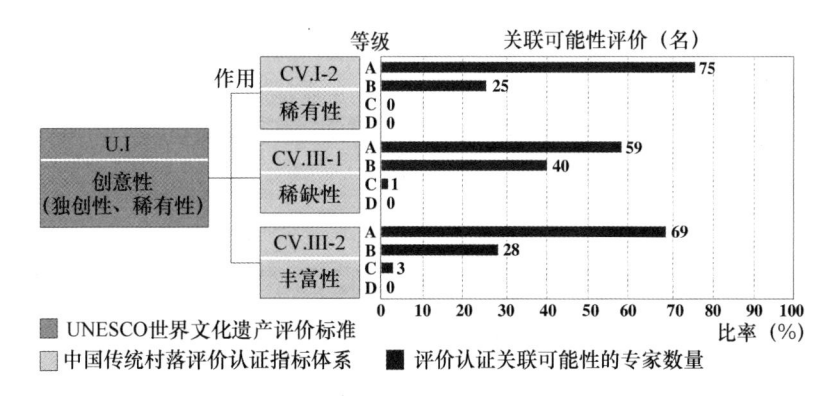

图4-6 创意性评价领域分析结果

资料来源：笔者绘制。

2. 关系性领域相关的评价指标项目

UNESCO世界文化遗产评价标准"（U.Ⅱ）：关系性（其他领域的关系、空间性）"评价领域相关的指标项目有5个，中国传统村落评价认证指标中比例最高的达到了76.0%。"（CV.Ⅰ-6）完整性：现存传统建筑（群）与建筑细部和周边环境保护现状"应答者人数为A等级76.0%，呈现出最高的关联可能性；B等级为23.0%，相对有关联性；C等级为1.0%；D等级为0.0%。

"（CV.Ⅱ-3）布局完整性：村落传统布局的保护程度"评价指标项目有72.0%的专家评价为A等级，具有极高的关联性；B等级为27.0%；C等级为1.0%；D等级为0.0%。"（CV.Ⅰ-7）工艺美学价值：现存传统建筑（群）与整体建筑物的造型、结构、材料和装饰等美学价值"评价指标项目A等级为66.0%，有较高关联可能性；B等级下降到34.0%；C等级和D等级相同，均为0.0%；"（CV.Ⅰ-5）丰富性：建筑功能种类"的评价指标项目有44.0%的专家评定为A等级，表明具有较高的关联程度；B等级占55.0%；C等级为1.0%；D等级为0.0%。"（CV.Ⅰ-8）传统工艺技术传承：运用多种传统工艺技术营造的生活建筑"评价指标项目评价为A等级的专家有55.0%；B等级占43%；C等级和D等级相同，均只有1.0%。具体的关系性评价领域分析结果如图4-7所示。

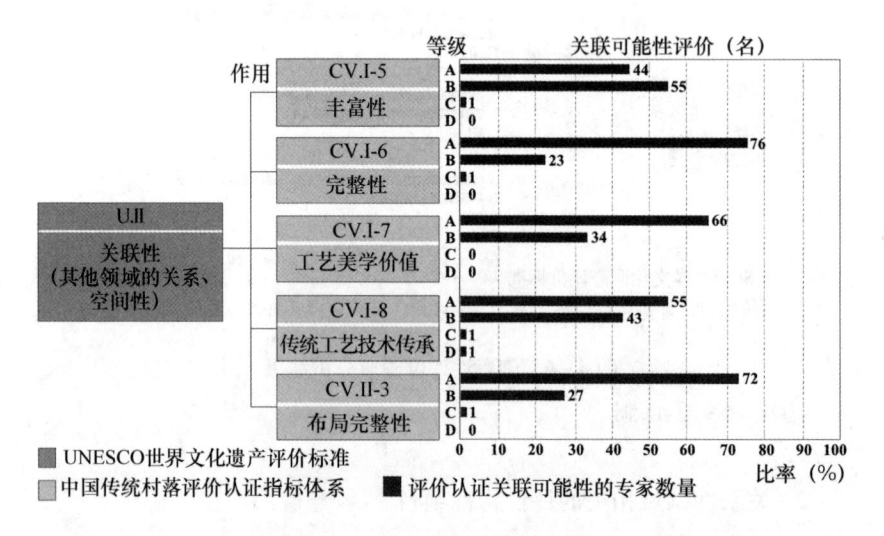

图4-7　关系性评价领域分析结果

资料来源：笔者绘制。

3. 时间关系性领域相关的评价指标项目

UNESCO世界文化遗产评价标准"（U.Ⅲ）：时间关系性（传统·历史关系、过去的）"评价领域相关的指标项目有3个，在中国传统村落评价认证指标项目中，相对较高的关联可能性比率为67.0%。"（CV.Ⅱ-4）科学·文化价值：村落选址、规划、营造的科学、文化、历史和考古学价值"认为可以达到A等级的专家占67.0%，呈现出最高的关联可能性；B等级为30.0%，相对有关联性；C等级只有3.0%；D等级为0.0%。"（CV.Ⅰ-1）悠久性：现存建筑最初建设年代、传统建筑群集中建设年代"评估指标项目显示与A级相关的可能性最高为59.0%；B等级相对较低，为38.0%；C等级和D等级相同，均为0.0%。"（CV.Ⅱ-1）历史性：村落的选址年代"评价指标项目为A等级的约占51.0%，呈现出较高关联可能性；B等级为41.0%；C等级8.0%；D等级0.0%。具体的时间关系性评价领域分析结果如图4-8所示。

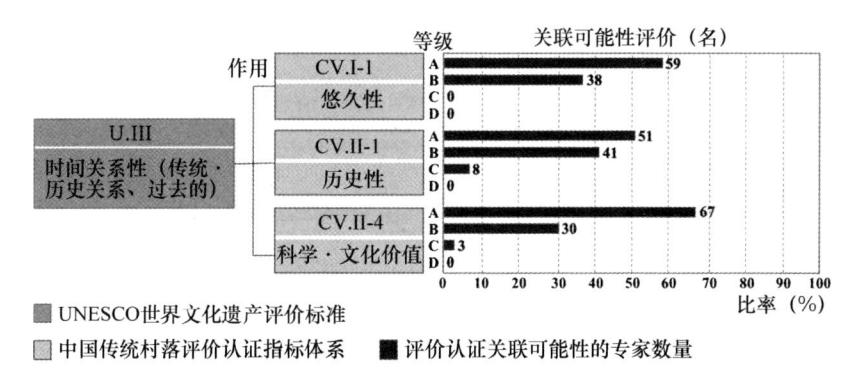

图4-8 时间关系性评价领域分析结果

资料来源：笔者绘制。

4. 过程关系性领域相关的评价指标项目

UNESCO世界文化遗产评价标准"（U.Ⅳ）：过程关系性（阶段性关系、历史的延续性）"评价领域相关的指标项目有5个指标项目属于这一评估领域。中国传统村落评价认证指标体系中的"（CV.Ⅱ

-4)科学·文化价值：村落选址、规划、营造的科学、文化、历史和考古学价值"的专家评价结果A等级为66.0%，显示出极高的关联程度；30.0%的专家评定为B等级，具有相对较高的相关性；C等级为3.0%；D等级仅为1.0%。"（CV.Ⅰ-1）悠久性：现存建筑最初建设年代、传统建筑群集中建设年代"的评估指标项目显示出A等级为60%，有极高的关联可能性；B等级为39.0%，有较低的关联可能性；C等级关联可能性只有1.0%；D等级为0.0%。"（CV.Ⅱ-1）历史性：村落的选址年代"的评价指标项目A等级为41.0%；B等级最高，为56.0%；C等级为3.0%；D等级为0.0%。"（CV.Ⅲ-3）持续性：传承的持续时间"的评估指标项目显示与A等级的相关性最高为55.0%；其次是B等级，为37.0%；C等级相对较低，为7.0%；D等级仅为1.0%。"（CV.Ⅲ-6）活化性：传承与影响现状"的评价指标项目显示出最高的关联可能性A等级为53.0%；B等级为43%；C等级低至4.0%；D等级为0.0%。具体的过程关系性评价领域分析结果如图4-9所示。

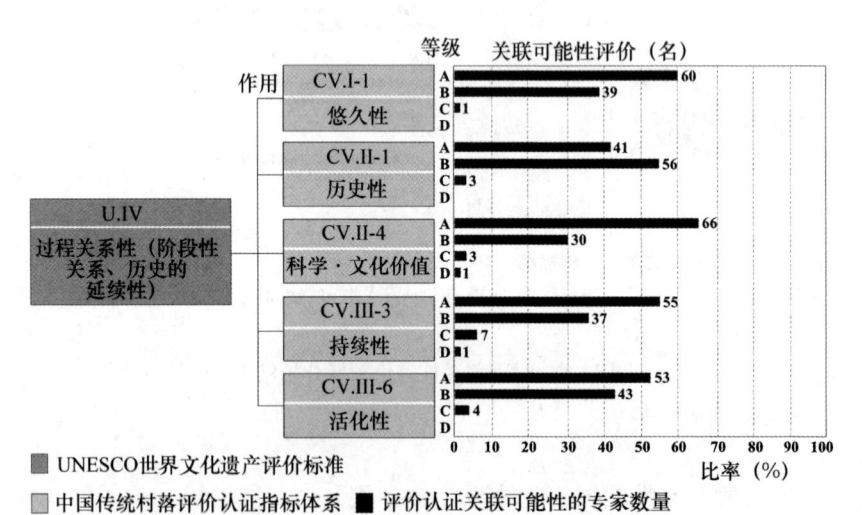

图4-9 过程关系性评价领域分析结果

资料来源：笔者绘制。

5. 空间关系性领域相关的评价指标项目

UNESCO 世界文化遗产评价标准"（U.Ⅴ）：空间的关系性（自然空间的关系）"评价领域相关的认证指标项目有 3 个，显示了中国传统村落评价认证指标项目中相对较高关联可能性的比率。专家对中国传统村落评价认证指标体系中"（CV.Ⅱ-3）布局完整性：古村落传统布局的保护程度"的评价为 A 等级 74.0%，呈现出了最高关联可能性；B 等级为 26.0%，相对较低，C 等级和 D 等级为 0.0%，在专家评价中没有太大的共鸣，都认为无关联可能性。"（CV.Ⅱ-2）多样性：现存历史环境要素种类"评估指标项目，评估专家认为可以达到 A 等级为 55.0% 的关联程度；B 等级的相关性为 43.0%；C 等级为 2.0%；D 等级为 0.0%。"（CV.Ⅱ-5）协调性：村落和周边自然景观融合与共存"的评价为 A 等级 55.0%，呈现出了最高关联可能性；B 等级为 41.0%；相反 C 等级为 4.0%，相对较低；D 等级为 0.0%。具体的空间关系性评价领域分析结果如图 4-10 所示。

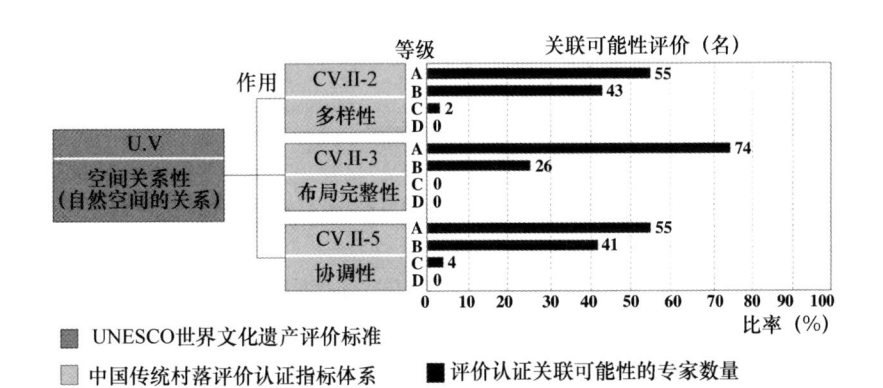

图 4-10 空间关系性评价领域分析结果

资料来源：笔者绘制。

6. 无形关系性领域相关的评价指标项目

UNESCO 世界文化遗产评价标准"（U.Ⅵ）：无形的关系性（其他领域的关系、阶段性）"评价领域相关的指标项目有 3 个，评估认证指标项中，概率相对较高为55.0%。"（CV.Ⅲ-5）传承人：有无明确的传承人"，是专家评估指标项目中关联程度最高的，A等级为55.0%；B等级为40.0%，相对较低；C等级仅为5.0%；D等级为0.0%；"（CV.Ⅲ-7）依存性：无形文化遗产关联意识、传承人、资料、工艺、其他设置活动等与周边环境的依存程度"的评估指标项目为A等级55.0%，它显示出最高的关联可能性；B等级占39.0%；C等级极低，为5.0%；D等级仅为1.0%。"（CV.Ⅰ-8）传统工艺技术传承：到目前为止，运用多种传统工艺技术营造的日常生活建筑"的评价指标项目显示出最高的相关性为A等级53.0%；B等级为42.0%；C等级低至5.0%；D等级为0.0%。具体的无形关系性评价领域分析结果如图4-11所示。

根据对6条世界文化遗产的评价标准以及中国传统村落的3个评估认证指标体系的比较，对100名专家进行的调查分析结果表明，评估指标项目显示出具有A等级和B等级或更高等级的可能性较高。因此，从长远来看，考虑为评估系统和相关评价认证系统的发展引入新的评价标准是适当的，也是可行的。

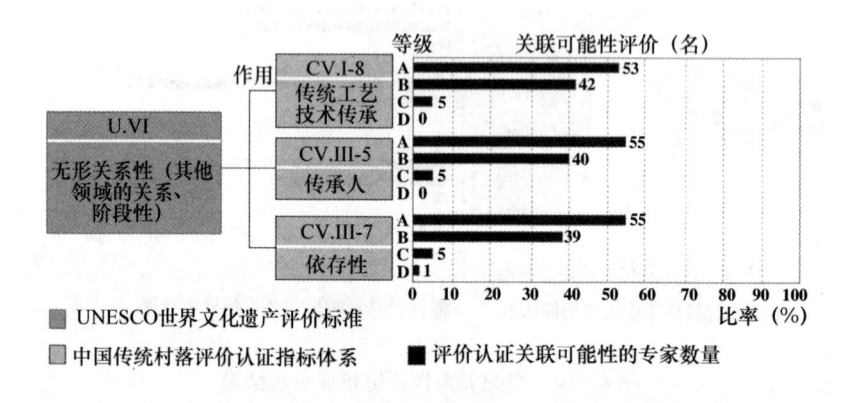

图4-11 无形关系性评价领域分析结果

资料来源：笔者绘制。

（四）专家意见综合评价认证结果分析

根据专家调查分析的结果，检查了每个指标项目的平均值分布以及针对专家评估提出来的关联可能性意见,然后进行了全面分析。通过采用相同的评价标准,选择 A 等级平均值的 59.8% 和 B 等级平均值的 37.2% 的评价指标项目作为最终评价指标,共有 22 项指标最终入选。关于评价指标项目,相关性和必要性的详细调查分析意见如下。

1. 专家综合评价指标项目得分分析结果

从以上评价的结果来分析,总结了选定的中国传统村落 20 个评价认证指标项目与世界文化遗产 6 条评价标准的比较和分析结果,与评价认证相关的可能性和有效性指标为 22 个项目。在 B 等级类别(平均 25.0%)中,有 6 项符合世界文化遗产的评价标准。其中表 4-11 充分显示了对 100 位专家进行问卷调查的综合评价认证等级和得分的分析结果。

表 4-11　　　　专家调查问卷综合评价认证等级和得分情况

UNESCO 世界文化遗产评价标准（U.）	中国传统村落评价认证指标体系（CV.）	各项目等级平均比率		综合评价认证的关联程度		
		评价等级	评价平均比率（%）	综合等级	频率（名）	综合评价比率（%）
6 条评价标准	22 个评价指标	A	59.8	A	75	75.0
		B	37.2	B	25	25.0
		C	2.8	C	0	0.0
		D	0.2	D	0	0.0
标准		4 级	100.0	4 级	100	100.0

资料来源:刘志宏、李钟国《中国传统村落保护评价指标开发研究——以世界文化遗产和传统村落评价指标比较为例》,《韩国住宅学会论文集》2018 年第 2 期。

在比较世界遗产评价标准与中国传统村落评价认证指标体系(A 等级)的可能性、重要性和必要性的调查中,平均 B 等级或更高等级的受访者中有 97.0% 的专家认为与两项评价标准的比较有密切的关联。分析该评价结果是为了突出评价指标体系的可行性和必要性。关于"世界文化遗产评价标准"与"中国传统村落评价认证指标体系"之间比较的相关性以及评价认证的必要性和重要性的有效值,每个指标项目的平均评分为 A 等级的有 59.8%,显示出最高的关联可能性;B 等级为 37.2%;C 等级 2.8%;D 等级 0.2%。

2. 专家综合评价意见

通过调查问卷分析的结果,专家组对制定评价认证指标以及中国古村落保护与申遗的可持续性的总体评价意见如下。第一,补充的必要性。由于中国传统村落的评价认证指标体系中评价指标项目较多,并且很复杂,因此当前的评价标准存在一些适宜性的问题。例如,"可持续的保护(布局的完整性、历史的延续性)","科学的保护价值(布局的合理性、实用性和多样性)","影响力(地域关系、艺术性等)","环境的协调性","规模(文化空间的数量等)"和"比率"的指标项,等等。对以上几项指标经专家们判断有必要补充。第二,定量评价的必要性。评价认证指标体系的评分标准应细分,部分评价指标项目应改为定量评价。换句话说,可以判断在大多数情况下,根据等级和百分比,不仅需要对评价指标项目进行定性评价,还需要进行定量评价认证。第三,细部指标的必要性。在评价认证指标体系中,所选的初步评价指标项目是否重叠,建议指标项目根据实际需要进行删除或合并。例如,"(CV.Ⅰ-1):悠久性(现存建筑最初建设年代、传统建筑群集中建设年代)"和"(CV.Ⅱ-1):历史性(村落的选址年代)"应该整合为一个指标,指标体系应简化。"(CV.Ⅰ-2):稀有性(文物保护单位等级)"和"(CV.Ⅲ-1):稀缺性(无形文化遗产等级)","(CV.Ⅰ-5):丰富性(建筑功能种类)"和"(CV.Ⅱ-2):多样性(现存历史环境要素种类)、(CV.Ⅲ-2):丰富性(无形文化遗产种类)"指标的相似度较高,可以整合。此外,"(CV.Ⅱ-4):科学·文化价值(村落选址、规划、营造的科学、文化、历史和考古学价值)",可以根据具体的特点将其细分为"（CV.Ⅱ-4)：科学保护价值"和"（CV.Ⅱ-4)：文化传播价值"。第四，关键指标项目的推导。评价领域中的"（CV.Ⅰ-1)：悠久性"，"（CV.Ⅰ-2)：稀有性"，"（CV.Ⅰ-6)：完整性"，"（CV.Ⅱ-3)：布局完整性"，"（CV.Ⅱ-4)：科学·文化价值"，"（CV.Ⅰ-7)：工艺美学价值"，"（CV.Ⅲ-2)：丰富性"，"（CV.Ⅲ-3)：持续性"，等等方面具有很高的关联性，为了可持续的保护，需要通过指标开发系统化，导出重点指标项目。第五，科学的必要性。为了中国传统村落的可持续保护，科学地进行指标开发是非常必要的。对于传统村落和文化遗产等评价领域，通过相关专家的问卷调查判断，为了正确、有效地评价和统计等，需要系统地导出评价认证指标项目。

综上所述，认识到中国传统村落更加合理、标准化评价认证的必要性和重要性，通过世界文化遗产评价标准，选定最终评价指标项目，以导出的最终评价指标项目为中心，进行与世界文化遗产评价标准的比较分析。

第二节 评价指标开发

针对中国古村落保护与申遗的评价认证指标开发，通过相关专家的问卷调查，分析了评价体系，得出了各种限制条件和主要问题。世界文化遗产评价标准是反映真实性的评价，中国传统村落评价是真实性的定性评价和定量评价的综合，所以评价指标项目的构成也有相对的差异。因此，根据专家们的认识度和科学技术统计，提出了指标开发和综合评价模型的建设路径。

一 评价指标开发的原则

评价认证指标体系是一个共同指标，是适用于中国传统村落整体评价过程的指标体系，是所有文化领域共同适用的上位指标。为了开发评价认证指标，需要建立开发指标的原则。并总结分析了经济性和代表性、客观性和可靠性、政策性和地域性、可行性和合理性、普遍性和适用性、计量可行性和直接性6种。以此为基础，其具体指标开发原则如下。

（一）经济性和代表性原则

前文介绍了世界文化遗产和中国传统村落文化遗产的评价标准和指标开发的先行研究资料。另外，由于不能全部使用先行研究所提出的各种指标项目，因此应作为最低限度的评价认证指标，包含最大遴选指标的意义。作为一个指标项目，要确保其代表性和可行性，以便同时了解其他评价要素的科学性评价和信息化运用。一般来说，评价指标的测量需要很多预算，因此要体现出指标项目的不重复性。

因为有有关指标建立过程的文献资料，因此有必要以此为基础，对开发的认证指标项目是否合适和效率进行系统的评价。本书开发了一个追求经济性和代表性的评价指标，而不是包括中国传统村落评价认证的相关制度和体系及指标项目，而是以最低限度的指标来解释最大限度的信息技术。在中国传统村落世界文化遗产评价认证指标项目追求的目标中保持上位水平。

（二）客观性和可靠性原则

客观性和可靠性原则，指的是评价要素中是否确保一贯稳定的评价认证结果。因此，为了良好的指标，需要慎重考虑主观性评价与解释。为了确保评价指标的客观性和可靠性，想要利用客观可能的统计数据，在难以消除主观性的情况下，详细提出了专家问卷调查的问题形式。客观地评价古村落的价值，评价指标体系需要建立科学的评价方法。可靠性评价指标开发是一种科学技术开发，实际上是综合考虑环境条件及使用条件和问题的系统化开发。客观可靠的评价，应以评价数据资料和科学技术为基础，综合考虑预备评价指标项目引进方案、现有评价指标的客观性等。

（三）政策性和地域性原则

符合政策性和地域性原则的评价指标，应以提供社会整体或国家水平的政策决策过程中有用的信息的整体性为目的，与中国传统村落和世界文化遗产的评价认证政策有关。同时，要考虑世界文化遗产中传统村落的世界动向及政策性。另外，要挖掘中国传统村落地域性独特的文化价值，并考虑建立地域性指标项目。特别是地域性指标不仅要探索古村落地域文化的共同点，还要考虑不同点。

（四）可行性和合理性原则

对可行性和合理性原则的评价指标，应当在评价目标中包含基本内容。同时也要反映古村落的有形文化遗产和无形文化遗产的整体信息。评价指标的可行性是正确测量指标所要选定的内容。也就是说，要反映指标项目所要测量的部分数据，并符合指标的目的。以古村落对其重要性的评价认证态度和认识的变化为基础，因此实际合理的评价很重要。

（五）普遍性和适用性原则

对普遍性和适用性原则的评价指标是多种标准持续理想的价值指标。古村落保护与申遗的评价认证结果为可持续发展提供基本资料，本书以开发保护与申遗的指标为目标。评价认证指标体系中包括反映古村落保护与申遗的具体指标项目，需要进行评价认证的实践和指标开发。针对评价资料的整理和指标运用时评价者的便利，根据社会水平考虑了指标开发和适用性原则。

（六）计量可行性和直接性原则

对于计量可行性和直接性原则的定量指标，不仅是直接量化，定性指标也需要间接量化。另外，它在评估结果的案例中具有相当大的差别性，可以明确地体现出古村落的价值分布特性。而且，还包括了为了保护其他地区古村落的评价范围、对象、阶层等。为了实现少数民族古村落保护与申遗策略，提出了古村落世界文化遗产评价认证指标开发的原则框架，如图 4-12 所示。

```
评价认证指 ┬─1─ 经济性和代表性原则 ── 以最少的指标实现最大化的信息技术
标开发的原 ├─2─ 客观性和可靠性原则 ── 反映客观评价属性
则         ├─3─ 政策性和地域性原则 ── 探索古村落的共性与差异
           ├─4─ 可行性和合理性原则 ── 指标体系层次清晰合理
           ├─5─ 普遍性和适用性原则 ── 评估系统的实施和利用
           └─6─ 计量可行性和直接性原则 ── 定量指标直接量化
```

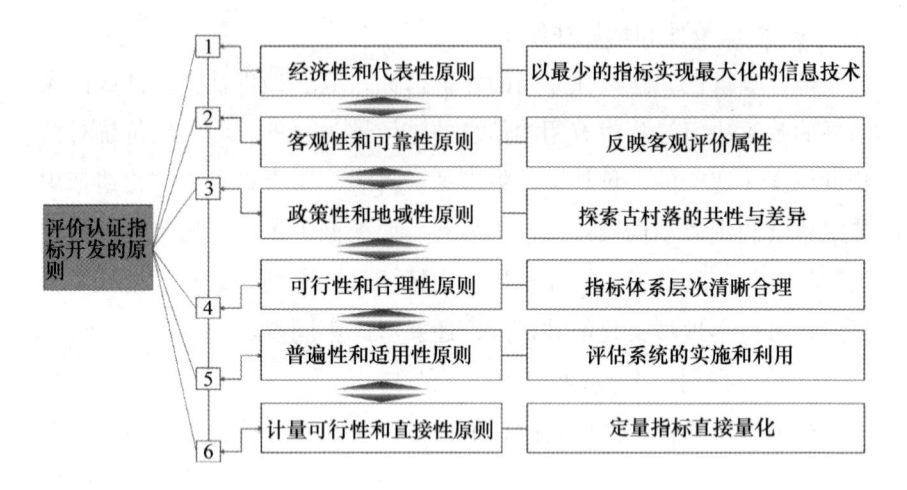

图 4-12　评价认证指标开发的原则框架

资料来源：笔者绘制。

二　评价指标的目标

（一）基本目标

为了构建中国古村落保护与申遗的评价认证指标体系，有必要得出指标发展的目标和实施措施。开发的指标针对世界文化遗产的登记和中国古村落的可持续保护问题，以真实、定量的评价和保护古村落为目标（Objective）。制定的评价认证指标是特定的指标，评价认证指标大致分为中国古村落和世界文化遗产的全球区域，以形成一个指标体系。

（二）战略目标

在像本书一样评估相关政策和系统的研究中，有很多提出了指标制定的综合计划。应当先了解古村落评价指标的发展，并建立世界文化遗产对中国古村落评价认证体系进行注册和衡量的基础，通过开发评价认证指标来衡量对古村落的评价和认证，具体战略目标体系如图 4-13 所示。

因此，可以通过掌握世界文化遗产和中国传统村落的现状来传播评价和认证。构建详细的评价指标是为了实现中国传统村落的世界文化遗产评估的总体目标以及各个领域的目标。

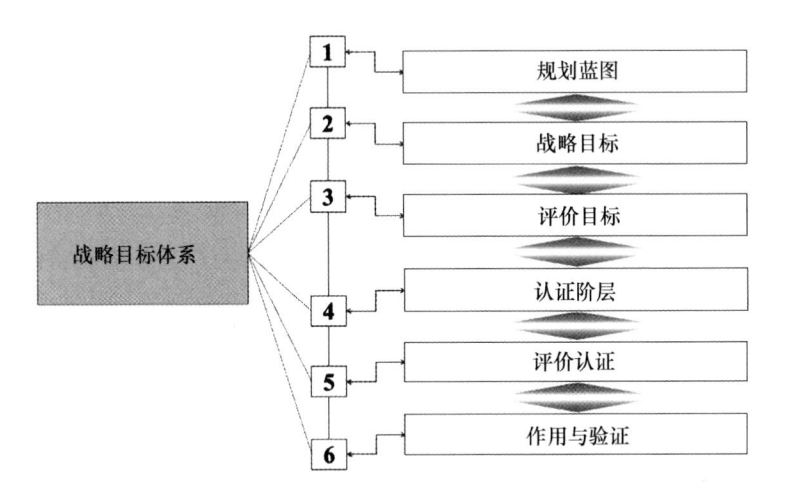

第四章 古村落保护与申遗的评价指标开发　107

```
战略目标体系 → 1 → 规划蓝图
            → 2 → 战略目标
            → 3 → 评价目标
            → 4 → 认证阶层
            → 5 → 评价认证
            → 6 → 作用与验证
```

图 4-13　评价认证指标开发的战略目标体系

资料来源：笔者绘制。

三　评价指标的构建计划

（一）建立评价认证

建立适合每个古村落的评价指标体系，必须从中国传统村落 22 个综合评价指标转变为结构化的指标项目。全面开发指标需要建立对古村落保护与申遗的整体性评价认证指标体系。在评估认证指标开发方面，针对古村落评价认证指标构成。根据整体定量评价指标项目的关联可能性程度，需要注意定量评价标准的制定规则。评价认证指标只有包含大量的可持续性、执行相关的定性和定量评价，才能确保可行性和适用性。

评价认证的国际社会力量，可以大致分为"社区力量"和"国际力量"。本书通过世界文化遗产的评价领域和中国传统村落的评价领域的比较，将评价认证指标体系大致划分为国际部门和地区部门进行开发，中国和世界的大指标项目再次分类为具体指标项目。中国传统村落的世界文化遗产评价领域将指标项目分为"有形文化遗产"和"无形文化遗产"。古村落评价认证的具体构建框架如图 4-14 所示。

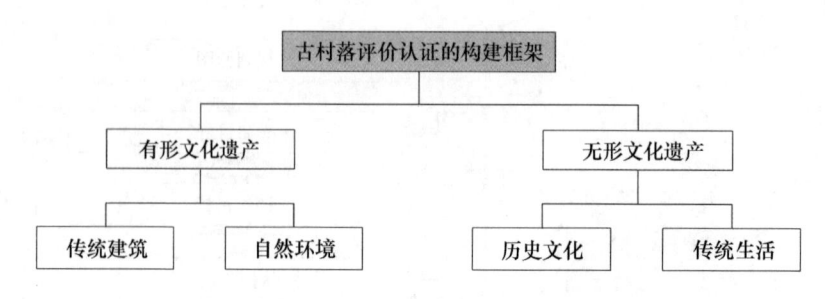

图4-14 古村落评价认证的构建框架

资料来源：笔者绘制。

(二) 评价认证指标的开发与流程

当前的古村落评价认证指标反映了通过应用世界文化遗产评价标准而产生的可扩展性指标。这一点对中国古村落保护与申遗的评价认证和建立有一定影响，可以起到促进古村落可持续发展的作用。评价认证指标建立计划是根据结果对改善全球古村落的评估和认证产生的影响，这将使中国古村落保护与申遗的评价认证和实践成为可能。图4-15是一个为了评价认证指标开发的概念图，表示影响评估和认证指标建立的因素流程。

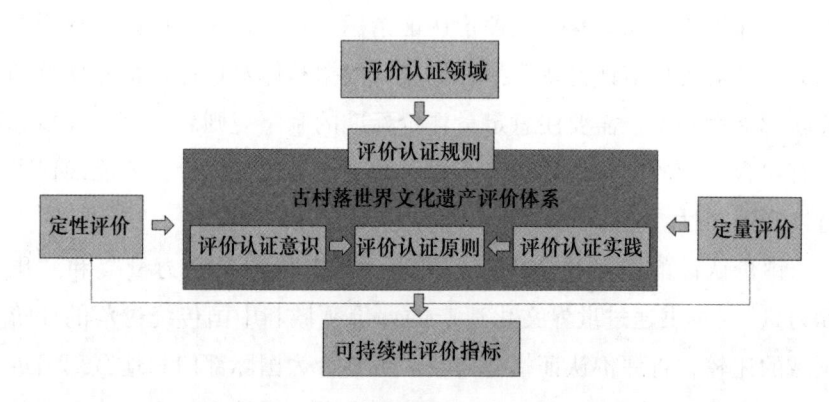

图4-15 古村落评价认证指标开发的概念

资料来源：笔者绘制。

为了古村落保护与申遗的实现，制定的具体评价认证指标可根据其性质分为领域指标、标准指标、因子指标、详细指标和目标指标。图 4-16 显示了古村落世界文化遗产评价指标的详细组成和流程，分为有形文化遗产和无形文化遗产两类评价领域。

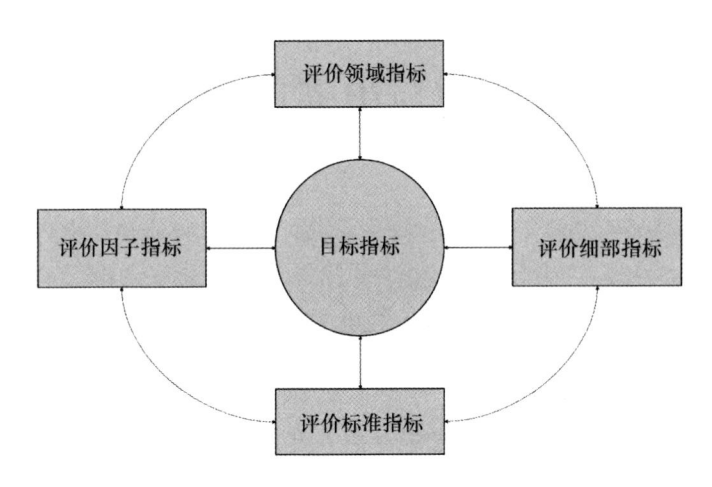

图 4-16 古村落评价认证指标开发的流程

资料来源：笔者绘制。

第五章

古村落保护与申遗的评价体系

第一节 评价模型构建

一 评价认证要素设定的技术性方法

为了对中国古村落进行客观评价,本书使用了客观合理的评价方法,具体的技术方法如下。第一,根据古村落保护与申遗的评价过程和结果分析,通过对现行评价认证指标的内容进行研究,对实际使用过程中存在的问题进行基本调整与优化。第二,通过对国内外相关古村落评价指标的概念、评价原理、评价认证方法、评价体系和评价结果等方面的研究,对评价认证方法进行了系统化分析。第三,针对中国代表性的西南地区古村落进行实地调查,分析古村落的价值分布和区域特征。第四,根据这些区域的古村落文化价值进行评价认证与文件的整理。第五,通过比较世界文化遗产的评价标准和中国传统村落评价认证指标体系,根据古村落相关领域的专家问卷调查,对最终指标元素进行了修改和优化,以提高评估和认证因素的合理性。第六,确定了中国古村落保护与申遗的评价认证指标体系的实用性和合理性。

二 评价指标项目模型构建
(一) 评价认证体系的构想
为了评价认证指标开发,评价认证体系由定性评价和定量评价构成。此外，量化评价分为客观性评价系统和主观性评价系统。其中，主观性评价体系是定性评价和定量评价的有机结合。中国古村落保护与申遗的评价认证指标体系是一种将定性评价与定量评价紧密结合的评估系统。这项研究提出的评价认证指标体系可以说是一种较为合理、科学的评价认证体系。

单一的评价方法已经不能满足古村落保护与申遗的评价需求。同时使用定性和定量评价、客观和主观评价的紧密结合可以成为一种相对科学的评价方法。这样，针对特定古村落保护与申遗的评价认证指标的开发，需要评价体系的整体设计，如图5-1所示。

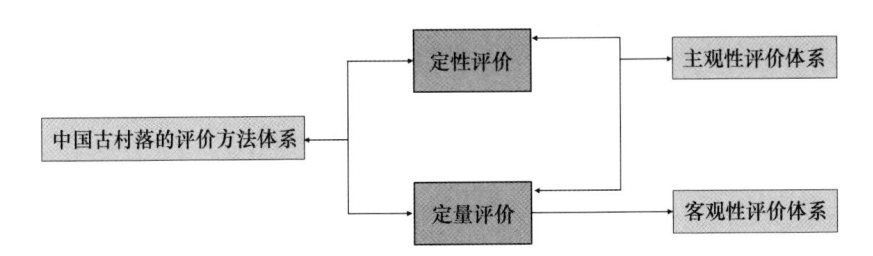

图5-1 古村落保护与申遗的评价方法体系构想

资料来源：笔者绘制。

1. 该评价体系中的定性和定量评价

定性评价是根据评价者的评价目标、当前状态以及相关文献数据的分析得出对价值判断的定性结论。此外，还通过调查方法、观察方法、哲学分析方法、系统分析方法和逻辑分析方法来收集和处理评价信息。使用专家知识、经验和判断能力，按姓名进行定性评价。

评价方法的种类分为专家评价方法和大众评价方法两种。专家评价方法是专家团体的客观、合理的评价制度。也就是说，实际上，以具体学术领域为对象，由相关学者和专家组成，按照一定的标准对相关领域成果进行评价。另外，这是以定量评价和定性评价为基础，通过系数评价方式进行定量评价，结果具有统计特性。大众评价方法包含对专家评价方法的补充性质，大众评价方法的优点是在科学研究成果评价体系中有大众评价的内容。大众评价的错误通过对客观公平性和公正评价效果的多方面探讨来弥补。

定量评价采用数学方法,收集、处理数据,提取定量价值判断。定量评价只靠计量化,有评价结果不多样的弱点。定量评价方法的目的是完善定性评价方法的主观性,扩大客观性。定量评价方法分为引文分析法、摘要法、阶段分析法、综合判断法和数据分析法。这与评价体系的成熟水平及指标的量化方法有直接关系。为了开发中国古村落世界文化遗产评价认证指标,需要制定科学的定量分析模型如图 5-2 所示。

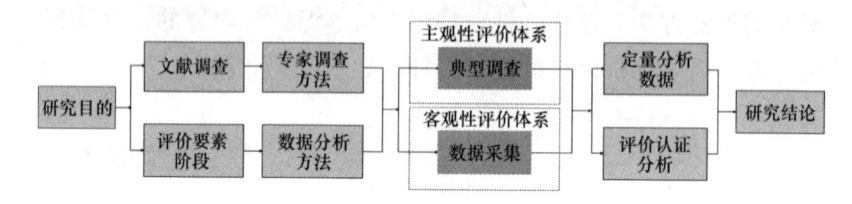

图 5-2 定量分析模型设计流程

资料来源:笔者绘制。

因此,为了开发中国传统村落的世界文化遗产评价认证指标,对定性评价和定量评价的具体相关关系分析内容如图 5-3 所示。定量评价过程和定性评价过程发生在相互关联性指标之间,在最终评价过

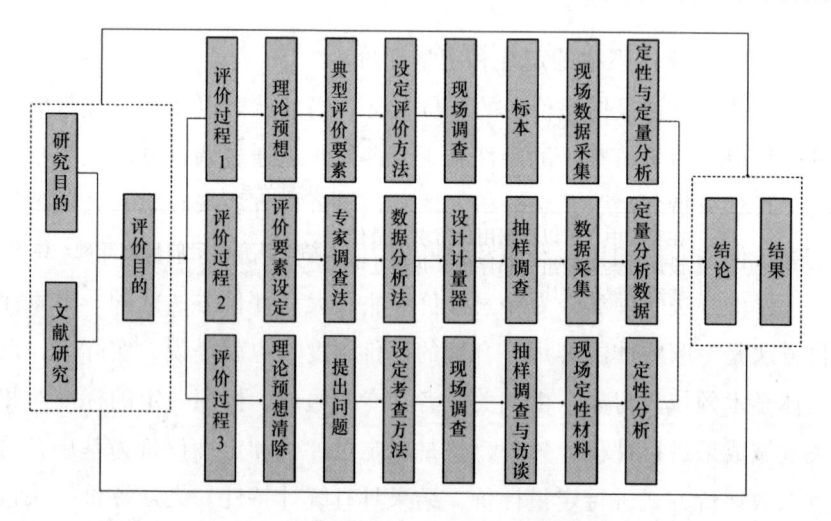

图 5-3 定性分析与定量分析的关系

资料来源:笔者绘制。

程中，构成客观性定量指标和主观性定性指标之间的综合判断。

2. 主观评价和客观评价

客观评价是以技术质量为基准，通过阶层分析对事物等级判断的评价方法。另外，其评价标准大部分不仅具有定量化、专业化，还具有法律效力。因此，客观评价方法的标准应以量化标准为基础进行评价对象的等级评价。主观评价方法是以人的理性和知识为基础的，所以要力求做到更科学、更客观地反映事物的现象。

本书通过客观和主观评价方法的比较，研究了客观评价方法和主观评价方法的优缺点。古村落的世界文化遗产评价认证指标体系包括所有领域，必须两种评价方法相结合来进行。具体客观评价方法和主观评价方法的比较分析如表 5-1 所示。

表 5-1　　主观评价方法与客观评价方法的比较分析

项目	主观评价方法	客观评价方法
评价主体	专家（相关政府管理者、设计师、使用者、投资者等）	专家（部分管理用户）
评价对象	"人—物质环境"整体体系	物质环境
研究技术	定量和定性技术融合、以多种方法为主	专注于调查和测量、以定量化技术为主、兼顾定性技能
研究对策	描述、解释、验证	实证战略
方法论	多样性	科学性、复原论
逻辑性	演绎法、归纳法、重合法	演绎法
关系性	相关关系	因果关系
优点	在实践中，可以根据用户需求对最佳设计方案进行组合和评价，并建立可持续发展研究体系	结论具有一定的理论基础，体现了评价指标的特点
缺点	评价标准不统一，结果存在问题	由于客观标准的局限性和缺乏自我指导的改进能力，对刚性标准存在不确定性

资料来源：朱小雷《建成环境主观评价方法研究》，东南大学出版社 2008 年版，第 16 页。

（二）评价体系的指标项目设计

本书结合层次结构分析法和综合评价法，建立了评价认证体系的模型。层次结构分析方法分为定性和定量分析方法。综合评价方法可以在一定程度上解决主观评价的不确定性和模糊性。

中国古村落保护与申遗的评价体系指标项目是由目标层、评价领域层、评价标准层和评价要素层组成。在该评价体系中，评价领域大致分为有形文化遗产和无形文化遗产两个评价领域。

有形文化遗产可大致分为"历史民居建筑"，"古村落历史街区"和"自然环境与景观"。无形文化遗产分为"历史影响"，"非物质文化"和"传统生活"。具体的评价指标项目层次结构如表5-2所示。

表5-2　　中国古村落保护与申遗的评价指标项目设计

目标	评价领域 （UV-A）	评价标准 （UV-B）	评价要素（UV-C）
评价体系 （U.V）	UV-A1 有形文化遗产	UV-B1 历史民居建筑	UV-C1：文物保护单位的真实性
			UV-C2：历史建筑的真实性
			UV-C3：历史建筑的艺术价值程度
		UV-B2 古村落历史街区	UV-C4：历史街区整体风貌的完整性
			UV-C5：历史街区布局的完整性
			UV-C6：历史街区空间布局的审美价值程度
		UV-B3 自然环境与景观	UV-C7：古村落和自然环境与景观的和谐程度
			UV-C8：古村落文化景观的艺术价值程度
评价体系 （U.V）	UV-A2 无形文化遗产	UV-B4 历史影响	UV-C9：历史事件和名人影响程度
			UV-C10：古村落的历史久远程度
			UV-C11：古村落的传承人与规模
		UV-B5 非物质文化	UV-C12：文化独特性
			UV-C13：民族文化的传承程度
		UV-B6 传统生活	UV-C14：生活的持续性
			UV-C15：关系的依存性
备注	A为一级指标；B为二级指标；C为三级指标			

资料来源：梁水兰《传统村落评价认定指标体系研究——以滇中地区为例》，硕士学位论文，昆明理工大学，2013年；赵勇、张捷、卢松等《历史文化村镇评价指标体系的再研究——以第二批中国历史文化名镇（名村）为例》，《建筑学报》2008年第3期；刘志宏、李钟国《中国传统村落保护评价指标开发研究——以世界文化遗产和传统村落评价指标比较为例》，《韩国住宅学会论文集》2018年第2期。

(三) 评价体系的指标项目模型构建①

关于评价认证指标体系，结合了层次等级分析法与综合评价法，并建立了评价认证指标体系的项目构建模型。层次等级分析法分为定性分析法和定量分析法两种，综合评价方法在一定程度上解决了主观评价的不确定性和模糊性。

因此，本书主要采用定性和定量相结合的评价方法来进行。在评价指标项目模型的构建上，主要考虑到中国古村落的特点，从以下几方面来开展体系模型的设置。

第一，通过图 5-3 可以得知定性评价是基于评估目标、现状和相关文献的分析，提出具有价值性研判的定性结论。

第二，定性研究通过研究方法、观察方法、哲学分析方法、系统分析方法和逻辑分析方法等来收集和处理评估信息。而定量评价则是采用数学方法来进行数据收集和处理，并进行量化提取具有价值的定量指标。定量评价方法的目的是补充定性评价方法的主观性并增加了客观性，定量评价方法分为引文分析法、文摘法、步骤分析法、综合判断法和数据分析法。

第三，中国古村落世界文化遗产评价认证指标体系是将定性化评价和定量化评价密切结合的一种系统，是一种较为合理、科学性的评价标准。量化指标是构建评价体系的重要组成部分。

第四，中国古村落的世界遗产评价体系中的指标项目由评价目标、评价领域、评价规则和评价要素四个阶层组成。在评价体系中，评价领域大致分为有形文化遗产和无形文化遗产两种类型。有形文化遗产可大致分为"历史民居建筑""古村落历史街区"和"自然环境与景观"。无形文化遗产分为"历史影响""非物质文化"和"传统生活"。

---

① 刘志宏：《西南少数民族古村落世界文化遗产价值标准探究》，《新建筑》2023 年第 2 期。

中国古村落世界文化遗产评价认证指标体系模型的构建分为有形文化遗产和无形文化遗产两个评价领域，具体建构过程如下。

1. 有形文化遗产评价领域的模型构建

在有形文化遗产评价领域中，最终选择的详细指标项目共有20个，每个主要区域的指标项目是由历史民居建筑10座、5个传统村落历史街区以及5处自然环境和景观[①]。基于此，中国古村落保护与申遗的评价体系中有形文化遗产的层次分析模型如图5-4所示。

2. 无形文化遗产评价领域的模型构建

为了开发中国古村落世界文化遗产的评价认证指标，无形文化遗产评价领域选定的最终细部指标项目共有18个，评价内容中的指标项目分为历史影响7个、非物质文化7个、传统生活4个。因此，最终提出的中国传统村落世界文化遗产评价体系的无形文化遗产阶层结构模型如图5-5所示。

三 评价认证指标项目等级标准的设定

（一）评价认证指标项目等级标准设定的意义

评价认证指标项目等级标准的设置是指已经建立的古村落世界文化遗产评价认证标准的强化及评价指标体系要素的选定，通过科学合理的评价认证标准来判断指标的正确性，将评价对象地区的古村落文化遗产保护用标准化的数值来表现的评价过程。将评价认证指标项目等级标准定义为对个别评价要素构成的等级包含范围，并选定评价认证指标项目，进行等级分类，并构思各自评价认证指标项目的等级与评价等级数相关性，赋予最终分数。

（二）评价认证指标项目等级标准体系化阶段

为了一贯地进行评价认证指标项目等级体系设置，科学合理地执行，

---

① 刘志宏、李钟国：《中国传统村落保护评价指标开发研究——以世界文化遗产和传统村落评价指标比较为例》，《韩国住宅学会论文集》2018年第2期。

第五章　古村落保护与申遗的评价体系

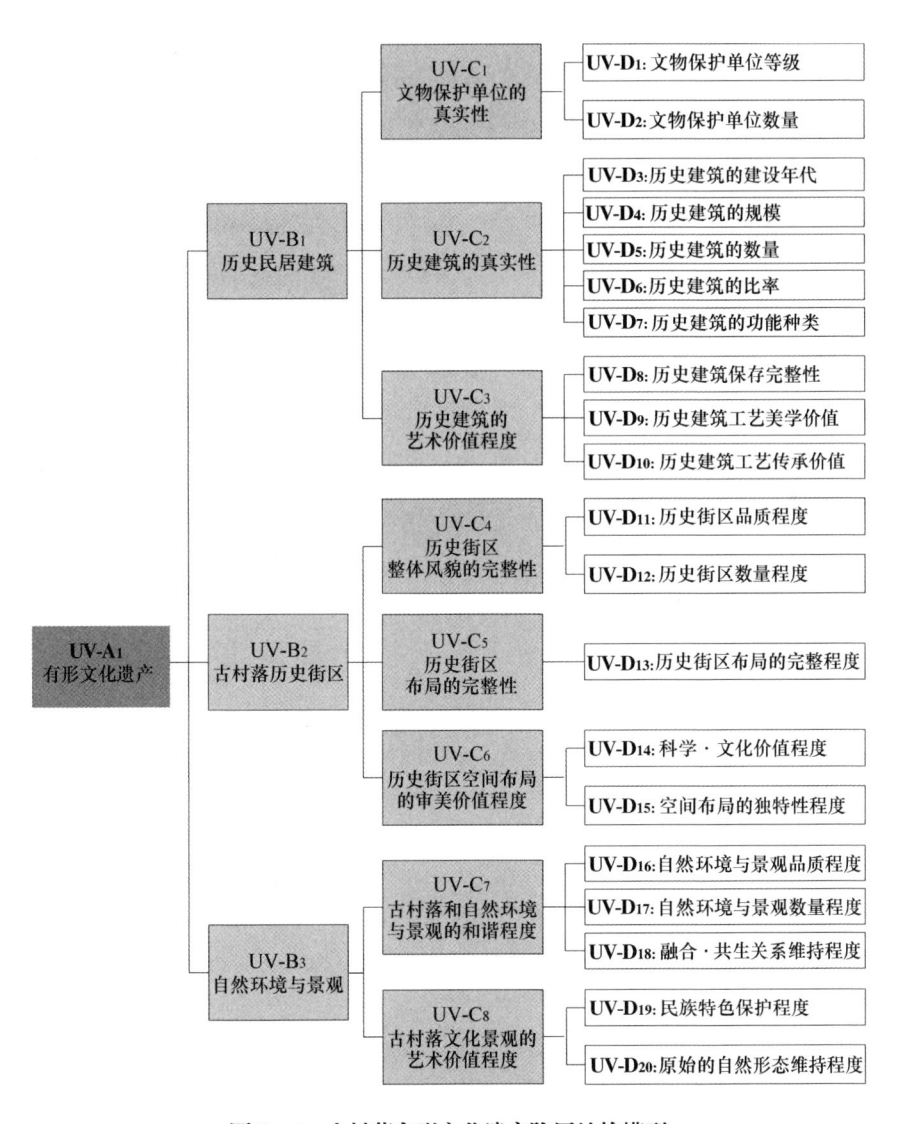

一级	二级	三级	四级
UV-A₁ 有形文化遗产	UV-B₁ 历史民居建筑	UV-C₁ 文物保护单位的真实性	UV-D₁: 文物保护单位等级
			UV-D₂: 文物保护单位数量
		UV-C₂ 历史建筑的真实性	UV-D₃: 历史建筑的建设年代
			UV-D₄: 历史建筑的规模
			UV-D₅: 历史建筑的数量
			UV-D₆: 历史建筑的比率
			UV-D₇: 历史建筑的功能种类
		UV-C₃ 历史建筑的艺术价值程度	UV-D₈: 历史建筑保存完整性
			UV-D₉: 历史建筑工艺美学价值
			UV-D₁₀: 历史建筑工艺传承价值
	UV-B₂ 古村落历史街区	UV-C₄ 历史街区整体风貌的完整性	UV-D₁₁: 历史街区品质程度
			UV-D₁₂: 历史街区数量程度
		UV-C₅ 历史街区布局的完整性	UV-D₁₃: 历史街区布局的完整程度
		UV-C₆ 历史街区空间布局的审美价值程度	UV-D₁₄: 科学·文化价值程度
			UV-D₁₅: 空间布局的独特性程度
	UV-B₃ 自然环境与景观	UV-C₇ 古村落和自然环境与景观的和谐程度	UV-D₁₆: 自然环境与景观品质程度
			UV-D₁₇: 自然环境与景观数量程度
			UV-D₁₈: 融合·共生关系维持程度
		UV-C₈ 古村落文化景观的艺术价值程度	UV-D₁₉: 民族特色保护程度
			UV-D₂₀: 原始的自然形态维持程度

图 5-4　古村落有形文化遗产阶层结构模型

资料来源：笔者绘制。参见刘志宏、李钟国《中国传统村落保护评价指标开发研究——以世界文化遗产和传统村落评价指标比较为例》，《韩国住宅学会论文集》2018 年第 2 期。

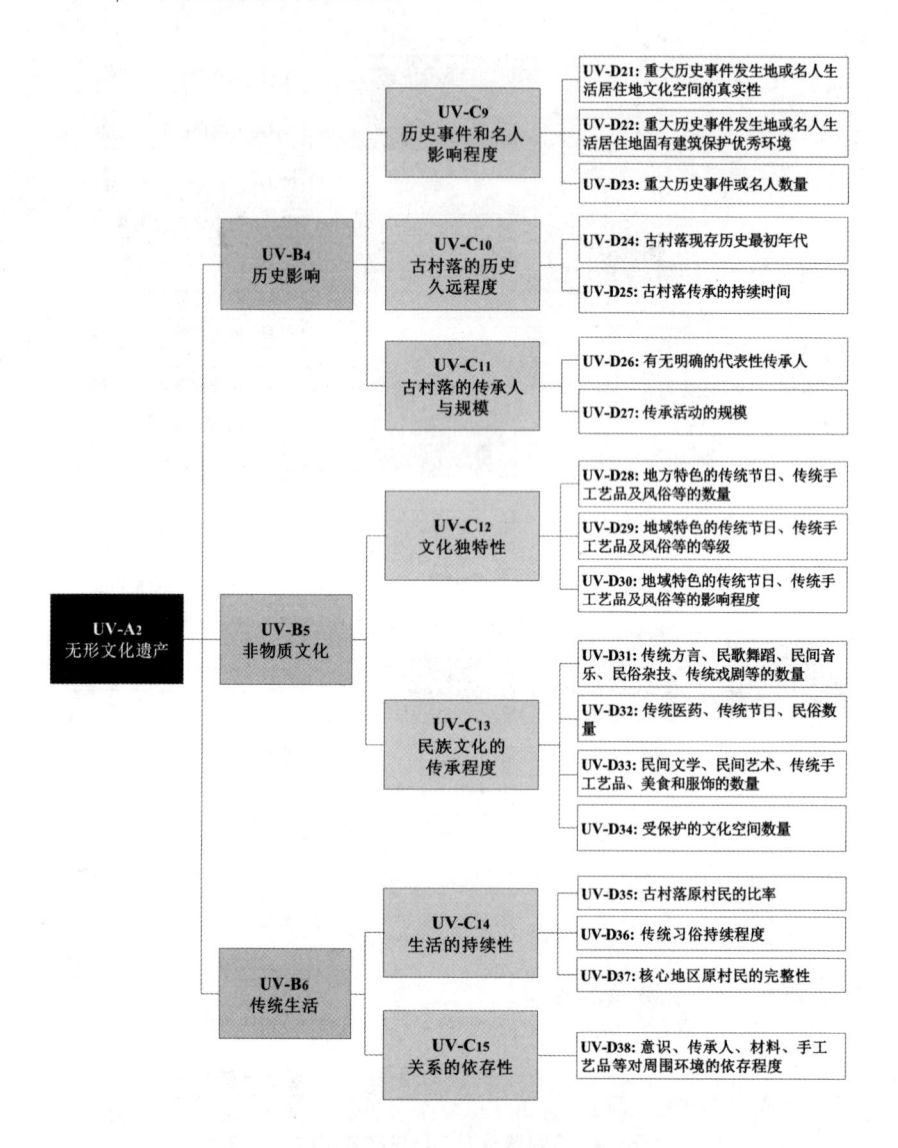

```
                                    ┌─ UV-D21: 重大历史事件发生地或名人生
                      ┌─ UV-C9 ─────┤         活居住地文化空间的真实性
                      │  历史事件和   ├─ UV-D22: 重大历史事件发生地或名人生
                      │  名人        │         活居住地固有建筑保护优秀环境
                      │  影响程度    └─ UV-D23: 重大历史事件或名人数量
          ┌─ UV-B4 ───┤
          │  历史影响  │  UV-C10      ┌─ UV-D24: 古村落现存历史最初年代
          │           ├─ 古村落的历史 ┤
          │           │  久远程度    └─ UV-D25: 古村落传承的持续时间
          │           │
          │           │  UV-C11      ┌─ UV-D26: 有无明确的代表性传承人
          │           └─ 古村落的传承人┤
          │              与规模        └─ UV-D27: 传承活动的规模
          │
          │                           ┌─ UV-D28: 地方特色的传统节日、传统手
          │                           │         工艺品及风俗等的数量
          │              UV-C12       ├─ UV-D29: 地域特色的传统节日、传统手
          │           ┌─ 文化独特性 ──┤         工艺品及风俗等的等级
          │           │               └─ UV-D30: 地域特色的传统节日、传统手
UV-A2     │           │                         工艺品及风俗等的影响程度
无形文化遗产 ─ UV-B5 ──┤
          │  非物质文化│                 ┌─ UV-D31: 传统方言、民歌舞蹈、民间音
          │           │                 │         乐、民俗杂技、传统戏剧等的数量
          │           │  UV-C13         ├─ UV-D32: 传统医药、传统节日、民俗数
          │           └─ 民族文化的 ────┤         量
          │              传承程度       ├─ UV-D33: 民间文学、民间艺术、传统手
          │                             │         工艺品、美食和服饰的数量
          │                             └─ UV-D34: 受保护的文化空间数量
          │
          │              UV-C14       ┌─ UV-D35: 古村落原村民的比率
          │           ┌─ 生活的持续性 ┼─ UV-D36: 传统习俗持续程度
          └─ UV-B6 ───┤               └─ UV-D37: 核心地区原村民的完整性
             传统生活  │
                      │  UV-C15      ┌─ UV-D38: 意识、传承人、材料、手工
                      └─ 关系的依存性┤         艺品等对周围环境的依存程度
```

图 5-5 古村落无形文化遗产阶层结构模型

资料来源：笔者绘制。参见刘志宏、李钟国《中国传统村落保护评价指标开发研究——以世界文化遗产和传统村落评价指标比较为例》，《韩国住宅学会论文集》2018 年第 2 期。

第五章　古村落保护与申遗的评价体系　**119**

分为5个阶段。具体评价认证指标项目等级体系阶段如图5-6所示。

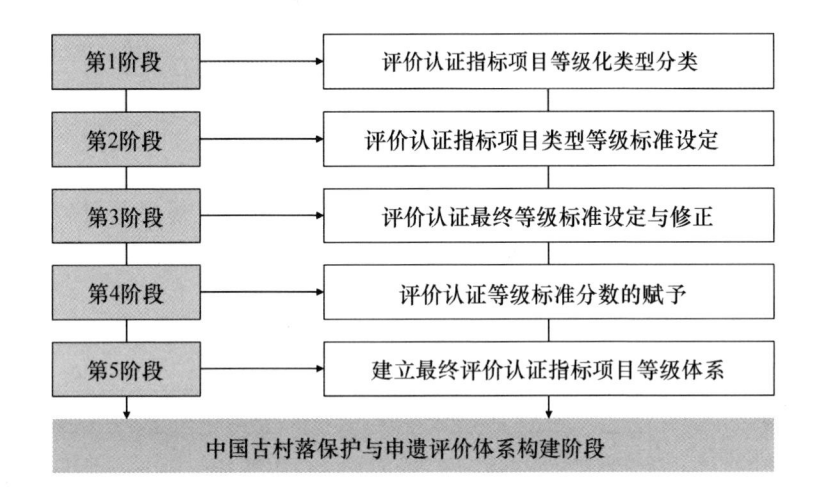

```
第1阶段 → 评价认证指标项目等级化类型分类
第2阶段 → 评价认证指标项目类型等级标准设定
第3阶段 → 评价认证最终等级标准设定与修正
第4阶段 → 评价认证等级标准分数的赋予
第5阶段 → 建立最终评价认证指标项目等级体系
        ↓
  中国古村落保护与申遗评价体系构建阶段
```

图5-6　评价认证指标项目等级体系设置的阶段

资料来源：笔者绘制。参见刘志宏、李钟国《中国传统村落保护评价指标开发研究——以世界文化遗产和传统村落评价指标比较为例》，《韩国住宅学会论文集》2018年第2期。

图5-6所示的这五个阶段，是为了开发中国古村落世界文化遗产评价认证指标，通过评价认证指标项目等级的标准设置，为建立中国古村落保护与申遗的评价体系奠定科学基础，其设置的过程内容如下。

第一，在包括评价认证指标项目等级类型划分的模型在内的4个评价认证等级类型中，根据有形文化遗产和无形文化遗产的定性、定量评价属性和古村落文化遗产的种类，决定了不同评价要素的适用类型。

第二，针对评价认证指标项目类型的等级标准设置，主要以定量评价为中心，利用平均值和标准值设定系统化的评价认证等级范围。在定量化和定性化相结合的情况下，分为5个阶段。

第三，对于评价认证指标项目的最终标准设定和调整，之前通过专家们的评价认证等级标准和相关先行研究等进行了调整与优化，在意见统一的情况下，将进行第四阶段的评价认证指标分值的设定。

第四，对评价认证等级的基准分数赋予、确定的评价认证指标项目最终标准，指标要素分为10分、15分，按照等级划分阶段分配，以评价的具体标准给予分数。

第五，最后确定最终评价认证指标项目的等级体系。

（三）评价认证指标项目等级标准的结果

前面经过5个阶段对评价认证指标项目等级标准体系的设置，最终确定的评价认证指标项目等级标准明细如表5-3所示。

表5-3　　类别评价认证指标项目等级标准的设定结果

分类	评价认证指标项目等级阶层数量（个）			
	评价标准 （UV-B）	评价要素 （UV-C）	评价指标 （UV-D）	小计 （比率%）
UV-A1 有形文化遗产	3	8	20	31（52.5%）
UV-A2 无形文化遗产	3	7	18	28（47.5%）
合计	6	15	38	59（100.0%）

资料来源：刘志宏、李钟国《中国传统村落保护评价指标开发研究——以世界文化遗产和传统村落评价指标比较为例》，《韩国住宅学会论文集》2018年第2期。

通过前面在评价领域项目中，"UV-A1：有形文化遗产"的评价标准有3个，评价要素有8个，评价指标有20个，总共31个（52.5%），占比最高。"UV-A2：无形文化遗产"的评价标准有3个，评价要素有7个，评价指标有18个，总共28个（47.5%）。各评价认证指标项目等级的标准设置，通过对现有的UNESCO世界文化遗产和中国传统村落的比较研究和专家的问卷调查、评价认证等方面的文件、制度、方针等的讨论，设定了指标项目。评价领域、评价指标、评价标准、评价要素和分值的具体构成内容如表5-4所示。

表 5–4　　　　　　　指标评价认证等级和评价标准构成

评价领域 (UV–A)	评价标准 (UV–B)	评价要素 (UV–C)	评价指标 (UV–D)	分值
UV–A₁ 有形文化遗产	UV–B₁ 历史民居建筑	UV–C₁：文物保护单位的真实性	UV–D₁：文物保护单位等级	5
			UV–D₂：文物保护单位数量	3
		UV–C₂：历史建筑的真实性	UV–D₃：历史建筑的建设年代	3
			UV–D₄：历史建筑的规模	3
			UV–D₅：历史建筑的数量	3
			UV–D₆：历史建筑的比率	1
			UV–D₇：历史建筑的功能种类	1
		UV–C₃：历史建筑的艺术价值程度	UV–D₈：历史建筑保存完整性	5
			UV–D₉：历史建筑工艺美学价值	3
			UV–D₁₀：历史建筑工艺传承价值	3
	UV–B₂ 古村落历史街区	UV–C₄：历史街区整体风貌的完整性	UV–D₁₁：历史街区品质程度	3
			UV–D₁₂：历史街区数量程度	1
		UV–C₅：历史街区布局的完整性	UV–D₁₃：历史街区布局的完整程度	5
		UV–C₆：历史街区空间布局审美价值程度	UV–D₁₄：科学·文化价值程度	5
			UV–D₁₅：空间布局的独特性程度	1
	UV–B₃ 自然环境与景观	UV–C₇：村落和自然环境与景观和谐程度	UV–D₁₆：自然环境与景观品质程度	3
			UV–D₁₇：自然环境与景观数量程度	1
			UV–D₁₈：融合·共生关系维持程度	3
		UV–C₈：古村落文化景观的艺术价值程度	UV–D₁₉：民族特色保护程度	3
			UV–D₂₀：原始的自然形态维持程度	5

续表

评价领域 (UV－A)	评价标准 (UV－B)	评价要素 (UV－C)	评价指标 (UV－D)	分值
UV－A$_2$ 无形文化遗产	UV－B$_4$ 历史影响	UV－C$_9$：历史事件和名人影响程度	UV－D$_{21}$：重大历史事件发生地或名人生活居住地文化空间的真实性	3
			UV－D$_{22}$：重大历史事件发生地或名人生活居住地固有建筑保护优秀环境	3
			UV－D$_{23}$：重大历史事件或名人数量	1
		UV－C$_{10}$：古村落的历史久远程度	UV－D$_{24}$：古村落现存历史最初年代	3
			UV－D$_{25}$：古村落传承的持续时间	3
		UV－C$_{11}$：古村落的传承人与规模	UV－D$_{26}$：有无明确的代表性传承人	1
			UV－D$_{27}$：传承活动的规模	1
	UV－B$_5$ 非物质文化	UV－C$_{12}$：文化独特性	UV－D$_{28}$：地方特色的传统节日、传统手工艺品及风俗等数量	1
			UV－D$_{29}$：地域特色的传统节日、传统手工艺品及风俗等等级	3
			UV－D$_{30}$：地域特色的传统节日、传统手工艺品及风俗等的影响程度	1
		UV－C$_{13}$：民族文化的传承程度	UV－D$_{31}$：传统方言、民歌舞蹈、民间音乐、民俗杂技、传统戏剧等的数量	3
			UV－D$_{32}$：传统医药、传统节日、民俗数量	1
			UV－D$_{33}$：民间文学、民间艺术、传统手工艺品、美食和服饰数量	1
			UV－D$_{34}$：受保护的文化空间数量	3
	UV－B$_6$ 传统生活	UV－C$_{14}$：生活的持续性	UV－D$_{35}$：古村落原村民的比率	1
			UV－D$_{36}$：传统习俗持续程度	3
			UV－D$_{37}$：核心地区原村民的完整性	3
		UV－C$_{15}$：关系的依存性	UV－D$_{38}$：意识、传承人、材料、手工艺品等对周围环境的依存程度	5
2	6	15	38	100

资料来源：赵勇、张捷、卢松等《历史文化村镇评价指标体系的再研究——以第二批中国历史文化名镇（名村）为例》，《建筑学报》2008年第3期；张艳玲《历史文化村镇评价体系研究》，博士学位论文，华南理工大学，2011年。

第二节 评价指标体系构建

一 评价计划方法的应用

（一）评价计划

评价计划是中国古村落可持续发展的必要条件，是《UNESCO 世界遗产管理指南》要求针对世界遗产应用制定适当的评估计划。因此，评估计划是与世界遗产申请一起提交的，包括与世界文化遗产相关的冲突的解决方案和调整计划，遗产的保护和管理计划以及未来评价计划的内容。同时，适当的管理和评价计划从长期的角度提供了保护文化遗产的措施。

评价计划阐明了保护世界文化遗产价值的原因和方法，并可以为具体活动设定基本方向[1]。此外，可以确定评价计划的重要性，因为它可以直接影响与世界文化遗产有关的计划，并可以提高评价者对文化遗产管理效率的责任。

（二）指标应用方法

1. 评价方法设置和评价资料收集

为了通过使用指标提高评估和认证分析结果的可靠性，本书针对与文化遗产和古村落有关的专家，于 2016 年 11 月 29 日至 2017 年 2 月 28 日通过电子邮件进行了问卷调查。在回答问卷时，提供专家提出回答每个条款的依据，并通过与相关部门负责人协商来推动难以判断的评估部分做出回答。

根据问卷调查收集的评估信息，进行分析并收集相关评估数据。在此过程中，收集了有关问卷调查是否适合进行科学有效地实际认证评估的意见。在调查中收集了反映评价古村落 UNESCO 世界文化遗产有效性的评价认证指标项目的统计数据，以发展评估和认证指标。详细信息

---

[1] ［韩］徐欢、于文东、姜泰：《世界文化遗产的管理效果评价体系研究》，《韩国传统造景学会杂志》2013 年第 4 期。

包括创意性、关系性、时间关系性、空间的关系性和无形的关系性。

2. 评价认证指标应用方法分析

将制定的评价认证指标应用于两个评价领域，并进行分析与验证。以有形文化遗产和无形文化遗产两个评价领域为研究中心，通过具体的中国古村落案例分析进行详细的指标项目设置，其中"历史民居建筑、古村落历史街区、自然环境与景观、历史影响、非物质文化、传统生活"被选为6条评价标准。在分析研究中，通过使用平均值掌握所有指标项目的开发和运行状态、案例分析及评价认证标准的运行状态，以及对UNESCO世界文化遗产和中国古村落这两个一级评价领域的结果进行相互比较，最后得出解决方案。

为了确保所开发指标的科学有效性，本书对中国8处古村落（包含正式世遗古村落和预备世遗古村落）进行了案例研究。通过比较UNESCO世界文化遗产的6条评价标准和中国传统村落的3个评价认证指标体系，在38个指标项目中仅选择了22个作为最后的评价认证指标，并建立了具有8个评价认证标准的评价认证指标体系。此外，使用标准化分析方法（一种通用方法）来对两个评价标准的绝对值进行相互比较，并应用了古村落保护原则的权重，但不包括两个评价领域的权重。通过开发的评价指标可以实现对古村落保护与申遗的评估和认证。

根据比较世界文化遗产的6条评价标准和中国传统村落的3个评价认证指标体系的具体情况，比较分析了38个综合评价认证指标项目的适用性，通过调查得出总共22个指数项目密切相关，具有实施的可行性。结果发现，其余16个指标之间关联度较低。表5-5中显示了指标应用的详细分析内容。

表5-5　　　　　　　　评价认证指标应用方法体系

评价领域（UV-A）	评价标准（UV-B）	细部指标数（个）	指标应用（个）
UV-A$_1$：有形文化遗产	UV-B$_1$：历史民居建筑	10	6
	UV-B$_2$：古村落历史街区	5	3
	UV-B$_3$：自然环境与景观	5	3

续表

评价领域（UV-A）	评价标准（UV-B）	细部指标数（个）	指标应用（个）
UV-A$_2$：无形文化遗产	UV-B$_4$：历史影响	7	4
	UV-B$_5$：非物质文化	7	3
	UV-B$_6$：传统生活	4	3
合计	6	38	22

资料来源：刘志宏、李钟国《中国传统村落保护评价指标开发研究——以世界文化遗产和传统村落评价指标比较为例》，《韩国住宅学会论文集》2018年第2期。

二 评价标准的应用

评价标准是指标准的内容和属性，或由此得出的评价结果的属性、范围、等级和分数等。为了将其用作评价认证的客观性判断基础，遵循使用范围、程度、水平和得分的原则，可以表达和衡量评价目标的属性、内容和价值。通常，评价标准以范围、程度和分数表示，只有与评价标准相关联时才能给出其含义，并且在大多数情况下，它们会与评价标准一起陈述或表达。

（一）将评价标准应用于中国古村落保护与申遗的计划

考虑将评价指标应用于中国古村落保护与申遗的总体原因不是衡量中国古村落的可持续发展水平，而是科学地将评价认证结果反映在政策中。

有四种方法可以将评价标准应用于中国古村落保护与申遗的实践中。具体的评价标准分类如下。

1. 设定评价认证目标的常规方面

根据中国几大民族地区的各种特征和当前存在的问题，可以设定一个可持续的评价认证目标。

2. 评价认证计划制定的绩效方面

通过评价认证计划的绩效，可以在特定的计划点对已建立的评价认证目标进行可持续发展的评估。此外，评价认证计划是通过应用评价标准的分步计划。

3. 评价认证结果的分析方面

通过比较中国古村落保护与申遗的评价认证目标水平与当前或给出

的评价认证计划时注册的可持续性的水平,有必要制定科学的政策来保护中国古村落的可持续性发展,并采取具体的保护与发展措施。

4. 评价认证结果的实践方面

关于中国古村落保护与申遗评价认证结果的设置,修改了评价认证的指标项目,并提出了最终的评价认证结果。评价指标彼此密切相关,将当前测得的可持续保护水平与中国古村落可持续目标的设定进行比较和评价。它将可能提高保护与申遗的评价水平。为了实现中国传统村落的可持续保护,我们需要一个突破点建立专门的评估和认证体系。考虑到中国古村落的文化变化或中国古村落传统居民需求的重大变化,有必要进行持续的监测反馈。图5-7显示了适用于中国古村落评价标准的具体措施。

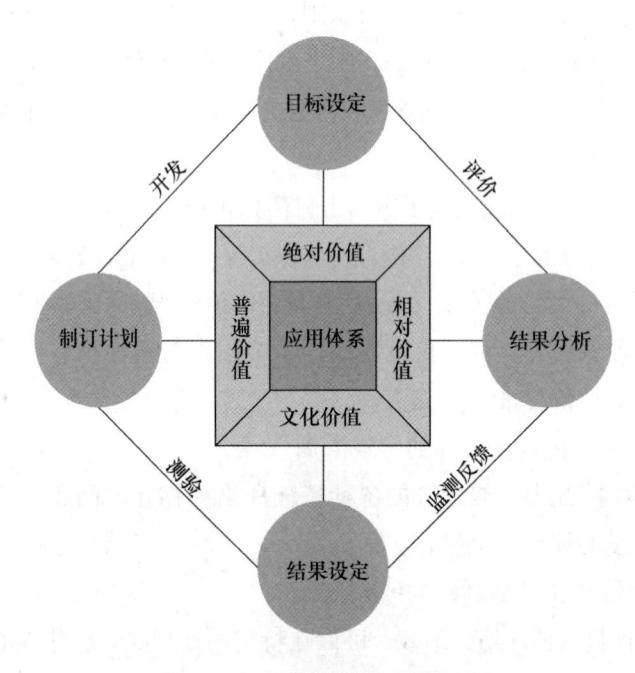

图5-7 评价标准的应用方案

资料来源:笔者绘制。参见胡燕、陈晟、曹玮等《传统村落的概念和文化内涵》,《城市发展研究》2014年第1期。

（二）中国古村落世界文化遗产评价标准的适用体系

1. 对古村落保护与申遗评价指标的适用

为了评价中国古村落保护与申遗的价值，笔者开发了多种评价认证指标和评价标准。但实际上，将这些指标和评价标准能否全部适用于中国古村落的世界文化遗产多少有些困难。也就是说，评价认证的具体目的和用途、古村落的种类、古村落的规模和历史价值、与世界文化遗产密切相关的可能性、评价认证的长期或短期观点（方法论）等，需要适当地选择和结合使用。如果将古村落世界文化遗产评价指标的适用性进行整理归纳，可得表5-6。

表5-6　　　　　　　　评价指标的应用分析

顺序	分类	应用的必要性
1	评价目的和用途	·评价的主体 ·作为评价目的和用途，专家们认证，并以此为基础，以政府的支援或行政指导为目的，政府成为主体，评价古村落
2	古村落的种类	·根据古村落的种类，评价认证指标及标准应该有所不同 ·对古村落的特性和服务的村民满意度等要得到适当的评价
3	古村落的规模和历史价值	·古村落的规模和历史价值等个别属性也应考虑在选定评价认证指标和标准上 ·与古村落的规模或历史价值无关，统一评价比较是不恰当的
4	与世界文化遗产密切关联的可能性	·古村落对于与世界文化遗产密切相关的可能性基本上应将上述评价标准和指标相结合 ·相关的评价认证指标及标准大部分可通过定量评价来测定
5	评价认证的长期或短期观点（方法论）	·评价认证的长期、短期观点的评价认证指标及标准的构成应同时使用定性、定量相结合的评价 ·评价认证指标项目将整体分数设定为100分标准，分别赋予指标的加权值，可以在古村落和世界文化遗产之间进行比较

2. 预备评价认证指标的适用体系

考虑到中国古村落的特性和资料的可用性等指标项目的设置，通过多种测量方法收集相关资料、对测量变量的系统化过程及评价领域的指标分数等一系列程序，可以确认评价中国古村落保护与申遗的评价认证指标的合理性。评价认证指标开发及适用过程将成为今后中国古村落保护与申遗的评价体系的重要信息。以8处中国古村落为案例进行实证分析结果为基础，为了实现古村落可持续性，将评价指标的适用方案从规范、制度、分析、实践的角度提出和分析。设定古村落可持续目标的规范性、制度层面和制定具体实践政策及实施方案的实践层面，以及测定可持续的保全和评价水平的分析层面相互联系，通过反馈过程和监测，实现中国古村落的可持续保护和目标。

开发科学性和可行性评价认证指标体系，通过世界文化遗产评价标准和中国传统村落评价认证指标体系的比较，各评价领域由绝对价值、相对价值、文化价值和普遍价值4个领域构成。将22个具体指标项目选定为测量指标项目，评价指标体系分为4个评价认证标准（UV-Ⅰ，UV-Ⅱ，UV-Ⅲ，UV-Ⅳ）。此外，中国古村落世界文化遗产评价标准的适用体系是由入选标准、评价领域、评价指标、细部评价项目、指标分数和满分顺序构成。而且，在评价认证指标的适用体系中，根据指标分数的评价标准和指标属性，各评价领域的分数分为20分、25分、30分、25分。因此，具体的中国古村落世界文化遗产预备评价认证指标的适用体系如图5-8所示。

三 评价认证指标体系的构建方法

通过建立评价认证指标体系，可以选择具有科学性和独特文化价值的古村落为典型案例，因为关于古村落遗产的文化价值分布特征会更加清楚地表达出来。它还可以为中国古村落申报世界文化遗产的构建方法提供依据。其具体的构建方法过程如下。

第五章　古村落保护与申遗的评价体系　**129**

入选标准	评价领域	评价指标	细部评价项目	指标分数	满分
UV-I	绝对价值	规模	地面，使用面积·容量	7	20
			传承活动规模	3	
		等级	文物保护单位等级	5	
			文化遗产的种类等级	5	
UV-II	相对价值	时间	历史性	10	25
			阶段性	5	
		空间	地域性	7	
			关联性	3	
UV-III	文化价值	有形	环境的协调性	7	30
			布局的合理性	5	
			使用的便利性	3	
		无形	历史的影响	7	
			传承的活化性	5	
			依存性	3	
UV-IV	普遍价值	真实性	传统工艺技术传承	5	25
			工艺美术价值	5	
		完整性	原型完整保存	10	
			传统生产的活化性	5	
4个			古村落评价认证标准的内容	100	100

中国古村落保护与申遗预备评价认证指标的适用体系

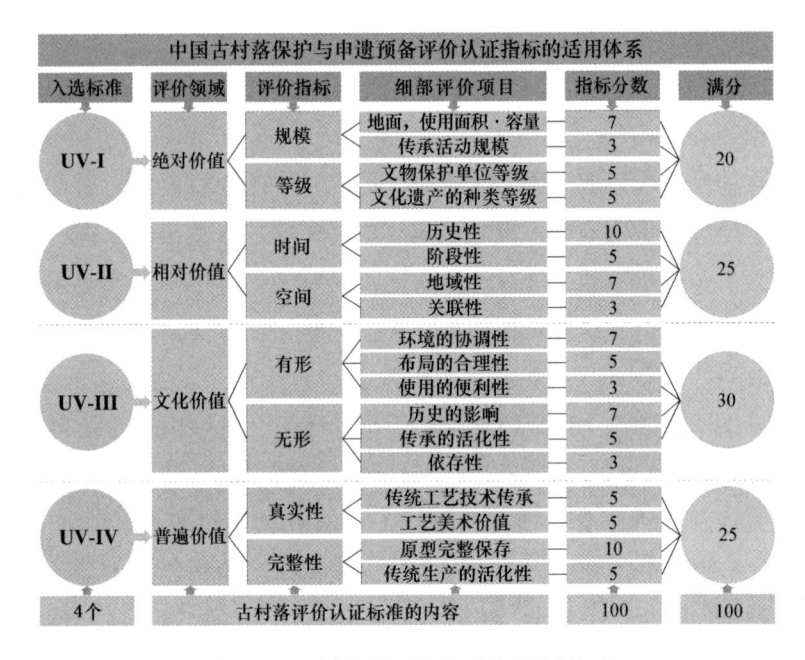

图 5-8　预备评价认证指标的适用体系

资料来源：笔者绘制。参见刘志宏、李钟国《中国传统村落评价认证指标体系分析研究》，《韩国启明大学产业技术研究所论文报告集》2017 年第 1 期。

（一）构建评价指标体系是中国古村落列入世界文化遗产的依据

古村落被 UNESCO 列入世界文化遗产是基于评价认证指标体系，根据中国古村落的具体入选情况而提出的一个相对科学的评估分值。这些分值是中国古村落成功申报 UNESCO 世界文化遗产的基础，根据中华人民共和国住房和城乡建设部颁布的《中国传统村落评价认证指标体系（试行）》，传统村落评价认证是按照"古村落选址与布局、传统建筑和无形文化遗产"三大一级指标来进行评价认证，看该古村落是否符合被住房和城乡建设部列入《中国传统村落名录》的评价标准。

（二）建立评价指标体系是中国古村落可持续发展的基础

评价认证指标体系不仅体现了主观和客观的评价古村落的完整性遗产的文化价值，还为文化遗产资源收集提供了科学依据，通过评价认证结果对准确掌握古村落的文化资源保护与可持续发展情况提供了有力的技术保障。

（三）评价指标体系还是中国古村落申报世界文化遗产方法的理论基础

通过评价认证指标体系的建立，推进了中国古村落的历史性文化价值、经济性价值等的评价与认定。UNESCO 世界文化遗产古村落是根据第Ⅰ—Ⅵ条标准来进行评估认证，只要满足其中一条或多条标准的古村落文化遗产，且长期遗存与保护完整，具有突出的普遍性价值就可以列入 UNESCO 世界文化遗产名录。

因此，通过建立科学的评价认证指标体系，对中国古村落可持续发展进行定性和定量的评价认证和系统化模型设计构建。为了古村落申报 UNESCO 世界文化遗产，对被 UNESCO 列为世界文化遗产的中国古村落进行分类评价。关于评价认证指标体系的构建方法是体现中国古村落的评价认证基础，其评价认证指标体系的构建方法和评价标准的细节内容详见图 5-9。

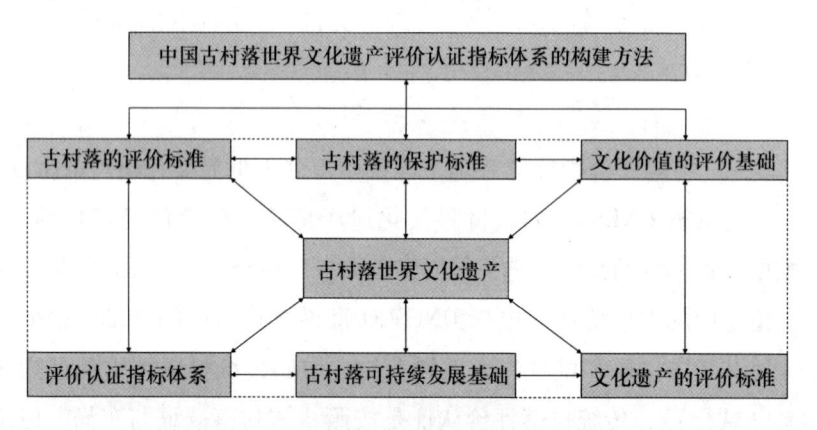

图 5-9 评价认证指标体系的构建方法

资料来源：笔者绘制。参见刘志宏《传统村落可持续性保护的评价认证指标开发研究》，博士学位论文，韩国启明大学，2018 年。

四　评价认证指标体系构建

（一）评价认证指标体系框架

评价认证指标体系框架是一个通用指标，它是一个指标体系，可以制定和应用指标以实现古村落保护与申遗，达到前期良好的技术指导作用。该指标体系是高级评价认证指标，可以适当地应用于所有中国古村落。通过评价指标，可以为古村落的每个评价领域分别设置子指标。评价目标的适宜性可以看作共同应用于评价领域的通用评价指标。基于上述评价认证指标模型的建构，由初步评价认证指标、进度评价认证指标、初步评价认证以及结果评价认证四个部分组成。评价认证阶段的详细分析如下。

第一，从预备评价认证阶段使用的评价指标的特征来看，预备评价认证中最重要的是古村落评价目标的适宜性。它包括相关性评估和认证，可以正确反映紧密联系的可能性和必要性。这些评价目标对于实现中国古村落保护与申遗策略是有效的。

第二，为了解决中国古村落评价认证目标的实际问题，宜对古村落村民的居住环境和世界文化遗产的价值进行评价认证。与古村落世界文化遗产的评价和证明紧密联系的可能性意味着采用更高的评价指标，并将其联系起来的可能性。它提出了解决可持续保护和发展的有关问题，推进了中国古村落保护与申遗的可能性程度。在评价考核阶段，促进考核指标体系的可行性、有效性、科学性、相关性和适宜性与评价指标紧密相关。

第三，在初步评价认证阶段，通过分析评价认证指标体系的评价项目的适用性和必要性，引入评价认证指标体系，得出初步评价认证指标项目。在这些系统中，选择具有紧密联系和高度适用性的评价指标，并将其用作初步评价指标项目。由22个评价指标组成，并根据6条世界文化遗产评价标准对评价指标进行了审查，据分析，有必要积极考虑高度相关性。

第四，在结果评价认证阶段，对导出的预备评价认证指标项目进行了相关领域的专家问卷调查，验证了评价认证指标项目的紧密关联可能性和必要性，通过对此分析，导出了最终评价认证指标项目。评价认证指标体系及评价认证标准的比较分析结果，认为需要适当的系统性。具体整理评价认证阶段的古村落世界文化遗产评价认证指标体系框架如表 5-7 所示。

表 5-7　　　　　　　　　评价认证指标体系框架

顺序	评价认证阶段	评价认证对象	评价认证标准
1	评价前认证指标分析阶段	评价目标设定的适宜性和可能性	·分析评价认证目标设定的适宜性 ·政府和行政机构支援的可行性 ·村民生活环境的可持续发展 ·评价认证目标的明确性和可行性
		古村落保护与申遗的计划的适宜性	·目标与列为世界文化遗产长期保护对策之间的关联性 ·古村落评价目标与村落保护之间的关联性 ·评价认证计划的适宜性
2	推进评价认证指标阶段	推进评价认证指标体系的关联性	·通过比较评价标准和指标的适用性和必要性
		推进评价认证指标体系的有效性和科学性	·如何结合使用定性评价和定量评价 ·评价认证指标体系的科学合理性 ·相关标准和制度改进以及及时性
		推进评价认证指标体系的可行性和适宜性	·评价认证管理的适宜性 ·评价认证指标体系计划的可行性
3	预备评价认证指标阶段	预备评价认证指标体系的正确性	·预备评价指标项目紧密关联的适用性和必要性分析 ·评价指标设置的准确性和修改的可操作性
		预备评价认证指标项目的特殊性	·由于古村落的特殊条件、村落的保护要素指标以及由于村落文化的特殊性而产生的详细指标项目
4	结果评价认证指标阶段	计算评价认证指标的效率	·古村落评价认证指标的目标 ·评价认证指标应用的效率性 ·评价认证指标的实际推进程度
		结果指标的持续性和有效性	·评价认证的共感合理性 ·计算出的评价指标的连锁效应 ·古村落可持续发展 ·评价认证的普遍性价值

(二) 评价认证指标体系的构建[①]

1. 评价认证的基本构想

为了制定和评价古村落保护与申遗的指标，必须体系化选择定性和定量的评价指标，并且必须在结构上提出评价认证指标。通过对相关领域专家意见的综合分析，古村落保护与申遗的评价认证指标项目大致分为有形文化遗产和无形文化遗产。此外，在根据专家最终评价认证意见对各种指标项目进行调查的基础上，将世界文化遗产评价认证标准与中国传统村落的评价认证体系进行了比较，并以此作为建立评价认证指标体系的基本组成部分。

2. 评价认证指标体系

在评价标准中，主要有八个评价领域：创造性、影响性、时间关系、过程关系、空间关系、无形关系、规模和科学保存价值性；在详细评价标准中，主要有等级、协调性、完整性、艺术性、代表性、价值性、科学性、依存性、历史性和维护系统。这些双重评价标准可以在古村落保护的前提下进行综合评价认证，确定制定评价认证指标以保护古村落的可持续性，建立评价认证指标体系，并相应地授予评估和认证[②]。

在中国古村落评价标准的设置中，在各个评价领域里都提出了多种、丰富的指标，认为需要进行系统化设置。以进行的研究和专家问卷调查为基础，提取出更重要的指标，并将其系统化后，重点赋予一定的分数。评价认证指标体系化过程中使用了专家问卷调查评价结果。通过开发上述中国古村落保护与申遗的评价认证指标，构建中国古村落世界文化遗产评价认证指标体系的具体内容如表5-8所示。

[①] 刘志宏：《传统村落可持续性保护的评价认证指标开发研究》，博士学位论文，韩国启明大学，2018年。

[②] 刘志宏、李钟国：《中国传统村落保护评价指标开发研究——以世界文化遗产和传统村落评价指标比较为例》，《韩国住宅学会论文集》2018年第2期。

表5-8 古村落保护与申遗的评价认证指标体系

入选标准	评价领域	评价内容	评价细部项目				百分制	
				1	3	5	分数	满分
UV-I	创造性（独创性、稀缺性）	代表人类创造性的杰作，具有稀缺性和独创性	无形文化遗产、文物保护单位等级	省等级	国家等级	世界等级	5	10
			无形文化遗产的种类等级	省等级（2处以上）	国家等级（2处）	世界级（1处）	5	
UV-II	影响性（地域性、艺术性、真实性、完整性）	不仅具有与世界一定文化圈的关系性，还将反映传统技术艺术发展、建筑美术价值等重要影响	保持良好的传统结构，街区体系完整，传统公共设施的利用度高与生产和生活有着密切的关系，整个古村落形成了完整保存与古村落空间结构体系中没有不和谐建筑等				5	15
			现存传统民居建筑（群）及建筑细节及周边环境原型完整保存，建筑质量良好，集中分布，现存传统民居建筑（群）造型（外观及形态等）、结构、材料（配置比例、精制加工、地域材料），内部装饰（木雕、石雕、配置）等都具有代表性的地域特色、民族特色、独特的传统工艺、建筑细节及装饰精密、审美性高、工艺、美学价值高				5	
			到目前为止，有多种的日常生活建筑的传统材料及传统工艺、工匠人，传统建筑形式及传统风貌被指定为相互协调，无形文化遗产、技术工艺水平具有典型的地域特征				5	

第五章 古村落保护与申遗的评价体系 135

续表

入选标准	评价领域	评价内容	评价细部项目				百分数	满分
UV-Ⅲ	时间关系（传统文化的历史性）	现存或已经消失的传统文化或历史文明的独一无二或至少是特别的证据	现存建筑最初建设年代及传统建筑群集中建设年代	民国时代（1921年） 2	清朝（1644年） 6	明朝（1368年） 10	10	15
			古村落选址年代	民国时代（1921年） 1	清朝及清朝之前（—1644年） 3	明朝之前（—1368年） 5	5	
UV-Ⅳ	过程关系（历史阶段关联性、历史·文化·延续性、传承活化性）	在文化、历史上，是一座过阶段及联系的建筑、建筑类型或技术总体，景观类型的代表性案例，具有传承活化性	传承良好、有活力、影响较大				5	10
			传承的持续时间	持续传承100年以上 1	持续传承200年以上 3	持续传承300年以上 5	5	
UV-Ⅴ	空间关系（自然关系、环境协调性）	可作为传统的人类居住、使用地代表范例（或几种）文化，或代表人类与环境之间不可逆转之变化的影响下变得易于损坏	古村落的周边环境，原始的自然形态都保持良好，古村落与周边自然景观保持着融合共生的关系，有的选址理念				5	10
			保持基本的传统结构、空间结构体系比较完整，生活产有一定的关系，不协调建筑较少，不影响整体风貌				5	
			有丰富日常生活建筑的传统材料及传统建筑工具、工艺，传统设施运用与生式及传统风貌较指定为和谐的无形文化遗产，技术工艺水平具有典型的地域特征				3	
			有明确的代表性的国家等级以上的传承人				2	

百分制

续表

入选标准	评价领域	评价内容	评价细部项目				百分制	
							分数	满分
IV-VI	无形关系（其他领域的关系、独特的普遍价值、依存性）	与具有突出普遍意义的事件、信仰、思想、现行传统、文学艺术作品有直接或实质的联系	有关遗产的生产材料、加工、活动及空间、组织管理、工艺传承等内容与古村落的特定环境关系密切、不可分离				5	10
			有丰富的日常生活建筑的传统材料及传统工具、工艺，传统建筑形式及传统风貌被指定为和谐的无形文化遗产，技术工艺水平具有典型的地域特征				3	
			有明确的代表性的国家等级以上的传承人				2	
IV-VII	规模（面积·容量·比率·文化空间数量）	传统建筑地面面积或传统建筑用地面积及全村建筑用地面积比率、传承活动规模等	传统建筑占地面积	1	3	5	5	15
				1—3 公顷	3—5 公顷	6 公顷以上		
			传统建筑用地面积及全村建筑用地面积比率	20%—40%	40%—60%	60%以上	5	
			传承活动规模	1	3	5	5	
				30—90 名	90 名以上	全村参与		

续表

入选标准	评价领域	评价内容	评价细部项目				百分制	
							分数	满分
8	UV-Ⅷ 科学保护价值性（布局合理性、丰富便利性、使用性）	具有科学保护价值，具有布局合理性，便利性以及丰富的历史环境元素种类和建筑功能种类	古村落的选址、规划，营造具有代表性地域文化和特定的历史背景及民族特色，古村落和周边环境明显体现了传统文化或历史背景，古村落的选址、规划、营造等具有较高的科学、文化、历史、考古等价值				5	15
			合理考虑土地利用，适应周边古村落开发的计划，路线规划的科学性，具有古村落设施和空间的合理利用和便利性				2	
			现存历史环境元素种类：古代水路，商铺，方位、公共建筑，特色活动场所、码头、楼阁、古木等	1种以上	3种以上	5种以上	5	
				1	3	5		
			建筑功能种类：居住空间、传统商业、驿站、祠堂、书院，其他等	1种以上	3种以上	5种以上	3	
				1	2	3		
							100	100

资料来源：刘志宏、李钟国《中国传统村落评价认证指标体系分析研究》，《韩国启明大学产业技术研究所论文报告集》2017年第1期。

第六章
实证研究与对策建议

第一节 实例选择的标准

本章以正式列为世界遗产的3处中国古村落和5处预备中国古村落作为典型实例，对古村落进行调查分析，以中国民族文化特性为基础进行案例应用，同时进行评价指标的验证。最后，重点对中国民族地区古村落的现状和入选情况做详细的分析。具体的中国古村落选定标准从以下几个方面进行分析。

一 中国古村落现状分析
（一）古村落保护与发展现状分析

随着乡村振兴战略的进一步实施，给少数民族地区的发展带来了机遇与挑战，许多特色古村落蜕变成为旅游胜地，在乡村飞跃发展的同时，古村落的风貌也遭到了破坏，且大部分古村落正日益趋同，地域传统文化和少数民族特色也慢慢消失，一大批古村落从地球上永远消失了。古村落作为我国民族的宝贵文化遗产，中华优秀传统文化的根基，大部分处于边远少数民族地区。其中古村落文化是地域文化的一种重要体现，又是世界遗产的另一类文化遗产，蕴含着重要的历史文化价值。[1]

---

[1] 刘志宏：《西南少数民族地区特色古村落保护与申遗研究》，《广西社会科学》2021年第4期。

古村落保护与发展最基本的问题就是对入选对象如何选定,且对被选定的对象"如何"进行保护与评价,通过保护与发展的过程"如何"进行古村落活态化保护和价值提升①。古村落保护与发展是乡村经济提升的基础,也是文化遗产保护的重要部分。保护古村落的目的就是要保护住我们的"乡愁"。习近平总书记强调"发展城镇化建设要望得见山,看得见水,记得住乡愁"。让中华文明和历史文化永远传承下去,营造一方自然和谐的古村落空间。中国传统村落,原名古村落,指村落形成较早,拥有较丰富的文化与自然资源,具有一定历史、文化、科学、艺术、经济、社会价值等,应予以保护的历史文化村落②。

(二)古村落入选中国传统村落名录的现状分析

为了科学有效地保护好我国的传统村落文化遗产,住房和城乡建设部、文化部及财政部等发起了"中国传统村落"调查和评选工作,目的是更好地掌握中国传统村落的现状,并开展有效的保护和建设工作。2012年以来,住建部、文化部、财政部组织开展了全国第五次中国传统村落调查,评审出1—5批《中国传统村落名录》。其中第一批646个、第二批915个、第三批994个、第四批1598个、第五批2666个,总共6819个传统村落,分别列入了《中国传统村落名录》。到2020年5月,根据中华人民共和国住房和城乡建设部－村镇建设司官网的数据收集,具体传统村落列入《中国传统村落名录》的分布情况③如图6-1所示。

---

① 刘志宏、李钟国:《传统村落入选UNESCO世遗名录现状与分布探析——以中国、韩国和日本为例》,《沈阳建筑大学学报》(社会科学版)2017年第2期。

② 胡燕、陈晟、曹玮等:《传统村落的概念和文化内涵》,《城市发展研究》2014年第1期。

③ 刘大均、胡静、陈君子等:《中国传统村落的空间分布格局研究》,《中国人口·资源与环境》2014年第4期。

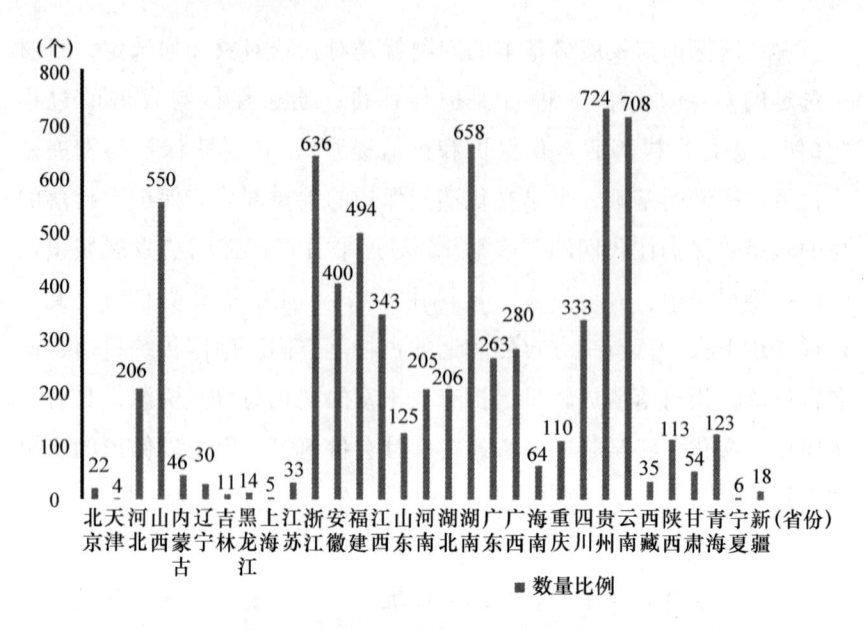

图6-1 入选中国传统村落名录的各地区村落分布情况

资料来源：笔者绘制。参见刘志宏《西南少数民族地区特色古村落保护与申遗研究》，《广西社会科学》2021年第4期。

从图6-1的中国传统村落入选名录的空间布局上看，按照八大分区特征①来进行分析，东北地区（辽宁、吉林、黑龙江）、北部沿海地区（北京、天津、河北、山东）和西北地区（甘肃、青海、宁夏、西藏、新疆）列入中国传统村落名录的村落相对较少，主要集中分布在东部沿海地区（上海、浙江、江苏）、南部沿海地区（福建、广东、海南）、黄河中游地区（陕西、山西、河南、内蒙古）、长江中游地区（湖北、湖南、江西、安徽）和西南地区（广西、重庆、四川、贵州、云南），其中长江中游地区和西南地区分布范围最广，在总五批名单中长江中游地区有1607个，西南地区有2155个传统村落入选，分别占据24%和32%，这两个分区的传统村落入选中国传统村落名录的比率之和是全国传统村落入选总数的56%（图6-2），

---

① 赵永琪、田银生：《西南地区传统村落空间分布特征及影响因素研究》，《小城镇建设》2020年第2期。

特别地，中国西南地区传统村落在历史文化、地貌特点、气候特征、民居形态等方面具有独有的山地特色。

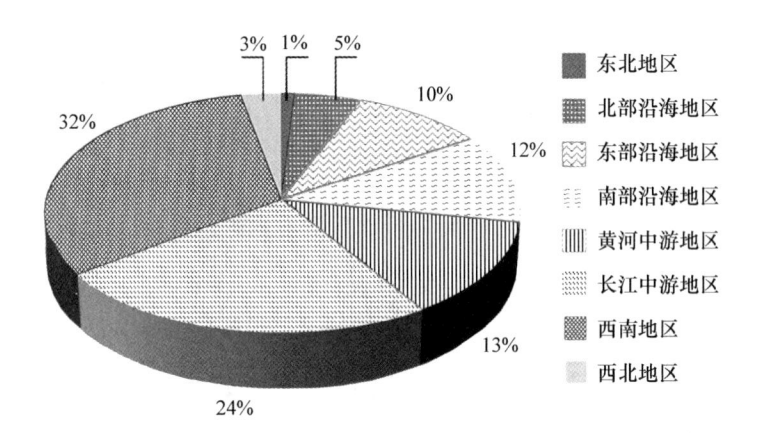

图 6-2　各地区第一至五批入选中国传统村落名录村落空间分布比例

资料来源：笔者绘制。参见刘志宏《西南少数民族地区特色古村落保护与申遗研究》，《广西社会科学》2021 年第 4 期。

（三）西南少数民族古村落入选中国传统村落名录现状分析

根据对第一、第二、第三、第四和第五批次中国传统村落在西南少数民族地区的空间分布特征分析，西南少数民族地区传统村落的空间分布具有明显的地域不平衡性[1]。在列入第一批中国传统村落名录中的西南少数民族地区传统村落总数为 225 个，第二批总数为 508 个，第三批为 431 个，第四批为 456 个，第五批为 535 个，总共有 2155 个，均分布于广西（280 个）、重庆（110 个）、四川（333 个）、贵州（724 个）、云南（708 个）五个省市区域，数量最多是贵州和云南地区（图 6-3）。

---

[1]《国家民委关于做好第一—三批中国少数民族特色村寨命名相关工作的通知》，2020 年 11 月 11 日，中华人民共和国国家民族事务委员会网站，http://www.seac.gov.cn/seac/xxgk/tzgg/index.shtml。

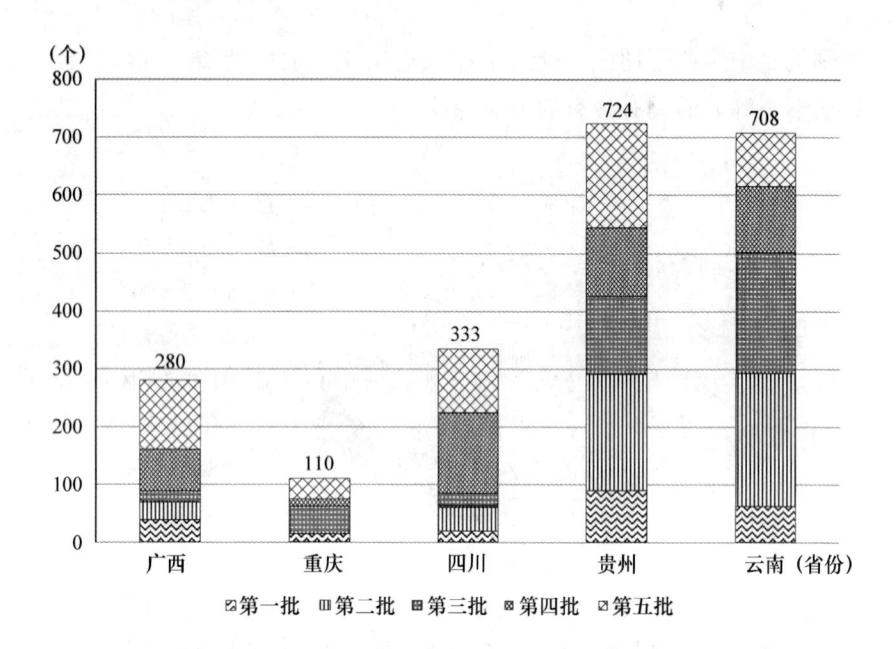

图 6-3　西南少数民族古村落入选中国传统村落名录现状

资料来源：笔者绘制。参见刘志宏《西南少数民族地区特色古村落保护与申遗研究》，《广西社会科学》2021年第4期。

为进一步推动少数民族特色村寨的保护与发展、扩大少数民族特色村寨品牌的影响力和辐射力，国家民委也开展了针对少数民族地区特色村寨的调查与统计。全国首批340个、第二批717个和第三批595个共计1652个少数民族特色村寨分别列入了《中国少数民族特色村寨命名挂牌名录》，截至2020年5月，根据中华人民共和国国家民族事务委员会经济发展司官方网站的数据收集，具体中国少数民族特色村寨列入《中国少数民族特色村寨命名挂牌名录》①情况详见图6-4。

从图6-4的入选《中国少数民族特色村寨命名挂牌名录》的古村落各地区空间分布上看，西南少数民族地区特色村寨入选的数量远远超过了其他地区入选数量之和，特别是贵州和云南两省入选《中国

---

① 孙华：《遗产价值的若干问题——遗产价值的本质、属性、结构、类型和评价》，《中国文化遗产》2019年第1期。

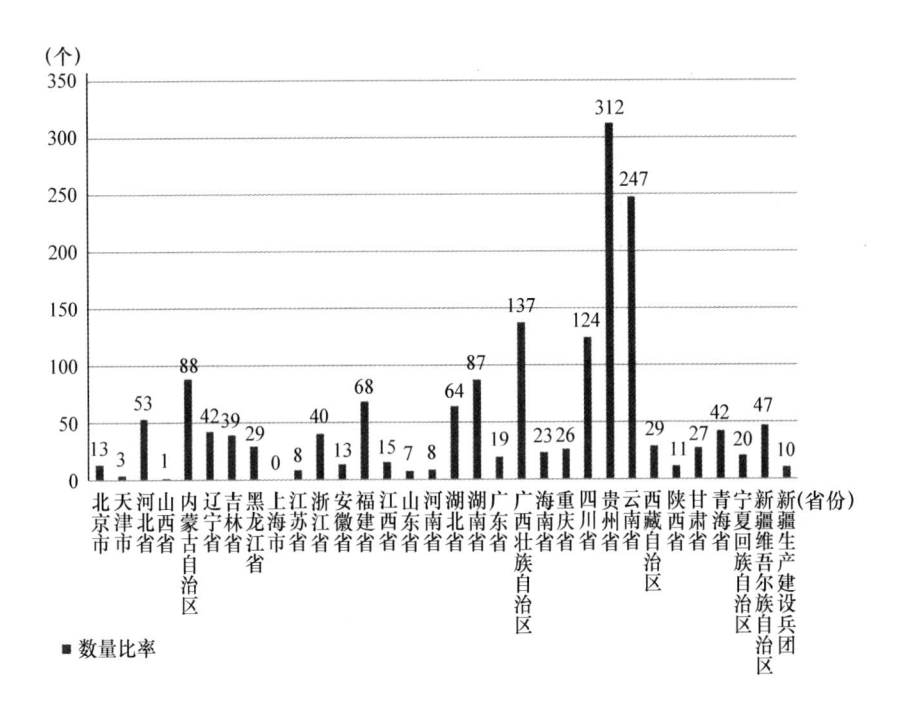

图 6-4　各地区入选中国少数民族特色村寨名录的分布情况

资料来源：笔者绘制。

少数民族特色村寨命名挂牌名录》的古村落最多，占据了全国其他地区总和的一半还多。在第一批列入《中国少数民族特色村寨命名挂牌名录》的西南少数民族特色村寨为 172 个，第二批为 369 个，第三批为 305 个，总共有 846 个。其中，广西壮族自治区 137 个、重庆 26 个、四川 124 个、贵州 312 个、云南 247 个分布特征呈现上升趋势[①]（图 6-5）。

（四）中国古村落入选 UNESCO 世界文化遗产现状分析

1. 中国古村落入选 UNESCO 世界文化遗产现状

古村落遗产属于文化遗产的一种特殊类型，是根据世界文化遗产 OUV 评价标准的符合程度来考虑是否被 UNESCO 列入世界文化遗产

---

① 刘志宏：《西南少数民族地区特色古村落保护与申遗研究》，《广西社会科学》2021 年第 4 期。

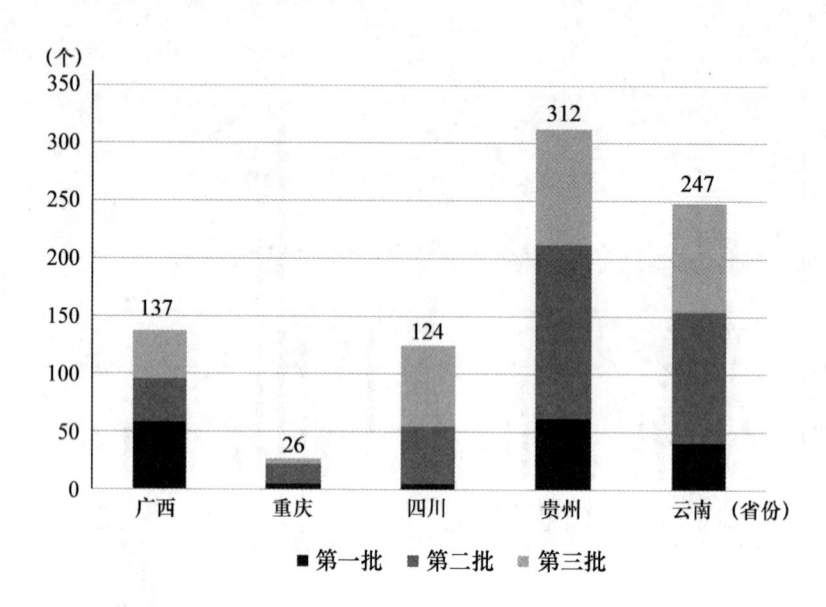

图 6-5　西南少数民族古村落入选《中国少数民族特色村寨命名挂牌名录》情况

资料来源：笔者绘制。

名录。对于古村落的历史文化价值分析，各个古村落虽然有着不同的历史发展阶段、人文环境和地理自然的差异，但仍存在古村落的传统文化如何保护与传承的共性[①]。在古村落保护与申报世界文化遗产的过程中也存在很多相似之处，其最基本的入选条件按照世界文化遗产评价标准来进行。

按照《世界遗产公约操作指南》有关规定，在评选世界遗产突出的普遍性价值时是依据世界遗产的 6 条评价标准来进行评判该项目是否满足列入条件，其中被提名的文化遗产对象必须满足《世界遗产操作指南》规定的 6 条评价标准中的一项或者多项才能被认为其文化遗产具有突出的普遍性价值。

根据世界文化遗产评价标准的符合程度来考虑古村落是否被

---

① 刘志宏、李钟国：《传统村落申报世界文化遗产方法分析研究——以亚洲地区的 UNESCO 传统村落为例》，《西安建筑科技大学学报》（社会科学版）2017 年第 6 期。

列入世界文化遗产名录，主要还要看列入其中的古村落是否具有代表性或者突出的普遍性价值（OUV）。到 2020 年 11 月 29 日为止，通过世界遗产中心网站检索，以 Village（村）为关键词进行数据统计，发现我国古村落被列入正式世界文化遗产名录的有 3 处（共 26 个古村落），被列入世界文化遗产预备名录的有 5 处（共 42 个古村落），其中西南少数民族地区古村落占据了一半以上（有 3 处）。具体的中国古村落被列入世界文化遗产的情况如表 6-1 所示。

表 6-1　中国古村落入选 UNESCO 世界文化遗产的具体情况

列入类型	村落名称	列入时间	遗存特征	分布地区	列入标准 Ⅰ	Ⅱ	Ⅲ	Ⅳ	Ⅴ	Ⅵ
世界文化遗产正式名录	西递宏村	2000 年	居住型	安徽	×	×	●	●	●	×
	开平碉楼	2007 年	居住+防御型	广东	×	●	●	●	×	×
	福建土楼与村落	2008 年	居住+防御型	福建	×	●	●	●	●	×
世界文化遗产预备名录	丁村和党家村	2008 年	居住型	山西陕西	×	●	●	●	×	●
	江南水乡古镇	2008 年	居住型	江苏浙江	×	●	●	●	×	×
	黔东南苗族村寨	2008 年	居住型	贵州	●	×	×	●	●	●
	藏羌碉楼与村寨	2013 年	居住+防御型	四川	●	●	●	●	●	×
	侗族村寨	2013 年	居住型	广西贵州湖南	×	×	●	●	●	×
备注	● 符合本条标准　　× 不符合本条标准									

资料来源：刘志宏、李钟国《传统村落申报世界文化遗产方法分析研究——以亚洲地区的 UNESCO 传统村落为例》，《西安建筑科技大学学报》（社会科学版）2017 年第 6 期；刘志宏《西南少数民族古村落世界文化遗产价值标准探究》，《新建筑》2021 年第 6 期。

从表6-1可以得知，中国古村落被列入世界文化遗产时，大部分的古村落符合评价标准中的第Ⅱ、Ⅲ、Ⅳ和Ⅴ这四条，而满足第Ⅰ和Ⅵ条评价标准的案例比较少。在列入时间上，安徽古村落西递宏村于2000年被列入世界文化遗产正式名录；广东开平碉楼是2007年被列入；福建土楼与村落、丁村和党家村、江南水乡古镇、黔东南苗族村寨四处都是在2008年被分别列入世界文化遗产正式名录和预备名录；藏羌碉楼与村寨、侗族村寨这两处的古村落都是在2013年被列入世界文化遗产预备名录。从中可以发现，古村落遗存特征都是以居住型和防御型为主，被列入世界文化遗产预备名录的古村落大多数是少数民族古村落。

中国古村落入选世界文化遗产时，在评价标准中符合第Ⅱ、Ⅲ、Ⅳ和Ⅴ这四项标准的较多（图6-6）。目前在长江中游地区（安徽西递宏村）、南部沿海地区（广东开平碉楼、福建土楼与村落）、黄河中游地区（山、陕古民居：丁村古建筑群和党家村古建筑群）和东部沿海地区（江南的周庄、角直、乌镇、西塘）的古村落中符合第Ⅱ和Ⅲ项标准的较多，而满足第Ⅰ项评价标准的案例还没有出现；西南地区（藏羌碉楼与村寨）除了第Ⅵ项评价标准不满足外，其他项的标准基本上都符合，这说明了西南少数民族地区的古村落文化遗产价值突出，具备了申报 UNESCO 世界文化遗产价值标准的基本条件。

2. 中国古村落入选 UNESCO 世界文化遗产的空间分布情况

中国被 UNESCO 列入世界文化遗产正式名录的三项古村落分布在长江中游地区（安徽省古村落：西递宏村）和南部沿海地区（广东省开平碉楼、福建省土楼与村落），占据全国100%的比率。而被列入世界文化遗产预备名录的五项古村落则分布在黄河中游地区、东部沿海地区（江南水乡古镇：周庄、角直、乌镇、西塘）和西南地区（黔东南苗族村寨：苗岭山区雷公山麓苗族村寨、藏羌碉楼与村寨、侗族村寨）。其中，西南地区占据总入选数量的60%以上，主要集中分布于贵州省、云南省、四川省和广西壮族自治区等地区，且都为少

第六章 实证研究与对策建议　　**147**

UNESCO世界文化遗产 评价认证标准（6项）	中国古村落世界文化遗产 （8项，含预备名录）
（I）能代表一种独特的艺术成就，一种人类的创造性天才杰作	（1）安徽省古村落：西递宏村
（II）能在一定时期内或世界某一文化领域内，对建筑艺术、纪念物艺术、城镇规划以及景观设计方面的发展产生过重要影响	（2）广东省：开平碉楼
（III）能为一种已消逝的或仍在延续的文明、文化传统提供一种独特的，至少是特殊的见证	（3）福建省土楼与村落
（IV）可作为一种建筑或建筑群或景观或科技成就的杰出范畴，展示出人类历史上一个（或几个）重要阶段	（4）山、陕古民居：丁村古建筑群和党家村古建筑群
（V）可作为传统的人类居住地、使用地或海洋利用的杰出范例，代表一种（或几种）文化，或代表人类与环境的融会，尤其是在不可逆转之变化的影响下变得易于损坏	（5）江南水乡古镇：周庄、甪直、乌镇、西塘
	（6）黔东南苗族村寨：苗岭山区雷公山麓苗族村寨
（VI）与具有突出普遍意义的事件、现行传统、思想、信仰、文学艺术作品有直接或实质的联系（只有在某些特殊情况下，该项标准与其他标准一起作用时，此款才能成为列入《世界遗产名录》的理由）	（7）藏羌碉楼与村寨
	（8）侗族村寨

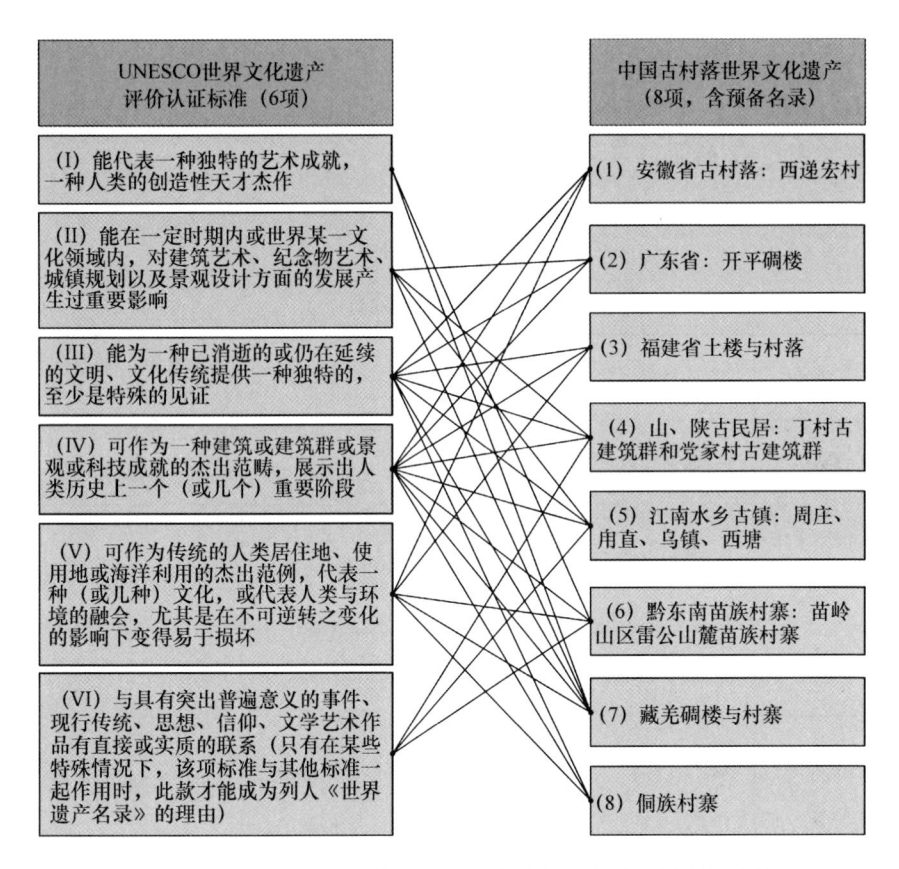

图 6-6　中国古村落符合世界文化遗产评价标准的关联性分析

资料来源：作者绘制。参见刘志宏、李钟国《传统村落申报世界文化遗产方法分析研究——以亚洲地区的 UNESCO 传统村落为例》，《西安建筑科技大学学报》（社会科学版）2017 年第 6 期。

数民族古村落。

中国古村落世界文化遗产正式名录的三项古村落集中分布在长江中游地区和南部沿海地区。而被列入世界文化遗产预备名录的五项古村落较集中分布于黄河中游地区、东部沿海地区和西南地区，并且世遗古村落的地域空间分布特征具有一定的相似性。

通过以上的分析结果所知，中国有 3 个地方登记的古村落和 4 个地方预备登记的古村落被列入世界文化遗产名录，预计今后在其他地区为了古村落的保护和可持续发展,世界文化遗产古村落将继续增加。关于中国古村落被列入UNESCO世界文化遗产名录的具体情况分析如表6-2所示。

表6-2　　　中国古村落入选UNESCO世界文化遗产的具体项目及数据分析

类型	入选村落名称	村落特征	所属地区	入选数量（项）	村落数（个）
世界文化遗产正式名录	西递宏村	东部地区汉族村落	安徽省	1	2
	开平碉楼	南部地区中西文化村落	广东省	1	4
	福建土楼与村落	东南部地区汉族村落	福建省	1	10
	小计			3	16
世界文化遗产预备名录	丁村和党家村	北部地区汉族村落	山西省、陕西省	1	2
	江南水乡古镇	东部地区汉族村落	江苏省、浙江省	1	4
	黔东南苗族村寨	西南地区少数民族村落	贵州省	1	6
	藏羌碉楼与村寨	西南地区少数民族村落	四川省	1	5
	侗族村寨	西南地区少数民族村落	广西壮族自治区、贵州省、湖南省	1	25
	小计			5	42
合计				8	58

资料来源：刘志宏、李钟国《中国传统村落评价认证指标体系分析研究》,《韩国启明大学产业技术研究所论文报告集》2017年第1期；刘志宏、李钟国《中国传统村落保护评价指标开发研究——以世界文化遗产和传统村落评价指标比较为例》,《韩国住宅学会论文集》2018年第2期。

因此，为了科学地保护与发展中国少数民族地区的古村落，掌握少数民族古村落被列入世界文化遗产名录的现状，为此，有必要建立一种有效的申报世界文化遗产的方法路径，提出有效的评价认证指标开发。

3. UNESCO 世界文化遗产评价标准采用分析

村落遗产价值最为典型的类型为：建筑价值、艺术价值、使用价值、历史价值、时间价值和科学价值，即成为古村落文化遗产的"六大价值"[①]，是分析古村落文化遗产的存在价值和应用价值要素的评价准则，也是世界文化遗产评判的基础和依据，同时也是对文化遗产的一种纪念性价值的定义。

针对评价标准的应用频率来分析，西南少数民族地区的4项古村落都分别符合6项评估标准中的一项以上或者几项条件，是名副其实的世界文化遗产。从古村落文化遗产的六大价值：建筑价值、艺术价值、使用价值、历史价值、时间价值和科学价值来体现古村落突出的普遍性价值（OUV）。这四项古村落属于综合品质型文化遗产，都同时具有历史建筑物及建筑群、乡土建筑、城市及乡村聚落（历史城镇与村落）、农业遗产和文化景观等多种主题和类型，展示了世界文化遗产突出的普遍性价值[②]。

根据《世界遗产公约操作指南》中的评价标准，从世界遗产中心官网发布的三处中国古村落正式被列入世界文化遗产名录和五处古村落被列入世界文化遗产预备名录的数据分析来看，得出结果为：评价标准中第Ⅲ、第Ⅳ和第Ⅴ条是古村落申报世界文化遗产评估认证中被采用最多的三条标准，但是第Ⅰ条和第Ⅵ条是在最终评价中被采用最

[①] UNESCO 世界遗产中心官方网站，http://whc.unesco.org/en/list/，访问日期，2020年1月29日。

[②] 王云才、郭焕成、杨丽：《北京市郊区传统村落价值评价及可持续利用模式探讨——以北京市门头沟区传统村落的调查研究为例》，《地理科学》2006年第6期。

少的两条标准,因为这两条标准要求比较高,由于古村落各方面的条件限制很难达到其要求。中国古村落世界文化遗产评价认证标准采用具体情况详见表6-3。

表6-3　中国古村落世界文化遗产评价认证标准采用情况统计

标准＼类型	UNESCO世界文化遗产正式名录（3处村落）	UNESCO世界文化遗产预备名录（5处村落）
Ⅰ	0	2
Ⅱ	1	3
Ⅲ	3	4
Ⅳ	3	5
Ⅴ	2	3
Ⅵ	0	3
备注	■ 表示正式名录古村落采用世界文化遗产评价标准的频率 ■ 表示预备名录古村落采用世界文化遗产评价标准的频率	

从表6-3的统计数据可以看出,满足世界文化遗产评价认证标准的第Ⅳ条的古村落就有8处,有7处古村落满足第Ⅲ条标准,有5处古村落满足第Ⅴ条标准,有4处古村落满足第Ⅱ条标准,基于第Ⅵ条标准只有3处古村落满足其条件,而第Ⅰ条标准只有2处村落符合。最后,从古村落被列入世界文化遗产的6条评价标准来评判,表格数据显示有大部分少数民族古村落满足了评价标准,且出现符合第Ⅰ条和第Ⅵ条标准的古村落案例出现。这说明了古村落的遗产具有突出的普遍性价值。

二　可持续保存的选择标准

（一）代表性

中国古村落的文化遗产包含着丰富的地域文化,其中徽州文化、江南文化是全国古村落文化的代表性案例。广东省开平碉楼被列入世界文化遗产名录的古村落，是中西结合的典范。而且，具有现代文化元素和独特客家文化的古村落，是以福建土楼村落为代表。还有4处预备登记的中国古村落具有少数民族的地域特征，其中西南少数民族文化具有独特的代表性。

（二）价值性

1. 古村落的价值性保护策略

通过改善古村落的保护价值体系，建立古村落价值保护主题，扩大对古村落文化遗产价值保护的支持以及通过财政支持村民的旅游补偿，在经济可持续性方面确定了古村落价值保护的方向，具体如表6-4所示。

表6-4　　　　　　　　中国古村落价值性保护策略

价值类别	保护措施
价值保护制度改善	·制定保护标准和准则，村民自己遵守规定 ·防止村民安装和扩展未经授权的设施 ·拆除违章建筑 ·基于村民和谐的监管管理 ·需要村民的自愿努力 ·防止维修和改进与原始风貌不同
建立价值保护主体	·私人主导保护 ·确保保护专家参与，需要有关保护方法的专家意见 ·扩大行政与村民之间的通信系统 ·通过村民自身活动进行养护管理 ·大力结合年轻村民意见的融合 ·支持保留传统文化的活动 ·制定措施增加非农收入，以吸引年轻人涌入乡村 ·保障节日、活动和旅游设施的多样化 ·主办少数民族地区古村落保护与发展座谈会 ·通过友谊进行团结和保护活动
扩大文化遗产保护支持力度	·扩大村民文化遗产保护教育 ·建立游客文化遗产保护的支持力度 ·扩大对传统民居保护的支持力度 ·扩大对非物质文化财产的经济支持

续表

价值类别	保护措施
加大对村民的经济补偿	·确保经济可持续性 ·建立薪酬管理制度 ·建立村民的经济维护政策 ·入场费的使用说明 ·吸引公司或组织的参与
通过旅游实现经济可持续性	·加大旅游支持 ·支持村民指导计划的制订 ·通过联合公共关系制订计划 ·政府支持宣传 ·保证古村落旅游购物中心的维护期 ·古村落的旅游维权政策 ·增加旅游收入

因此，中国古村落文化遗产价值保护方向的确定，能够有效地创造文化遗产价值，使游客能够体验和了解少数民族优秀的传统文化，从而使村民和游客能够在信任的基础上进行交流并促使他们再次参观。为了保护古村落原型，有必要开发游客可以参与和体验的旅游产品，而不是仅仅展示古村落的外观，稳定的旅游利润可以确保古村落村民的经济可持续发展，并成为古村落和村民共同可持续发展的动力。

2. 古村落OUV评价标准

通过对确定UNESCO世界文化遗产真实性的价值标准和初步保护价值标准进行实证分析，确定了古村落保护价值标准的以下项目和内容。

一是历史价值。历史价值标准分为历史与传承性、事件和人物，价值标准要素包括历史事实，具有历史特征的建筑物作为历史发展的证据；以及历史、文化和社会事件的阶段；与历史、文化、社会和人物有关的建筑物。

二是建筑价值。建筑价值标准项目包括形式和设计、质量、结构、技术和材料，以及基于价值的因素；建筑根据建设的时间和区域倾向的样式，对建筑历史和风格做详细的诠释，根据时代发展和表达为建筑物提供技术和信息的独特事实；建筑细节具有丰富材料和组织的建筑物。

三是社会价值。社会价值标准分为宣传性、地方性、象征性、文化性、经验和教育，其价值标准是具有开放性和社区性的公共建筑；以当地文化为背景，其价值得到认可；建筑物是发展和促进当地文化的重要因素；代表区域并具有区域特性、独特性、纪念性、代表性，即历史性和文物直接或紧密相关，保留或可以纪念的东西，其历史文化的经验和教育价值得到认可的建筑物。

四是经济价值。经济价值标准分为经济可行性、实用性以及旅游产品价值性。它被归类为旅游业和产品，并且作为价值标准，被分类为：与地价上涨相比利润较低的建筑物在改变用途时不会增加获利能力或基本上不会干扰功能或性能的建筑物，供将来使用；具有功能潜力的建筑物；维持和使用功能或性能的建筑物；预期可为旅游业和产品带来经济利益的建筑物；预期为旅游业和产品产生经济利润的建筑物。

五是古村落背景价值。古村落脉络价值标准项目分为场所性、选址和环境、历史景观保护。价值标准要素为：社会文化、时代意义和价值场所；古村落环境中地区所具有的系统，即构成古村落环境的空间形态与相互脉络关系；古村落文化遗产与周边历史景观背景保护的关系等。通过以上古村落文化遗产的保护价值标准、项目分类及要素设定内容整理如表6-5所示。

表6-5　　　中国古村落 OUV 评价标准、项目分类与要素

价值标准分类	价值标准项目	价值标准要素
历史价值	历史与传承性	·历史事实、历史发展证据的建筑物、优秀文化传承
	事件	·历史、文化、社会事件的建筑物
	人物	·历史、文化、社会人物相关联的建筑物

续表

价值标准分类	价值标准项目	价值标准要素
建筑价值	形式与设计	·建筑的时代风格 ·根据区域特点进行修改和重新排列样式
	学术性	·具有建筑历史和风格的学术价值的建筑物
	结构与技术	·提供根据时代发展和表达的技术和信息的建筑物
	材料与材质	·每种材料和结构体现出建筑物的细节
社会价值	宣传性	·具有公共性,包括开放性和社区性的建筑物
	地方性	·价值被视为当地文化背景的建筑物 ·建筑物是发展和促进当地文化的重要因素 ·代表该地区的建筑物
	象征性	·具有独特的纪念性代表人物的象征性建筑
	文化性	·代表文化身份的建筑物
	经验和教育	·认可历史文化的经验和教育价值的建筑物
经济价值	经济性	·与地价上涨相比利润较低的建筑物
	效用性	·改建后可增加获利能力的建筑物
	有用性	·具有未来使用功能潜力的建筑物
	实用性	·功能或性能维持、使用的建筑物
	旅游和产品	·可预见观光、商品化经济效益的建筑物
古村落背景价值	场所性	·具有社会文化、时代意义和价值的场所
	布局与环境	·构成古村落环境的空间与形态相互联系
	历史景观背景	·影响周边历史景观背景保护的建筑物

资料来源:刘志宏《西南少数民族古村落世界文化遗产价值标准探究》,《新建筑》2023年第2期。

3. 古村落文化价值体系构建

古村落世界文化遗产的价值作为旅游资源，通过地域旅游开发，可以推动民族地域文化的经济效益等。要申请古村落世界文化遗产类型的遗址，必须具有"突出的普遍性价值的文化遗产"。

从以上村落遗产的文化价值标准和符合被列入世界文化遗产的评价标准条件来分析，我国古村落世界文化遗产评价指标的选取可以从有形文化遗产和无形文化遗产两方面来设定评价对象。其文化独特性价值主要体现在古村落旅游文化资源的保护与再利用上，通过中国古村落文旅融合的产业发展产生乡村经济效益。被认定为"拥有突出的普遍性价值"才会被认为是世界文化遗产。图6-7诠释了与古村落遗产文化价值相关的分层阶级文化价值识别系统的研究和分析框架。

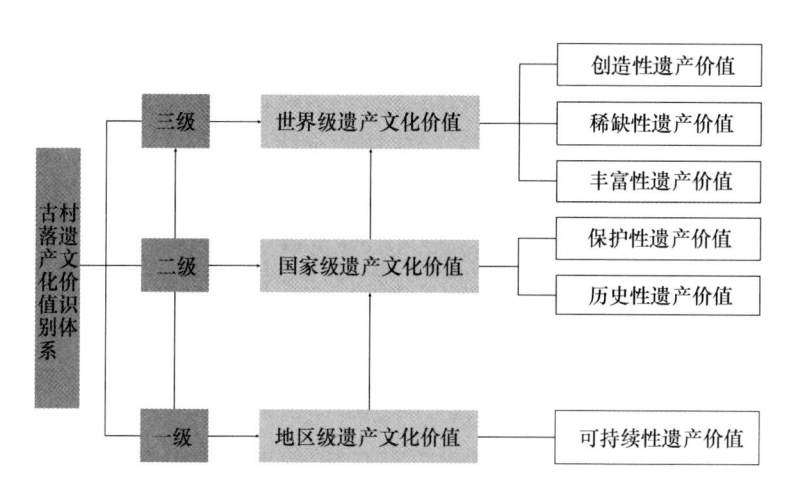

图6-7 古村落遗产文化价值识别体系

资料来源：笔者绘制。参见刘志宏、李钟国《西南民族村落与韩国传统村庄保护和建设的比较研究——以广西洞井古村寨、韩国良洞传统村落为研究案例》，《西南民族大学学报》（人文社会科学版）2015年第11期；刘志宏《中国传统村落世界文化遗产价值评估研究》，《西南民族大学学报》（人文社会科学版）2021年第11期。

古村落遗产文化价值识别体系有三个等级（地区级、国家级和世界级）。地区级遗产文化价值主要体现在可持续性遗产价值方面。国家级遗产文化价值分为：保护性遗产价值和历史性遗产价值。世界级遗产文化价值主要体现在创造性遗产价值、稀缺性遗产价值和丰富性遗产价值三个方面。村落代表着人与自然的和谐共存，体现着一种原生态环境的人类居住的文化空间，并且具有悠久的历史文化和地域特色。通过分析古村落突出的普遍性价值，建立古村落遗产文化价值阶层等级评价体系，总结出中国古村落文化价值阶层等级评价体系结构（表6-6）。

表6-6　　中国古村落文化价值阶层等级评价体系结构

顺序	评价指标项目	细部评价指标（等级与分数）				
		1级	2级	3级	4级	5级
		1分	3分	5分	7分	9分
1	历史的悠久性	20世纪80年代以后	20世纪50—70年代	19世纪末—20世纪初	12世纪—19世纪	12世纪以前
2	遗址的完整性	严重的破坏	建筑2/3形态比较完整	建筑1/3形态完整	建筑比较完好，组合较完整	建筑整体完好保存，组合非常完整
3	建筑的乡土性	简陋的乡土建筑	完整的普通乡土建筑	一般古村落，特色乡土性不突出	完整的古村落，结构比较标准	完整的古村落，结构非常标准
4	环境的协调性	工矿业型古村落	商业型古村落	自然型古村落	完美的自然构造型古村落	代表性的自然特色型古村落
5	文化的典型性	灾害脆弱型	大众型	特色型	突出的特色	某时代的典型代表
6	文化的传承性	无传承性	一般文化价值	可持续性	传承价值	突出的普遍性价值

资料来源：汪清蓉、李凡《古村落综合价值的定量评价方法及实证研究——以大旗头古村为例》，《旅游学刊》2006年第1期；吴晓勤等《世界文化遗产：皖南古村落规划保护方法研究》，中国建筑工业出版社2002年版，第30—38页。

(三) 评价认证指标体系适用的可行性与可能性[①]

1. 适用的可行性

适用的可行性（Feasibility）主要观点是指标项目能够代表各自的评价领域。由专家问卷调查提出的 22 个评价认证指标项目，相关的先行研究证明了指标的可行性。有关评价领域专家的问卷调查分析结果，提出了一些指标项目的可行性问题。构成世界文化遗产评价体系的古村落评价认证是各指标项目之间相互密切关联的可能性的重要评价因素。通过两个评价标准的比较和专家的评价认证结果，分析各指标项目的密切关联性，可以作为关联性方面判断评价指标可行性的基本标准。评价方法对指标体系的 8 项评价认证标准进行了定性和定量的评价分析。

2. 适用的可能性

第一，测量的可能性。评价认证指标体系首先客观上是正确的定性、定量的评价指标，必须能测定。另外，通过代表性的案例适用程度，对古村落的评价认证指标项目进行了定性和定量评价，并推出了根据评价分数的最佳指标。第二，比较的可能性。测定的评价认证指标应根据彼此之间的登记优势或可持续的保护性，显示出两个评价标准的可能差异。因此，被列入世界文化遗产名录的古村落和预备登记的古村落的测定评价认证指标的适用和分数的作用非常重要。例如，被列入世界文化遗产名录的古村落的评价认证指标的适用和分数存在差异的话，很难设定可能性的测定指标。

第二节 实例应用

为了确认作为核心评价结果得出的古村落对世界文化遗产评价认证指标体系的合理性，评价标准按照"创造性、影响性、时间关系、

[①] 刘志宏、李钟国：《中国传统村落评价认证指标体系分析研究》，《韩国启明大学产业技术研究所论文报告集》2017 年第 1 期。

过程关系、空间关系、无形关系、规模和科学保护价值性"8个评价领域来对8处中国古村落进行实例应用。评价指标体系的合理性和准确性的具体实例适用如下。

一 中国正式 UNSECO 世遗古村落

（一）安徽省的西递村与宏村

1. 实例概况

西递村位于安徽省黄山市黟县，是该县东南部霭峰西溪的发源地①。该村位于海拔约260米的山间盆地，四面平坦环山，林业资源丰富，生态环境良好，宏村位于安徽省黄山市黟县，处于黄山西南方向。宏村建于南宋年间，自然环境和古村落和谐共存，是中国最具代表性的完整保存的古村落之一。宏村和西递村一起以徽州古村落的形式被 UNSECO 于2000年列入世界文化遗产名录。

2. 实例应用对象的特征分析

代表性导出的实例以安徽省西递村和宏村为对象，为了对评价认证指标体系的定量评价，将古村落的特性和文化价值等两个不同的古村落选定为适用实例，进行实证研究。具体案例适用对象的分析内容如表6-7所示。

表6-7　　　　　西递宏村实例应用的特征分析

评价标准	评价领域	古村落特征
UV-Ⅰ	创造性	·一处世界等级的无形文化遗产 ·一处世界等级的文物保护单位 ·两处世界等级的无形文化遗产种类
UV-Ⅱ	影响性	·原型完整保存-70%左右 ·传统地域活性化保护-80%左右 ·具有传统地域文化特征-70%左右

---

① 黄勇、黄晓：《贵州民族特色村寨保护与乡村振兴路径思考》，《贵州民族研究》2019年第7期。

续表

评价标准	评价领域	古村落特征
UV-Ⅲ	时间关系	·西递村-北宋元丰年间（1078—1085年）建设 ·宏村-南宋绍兴年间（1131—1162年）建设
UV-Ⅳ	过程关系	·传承良好，有活力，影响较大 ·西递村-持续传承约950年，宏村-持续传承约860年
UV-Ⅴ	空间关系	·保持古村落与周边自然景观融合共生的关系-80%左右 ·传统结构和体系的完整，生产与生活之间存在的联系-60%左右
UV-Ⅵ	无形关系	·古村落与周边特色环境密切的关系-60%左右 ·无形文化遗产具有的地域性特征-70%左右 ·拥有国家等级的传承人
UV-Ⅶ	规模	·传统建筑占地面积：12.96公顷（西递村），19.11公顷（宏村） ·用地面积比率：81%（西递村），68%（宏村） ·传承活动规模：全村参与
UV-Ⅷ	科学保护价值性	·具有高的科学、文化、历史、考古学价值-60%左右 ·具有非常合理的利用和管理价值-100% ·现存历史环境要素种类：9种；建筑功能种类：7种

资料来源：中华人民共和国住房和城乡建设部等《传统村落评价认定指标体系（试行）》（建村〔2012〕125号），2012年12月。

3. 评价体系的实例应用

通过案例应用，重点分析的现状是通过古村落保护与申遗的评价认证指标体系和案例适用对象特性，对实际指标测量是否合理和可持续保护的实际分数进行评价。案例适用结果显示8个评价领域得分情况分别为"10分、11分、15分、10分、7分、7分、15分、13分"，即最后综合得分为88分。超过了之前设定的"最低得分为60分以上时，该古村落满足被列为世界文化遗产名录"的标准条件。由此也看出西递宏村保护管理得很好。具体各评价领域指标分数和得分对比结果如表6-8所示。

表6-8　　　　　　　西递宏村实例应用的评价结果

评价标准	评价依据		分数	得分		满分
UV-Ⅰ	无形文化遗产、文物保护单位等级	·世界等级-各1处	5	5	10	10
	无形文化遗产种类等级	·世界等级-2处	5	5		
UV-Ⅱ	体系完善、传统公共设施利用率高、与生产和生活密切相关、形成完整的协调性-70%左右		5	3.5	11	15
	原型完整保存、维持着传统地域的活性化、具有代表性的地域、民族特色、工艺美学价值高-保护完整度80%左右		5	4		
	利用传统工艺、传统建筑形式及传统风貌互相协调，被指定为无形文化遗产-保护完整度70%左右		5	3.5		
UV-Ⅲ	现存建筑最初建设年代及传统建筑群集中建设年代	·西递村-北宋元丰年间（1078—1085年）建设　·宏村-南宋绍兴年间（1131—1162年）建设	10	10	15	15
	古村落选址年代		5	5		
UV-Ⅳ	传承良好、有活力，影响较大		5	5	10	10
	传承的持续时间	·西递村-持续传承约950年　·宏村-持续传承约860年	5	5		
UV-Ⅴ	古村落的周边环境、原始的自然形态都保护良好，古村落与周边自然景观保持着融合共生的关系，古村落及周边环境明确地体现了固有的选址理念-80%左右		5	4	7	10
	保持基本的传统结构，空间结构体系比较完整，传统设施运用与生产和生活有一定的关系，不协调建筑较少，不影响整体风貌-60%左右		5	3		

续表

评价标准	评价依据		分数	得分		满分
UV-Ⅵ	有关遗产的生产材料、加工、活动及空间、组织管理、工艺传承等内容与古村落的特定环境关系密切,不可分离-60%左右		5	3	7	10
	有丰富的日常生活建筑的传统材料及传统工具、工艺,传统建筑形式及传统风貌被指定为和谐的无形文化遗产,技术工艺水平具有典型的地域特征-70%左右		3	2		
	有明确的代表性的国家等级以上的传承人	·国家等级传承人	2	2		
UV-Ⅶ	传统建筑占地面积	·西递村-12.96公顷 ·宏村-19.11公顷	5	5	15	15
	传统建筑用地面积及全村建筑用地面积比率	·西递村-81%(12.96/16) ·宏村-68.3%(19.11/28)	5	5		
	传承活动规模	·全村参与	5	5		
UV-Ⅷ	古村落的选址、规划、营造具有代表性地域文化和特定的历史背景及民族特色,古村落和周边环境明显体现了传统文化或历史背景,古村落的选址、规划、营造等具有较高的科学、文化、历史、考古等价值-60%左右		5	3	13	15
	合理考虑土地利用、适应周边古村落开发的计划、路线规划的科学性,具有古村落设施和空间的合理利用和便利性-100%		2	2		
	现存历史环境元素种类	·古代水路、商铺、方位、公共建筑、特色活动场所、码头、楼阁、古木等-9种	5	5		
	建筑功能种类	·居住空间、传统商业、驿站、祠堂、书院、其他等-7种	3	3		
合计			100	88	88	100

资料来源:刘志宏《传统村落可持续性保护的评价认证指标开发研究》,博士学位论文,韩国启明大学,2018年;中华人民共和国住房和城乡建设部等《传统村落评价认定指标体系(试行)》(建村〔2012〕125号),2012年12月。

(二) 广东省开平碉楼

1. 实例概况

开平碉楼位于广东省开平市，分布在广东省西南部。开平碉楼的建成对中西建筑融合发展起到了重要作用，是中西建筑相结合的典范，具有多种文化特性。古村落建于19世纪末至20世纪初，2007年被UNSECO列入世界文化遗产名录。

2. 实例应用对象的特征分析

以广东省开平碉楼为对象，为了对评价认证指标体系的定量评价，将古村落的特性和文化价值等4个不同的古村落选定为适用实例。具体实例应用的验证内容如表6-9所示。

表6-9　　　广东省开平碉楼实例应用的特征分析

评价标准	评价领域	古村落特征
UV-Ⅰ	创造性	·1处世界等级的文物保护单位 ·1处世界等级的无形文化遗产种类
UV-Ⅱ	影响性	·完整协调性-90%左右 ·具有代表性地域·民族特色-70%左右 ·建筑营造的丰富性-60%左右
UV-Ⅲ	时间关系	·明朝嘉靖年间（1522—1566年）建设
UV-Ⅳ	过程关系	·传承良好，有活力，影响较大 ·持续传承约440年
UV-Ⅴ	空间关系	·古村落的周边环境、原始的自然形态都保护良好，古村落与周边自然景观保持着融合共生的关系-80%左右 ·生产和生活有一定的关系，不协调建筑较少，不影响整体风貌-80%左右
UV-Ⅵ	无形关系	·有关遗产的生产材料、工艺传承与古村落的特定环境关系密切不可分离-60%左右 ·具有丰富的日常生活建筑技术工艺水平-70%左右 ·拥有国家等级的传承人
UV-Ⅶ	规模	·传统建筑占地面积：39.10公顷 ·用地面积比率：37.20% ·传承活动规模：全村参与

续表

评价标准	评价领域	古村落特征
UV-Ⅷ	科学保护价值性	·具有高的科学、文化、历史、考古学价值-60%左右 ·具有非常合理利用和管理价值-100% ·现存历史环境要素种类:7种,建筑功能种类:6种

资料来源:刘志宏、李钟国《中国传统村落评价认证指标体系分析研究》,《韩国启明大学产业技术研究所论文报告集》2017年第1期;中华人民共和国住房和城乡建设部等《传统村落评价认定指标体系(试行)》(建村〔2012〕125号),2012年12月。

3. 评价体系的实例应用

根据案例适用结果显示,评价标准的8个评价领域得分分别为10分、11分、11分、10分、8分、7分、11分、13分,共81分。各评价领域的指标分数和得分的对比结果[①]如表6-10所示。从分析结果来看,广东省开平碉楼的保护与管理工作做得比较理想。

表6-10　　　　广东省开平碉楼实例应用的评价结果

评价标准	评价依据		分数	得分		满分
UV-Ⅰ	无形文化遗产等级	·世界等级-1处	5	5	10	10
	无形文化遗产种类等级	·世界等级-1处	5	5		
UV-Ⅱ	体系完善、形成完整的协调性-90%左右		5	4.5	11	15
	具有代表性地域、民族特色、工艺美学价值高-70%左右		5	3.5		
	利用传统工艺、传统建筑形式及传统风貌互相协调-60%左右		5	3		
UV-Ⅲ	现存建筑最初建设年代及传统建筑群集中建设年代	·明朝嘉靖年间(1522—1566年)建设	10	8	11	15
	古村落选址年代		5	3		

---

① 刘志宏:《传统村落可持续性保护的评价认证指标开发研究》,博士学位论文,韩国启明大学,2018年。

续表

评价标准	评价依据		分数	得分		满分
UV-Ⅳ	传承良好、有活力、影响较大		5	5	10	10
	传承的持续时间	·持续传承约440年	5	5		
UV-Ⅴ	古村落的周边环境、原始的自然形态都保护良好，古村落与周边自然景观保持着融合共生的关系-80%左右		5	4	8	10
	生产和生活有一定的关系，不协调建筑较少，不影响整体风貌-80%左右		5	4		
UV-Ⅵ	有关遗产的生产材料、工艺传承与古村落的特定环境关系密切不可分离-60%左右		5	3	7	10
	具有丰富的日常生活建筑技术工艺水平-70%左右		3	2		
	有明确的代表性的国家等级以上的传承人	·拥有国家等级的传承人	2	2		
UV-Ⅶ	传统建筑占地面积	·39.10公顷	5	5	11	15
	传统建筑用地面积及全村建筑用地面积比率	·37.20%（39.10/104.97）	5	1		
	传承活动规模	·全村参与	5	5		
UV-Ⅷ	具有高的科学、文化、历史、考古学价值-60%左右		5	3	13	15
	具有非常合理利用和管理价值-100%		2	2		
	现存历史环境元素种类	·商铺、方位、公共建筑、特色活动场所、防御村落、码头、阁楼等-7种	5	5		
	建筑功能种类	·居住空间、传统商业、方位、驿站、祠堂、碉楼-6种	3	3		
合计			100	81	81	100

资料来源：刘志宏《传统村落可持续性保护的评价认证指标开发研究》，博士学位论文，韩国启明大学，2018年。

(三) 福建省土楼与村落

1. 实例概况

福建土楼与村落位于福建省西南部。福建土楼与村落的建筑反映了很多文化特性，具有独特的客家文化特征。福建土楼与村落建于15—20世纪，2008年被列入世界文化遗产名录，主要功能包括村民居住和防御。

2. 实例应用对象的特征分析

为了对评价认证指标体系的定量评价，将古村落的特性和文化价值等其他10个古村落选定为适用案例。具体实例应用的验证内容如表6-11所示。

表6-11　　　　福建省土楼与村落实例应用的特征分析

评价标准	评价领域	古村落特征
UV-Ⅰ	创造性	·1处世界等级的无形文化遗产 ·1处世界等级的文物保护单位 ·1处世界等级的无形文化遗产种类
UV-Ⅱ	影响性	·保持良好的传统结构，街区体系完整，传统公共设施的利用度高-70%左右 ·本土村民不仅延续生活，还保持着传统地域的活性化，建筑细节及装饰精密、审美性高-70%左右 ·独特的传统工艺、美学价值高-60%左右
UV-Ⅲ	时间关系	·15—20世纪建设
UV-Ⅳ	过程关系	·传承良好，有活力，影响较大 ·持续传承约600年
UV-Ⅴ	空间关系	·原始的自然形态保护良好-70%左右 ·生产和生活有一定的关系，不协调建筑较少，不影响整体风貌-70%左右
UV-Ⅵ	无形关系	·与古村落的特定环境关系密切不可分离-60%左右 ·传统建筑形式与传统风貌协调性-70%左右 ·拥有国家等级的传承人
UV-Ⅶ	规模	·传统建筑占地面积：12.00公顷 ·用地面积比率：7.86% ·传承活动规模：全村参与
UV-Ⅷ	科学保护价值性	·具有高的科学、文化、历史、考古学价值-80%左右 ·具有非常合理利用和管理价值-100% ·现存历史环境要素种类：6种，建筑功能种类：5种

资料来源：刘志宏、李钟国《中国传统村落评价认证指标体系分析研究》，《韩国启明大学产业技术研究所论文报告集》2017年第1期。

3. 评价体系的实例应用

通过案例应用，对古村落进行了定性、定量的评价和指标开发利用，案例适用结果显示，8个评价领域的指标分数为10分、10分、15分、10分、7分、7分、10分、14分，共83分。由此可见，福建土楼与村落的保存和管理良好。各评价领域的指标分数和得分的比较结果详见表6-12。

表6-12　　福建土楼与村落实例应用的评价结果

评价标准	评价依据		分数	得分	满分
UV-Ⅰ	无形文化遗产、文物保护单位等级	·世界等级-各1处	5	5	10
	无形文化遗产种类等级	·世界等级-1处	5	5	
UV-Ⅱ	保持良好的传统结构，街区体系完整，传统公共设施的利用度高-70%左右		5	3.5	15
	本土村民不仅延续生活，还保持着传统地域的活性化，建筑细节及装饰精密、审美性高-70%左右		5	3.5	
	独特的传统工艺、美学价值高-60%左右		5	3	
UV-Ⅲ	现存建筑最初建设年代及传统建筑群集中建设年代	·15—20世纪建设	10	10	15
	古村落选址年代		5	5	
UV-Ⅳ	传承良好、有活力，影响较大		5	5	10
	传承的持续时间	·持续传承约600年	5	5	
UV-Ⅴ	原始的自然形态保护良好-70%左右		5	3.5	10
	生产和生活有一定的关系，不协调建筑较少，不影响整体风貌-70%左右		5	3.5	

续表

评价标准	评价依据		分数	得分		满分
UV-VI	与古村落的特定环境关系密切不可分离-60%左右		5	3	7	10
	传统建筑形式与传统风貌协调性-70%左右		3	2		
	有明确的代表性的国家等级以上的传承人	·拥有国家等级的传承人	2	2		
UV-VII	传统建筑占地面积	·12.00 公顷	5	5	10	15
	传统建筑用地面积及全村建筑用地面积比率	·7.86%（12.00/152.61）	5	0		
	传承活动规模	·全村参与	5	5		
UV-VIII	具有高的科学、文化、历史、考古学价值-80%左右		5	4	14	15
	具有非常合理利用和管理价值-100%		2	2		
	现存历史环境元素种类	·商铺、方位、公共建筑、特色活动场所、防御村落、阁楼等-6 种	5	5		
	建筑功能种类	·居住空间、传统商业、方位、驿站、祠堂-5 种	3	3		
合计			100	83	83	100

资料来源：中华人民共和国住房和城乡建设部等《传统村落评价认定指标体系（试行）》（建村〔2012〕125 号），2012 年 12 月。

二 中国预备 UNSECO 世遗古村落

（一）山西、陕西省的丁村和党家村

1. 实例概况

丁村位于山西省临汾市襄汾县城南 5 公里处的汾河河畔，是旧石器时代遗址。丁村最早的建于明代万历二十一年（1593），持续传承了 400 多年。党家村位于陕西省韩城市西庄镇，村里民居建筑

都分布在东部四面。党家村于 1992 年向社会开放，村落始建于元至顺二年（1331），传承了 670 多年。而且，丁村和党家村的古村落在 2001 年被指定为全国重点文化保护单位，被选为独特的历史文化名村。丁村和党家村一起于 2008 年被 UNSECO 列入世界文化遗产预备名录。

2. 实例应用对象的特征分析

为了对评价认证指标体系进行定量评价，将古村落的特性和文化价值等两个不同的古村落选定为适用案例。具体案例分析内容如表 6-13 所示。

表 6-13　　　　丁村和党家村实例应用的特征分析

评价标准	评价领域	古村落特征
UV-Ⅰ	创造性	·1 处国家等级的无形文化遗产 ·1 处国家等级的文物保护单位 ·2 处国家等级的无形文化遗产种类
UV-Ⅱ	影响性	·保持良好的传统结构，没有不协调的建筑 -50% 左右 ·传统地域活性化保护，工艺·美学价值高 -60% 左右 ·具有典型的地域特征 -50% 左右
UV-Ⅲ	时间关系	·丁村 - 明代万历二十一年（1593）建设 ·党家村 - 元至顺二年（1331）建设
UV-Ⅳ	过程关系	·传承良好，有活力，影响较大 ·丁村 - 持续传承 400 多年，党家村 - 持续传承 670 多年
UV-Ⅴ	空间关系	·保持古村落与周边自然景观融合共生的关系 -70% 左右 ·传统结构和体系的完整性，生产与生活之间存在联系 -50% 左右
UV-Ⅵ	无形关系	·古村落与周边特色环境密切相关，无法分离 -60% 左右 ·丰富的日常生活建筑 -70% 左右 ·拥有国家等级的传承人

续表

评价标准	评价领域	古村落特征
UV-Ⅶ	规模	·传统建筑占地面积：17.35公顷（丁村），19.28公顷（党家村） ·用地面积比率：48.19%（丁村），58%（党家村） ·传承活动规模：全村参与
UV-Ⅷ	科学保护价值性	·具有高的科学、文化、历史、考古学价值-60%左右 ·具有非常合理利用和管理价值-100% ·现存历史环境要素种类：7种，建筑功能种类：5种

3. 评价体系的实例应用

通过案例应用结果的数据分析，8个评价领域分别为6分、8分、15分、8分、6分、7分、13分、13分，共有76分。各评价领域的指标分数和最终得分的比较结果详见表6-14。根据前述的评价认证指标分数等级，丁村和党家村的有效评价认证指标等级属于普通水平（70分左右），对古村落文化遗产的管理有所改善。可以看出，山、陕古民居丁村和党家村保存得比较好。

表6-14　　　　丁村和党家村实例应用的评价结果

评价标准	评价依据		分数	得分	满分
UV-Ⅰ	无形文化遗产、文物保护单位等级	·国家等级-各1处	5	3	6	10
	无形文化遗产种类等级	·国家等级-2处	5	3		
UV-Ⅱ	保持良好的传统结构，没有不协调的建筑-50%左右		5	2.5	8	15
	传统地域活性化保护，工艺·美学价值高-60%左右		5	3		
	具有典型的地域特征-50%左右		5	2.5		
UV-Ⅲ	现存建筑最初建设年代及传统建筑群集中建设年代	·丁村-明代万历二十一年（1593）建设 ·党家村-元至顺二年（1331）建设	10	10	15	15
	古村落选址年代		5	5		

续表

评价标准	评价依据		分数	得分		满分
UV-Ⅳ	传承良好、有活力，影响较大		5	3	8	10
	传承的持续时间	·丁村-持续传承400多年 ·党家村-持续传承约670多年	5	5		
UV-Ⅴ	保持古村落与周边自然景观融合共生的关系-70%左右		5	3.5	6	10
	传统结构和体系的完整性，生产与生活之间存在联系-50%左右		5	2.5		
UV-Ⅵ	古村落与周边特色环境密切相关，无法分离-60%左右		5	3	7	10
	丰富的日常生活建筑-70%左右		3	2		
	有明确的代表性的国家等级以上的传承人	·国家等级传承人	2	2		
UV-Ⅶ	传统建筑占地面积	·丁村-17.35公顷 ·党家村-19.28公顷	5	5	13	15
	传统建筑用地面积与全村建筑用地面积比率	·丁村-48.19% ·党家村-58.00%	5	3		
	传承活动规模	·全村参与	5	5		
UV-Ⅷ	具有高的科学、文化、历史、考古学价值-60%左右		5	3	13	15
	具有非常合理利用和管理价值-100%		2	2		
	现存历史环境元素种类	·古代水路、商铺、公共建筑、特色活动场所、城门、楼阁、古木等-7种	5	5		
	建筑功能种类	·居住空间、传统商业、驿站、祠堂、碉楼-5种	3	3		
合计			100	76	76	100

（二）江南水乡古镇：周庄、甪直、乌镇、西塘

1. 实例概况

周庄古镇位于苏州城东南，上海、昆山和吴江三地交界处，是旧石器时代遗址。建于北宋元祐元年（1086），持续传承了1000多年。甪直古镇位于苏州市东部，四周环水。甪直古镇始建于秦王政二十六年（前221），传承了2500多年。

2. 实例应用对象的特征分析

为了对评价认证指标体系进行定量评价，将古村落的特性和文化价值等四处不同的江南水乡古镇选定为适用案例。具体案例适用对象的分析内容如表6-15所示。

表6-15　　　　江南水乡古镇实例应用的特征分析

评价标准	评价领域	古村落特征
UV-Ⅰ	创造性	·1处国家等级的无形文化遗产 ·1处国家等级的文物保护单位 ·2处国家等级的无形文化遗产种类
UV-Ⅱ	影响性	·保持良好的传统结构，没有不协调的建筑-70%左右 ·传统地域活性化保护，工艺·美学价值高-60%左右 ·具有典型的地域特征-60%左右
UV-Ⅲ	时间关系	·周庄古镇-北宋元祐元年（1086）建设 ·甪直古镇-秦王政二十六年（前221）建设 ·乌镇古镇-后晋天福五年（940）建设 ·西塘古镇-唐开元年间（713—741）建设
UV-Ⅳ	过程关系	·传承良好，有活力，影响较大 ·周庄古镇-持续传承约1000年，甪直古镇-持续传承约2500年，乌镇古镇-持续传承约1300年，西塘古镇-持续传承约1500年
UV-Ⅴ	空间关系	·保持古村落与周边自然景观融合共生的关系-70%左右 ·传统结构和体系的完整，生产与生活之间存在联系-50%左右
UV-Ⅵ	无形关系	·古村落与周边特色环境密切相关，无法分离-60%左右 ·丰富的日常生活建筑-70%左右 ·拥有国家等级的传承人

续表

评价标准	评价领域	古村落特征
UV-Ⅶ	规模	·传统建筑占地面积：38.96公顷（周庄古镇），52.15公顷（角直古镇），71.19公顷（乌镇古镇），1.04公顷（西塘古镇） ·用地面积比率：36.28%（周庄古镇），58%（角直古镇），67%（乌镇古镇），0.57%（西塘古镇） ·传承活动规模：全村参与
UV-Ⅷ	科学保护价值性	·具有高的科学、文化、历史、考古学价值-60%左右 ·具有非常合理利用和管理价值-100% ·现存历史环境要素种类：7种，建筑功能种类：5种

乌镇是典型的江南水乡古镇，位于浙江省嘉兴市桐乡市北端，西临湖州市南浔区，北接苏州吴江区，为浙江、江苏二省，嘉兴、湖州、苏州三市的交界处。乌镇始建于后晋天福五年（940），传承了约1300多年。西塘古镇是江浙沪三省市交界处，是古代吴越文化的发祥地之一。西塘古镇始建于唐开元年间（713—741），传承了约1500多年。而且，四处古镇都被指定为全国重点文化保护单位，被评选为独特的历史文化名镇（名村）。江南水乡古镇周庄、角直、乌镇、西塘以捆绑的形式于2008年入选中国世界文化遗产预备名录。

3. 评价体系的实例应用

通过以上具体数据的分析，在评价标准的8个评价领域得分情况分别为6分、10分、15分、9分、6分、7分、13分、13分，综合得分为79分。说明在文化遗产的保护与管理方面做得还是很不错的。各评价指标分数和最终得分的比较结果详见表6-16。

表6-16　　江南水乡古镇实例应用的评价结果

评价标准	评价依据		分数	得分	满分
UV-Ⅰ	无形文化遗产、文物保护单位等级	·国家等级-各1处	5	3	10
	无形文化遗产种类等级	·国家等级-2处	5	3	

续表

评价标准	评价依据		分数	得分		满分
UV-Ⅱ	保持良好的传统结构，没有不协调的建筑-70%左右		5	4	10	15
	传统地域活性化保护，工艺·美学价值高-60%左右		5	3		
	具有典型的地域特征-60%左右		5	3		
UV-Ⅲ	现存建筑最初建设年代及传统建筑群集中建设年代	·周庄古镇-北宋元祐元年（1086）建设 ·甪直古镇-秦王政二十六年（前221年）建设	10	10	15	15
	古村落选址年代	·乌镇古镇-后晋天福五年（940）建设 ·西塘古镇-唐开元年间（713—741）建设	5	5		
UV-Ⅳ	传承良好、有活力，影响较大		5	4	9	10
	传承的持续时间	·周庄古镇-持续传承约1000年 ·甪直古镇-持续传承约2500年 ·乌镇古镇-持续传承约1300年 ·西塘古镇-持续传承约1500年	5	5		
UV-Ⅴ	保持古村落与周边自然景观融合共生关系-70%左右		5	3.5	6	10
	传统结构和体系的完整，生产与生活之间存在联系-50%左右		5	2.5		
UV-Ⅵ	村落与周边特色环境密切相关，无法分离-60%左右		5	3	7	10
	丰富的日常生活建筑-70%左右		3	2		
	有明确的代表性的国家等级以上的传承人	·国家等级传承人	2	2		

续表

评价标准	评价依据		分数	得分		满分
UV-Ⅶ	传统建筑占地面积	·周庄古镇-38.96公顷 ·甪直古镇-52.15公顷 ·乌镇古镇-71.19公顷 ·西塘古镇-1.04公顷	5	5	13	15
	传统建筑用地面积及全村建筑用地面积比率	·周庄古镇-36.28% ·甪直古镇-58% ·乌镇古镇-67% ·西塘古镇-0.57%	5	3		
	传承活动规模	·全村参与	5	5		
UV-Ⅷ	具有高的科学、文化、历史、考古学价值-60%左右		5	3	13	15
	具有非常合理利用和管理价值-100%左右		2	2		
	现存历史环境元素种类	·古代水路、商铺、公共建筑、特色活动场所、方位、楼阁、古木等-7种	5	5		
	建筑功能种类	·居住空间、传统商业、驿站、祠堂、方位-5种	3	3		
合计			100	79	79	100

（三）贵州省黔东南苗族村寨

1. 实例概况

黔东南苗族村寨位于贵州省东南部，行政名称为黔东南苗族侗族自治州。古村落建于元末明初（1369—1372），持续传承约640年，是最典型的少数民族特色村寨之一。村落于2005年被指定为全国重点文化保护单位，2010年被选定为中国历史文化名村，2013年被列入世界文化遗产预备名录。

2. 实例应用对象的特征分析

为了对评价认证指标体系进行定量评价,选定雷山县苗族村、台江县苗族村、剑河县苗族村、从江县苗族村为应用案例。四处少数民族古村落具有少数民族地区的不同特征和文化价值,具体案例验证的分析内容如表6-17所示。

表6-17　　　　黔东南苗族村寨实例应用的特征分析

评价标准	评价领域	古村落特征
UV-Ⅰ	创造性	·1处国家等级的无形文化遗产 ·1处国家等级的文物保护单位 ·2处国家等级的无形文化遗产种类
UV-Ⅱ	影响性	·传统结构保持完整,活用度高-60%左右 ·建筑细节及装饰精密、审美性高-60%左右 ·各种日常生活建筑-40%左右
UV-Ⅲ	时间关系	·明洪武三年,1370年建设
UV-Ⅳ	过程关系	·传承良好,有活力,影响较大 ·持续传承约640年
UV-Ⅴ	空间关系	·古村落与周边自然环境融合共生、关系密切-50%左右 ·不协调建筑较少,不影响整体风貌-70%左右
UV-Ⅵ	无形关系	·与古村落的特定环境关系密切-50%左右 ·利用传统材料及传统工具、工艺-50%左右 ·拥有国家等级的传承人
UV-Ⅶ	规模	·传统建筑占地面积:75.80公顷 ·用地面积比率:26% ·传承活动规模:全村参与
UV-Ⅷ	科学保护价值性	·具有高的科学、文化、历史、考古学价值-60%左右 ·具有非常合理利用和管理价值-50%左右 ·现存历史环境要素种类:9种,建筑功能种类:7种

资料来源:刘志宏《传统村落可持续性保护的评价认证指标开发研究》,博士学位论文,韩国启明大学,2018年;中华人民共和国住房和城乡建设部等《传统村落评价认定指标体系(试行)》(建村〔2012〕125号),2012年12月。

3. 评价体系的实例应用

通过对黔东南苗族村寨实例应用的特征分析，得出实证的结果为：8个评价领域的指标分数分别为6分、8分、13分、8分、6分、6分、11分、12分，总分为70分。由此可以看出，黔东南苗族村寨保存完好，古村落文化遗产的管理通过具体的措施有所改善。具体的评价指标分数结果详见表6-18。

表6-18　　黔东南苗族村寨实例应用的评价结果

评价标准	评价依据		分数	得分		满分
UV-Ⅰ	无形文化遗产、文物保护单位等级	·国家等级-各1处	5	3	6	10
	无形文化遗产种类等级	·国家等级-2处	5	3		
UV-Ⅱ	传统结构保持完整，活用度高-60%左右		5	3	8	15
	建筑细节及装饰精密、审美性高-60%左右		5	3		
	各种日常生活建筑-40%左右		5	2		
UV-Ⅲ	现存建筑最初建设年代及传统建筑群集中建设年代	·明洪武三年(1370)建设	10	10	13	15
	古村落选址年代		5	3		
UV-Ⅳ	传承良好、有活力、影响较大		5	3	8	10
	传承的持续时间	·持续传承约640年	5	5		
UV-Ⅴ	古村落与周边自然环境融合共生、关系密切-50%左右		5	2.5	6	10
	不协调建筑较少，不影响整体风貌-70%左右		5	3.5		
UV-Ⅵ	与古村落的特定环境关系密切-50%左右		5	2.5	6	10
	利用传统材料及传统工具、工艺-50%左右		3	1.5		
	有明确的代表性的国家等级以上的传承人	·拥有国家等级的传承人	2	2		

续表

评价标准	评价依据		分数	得分		满分
UV-Ⅶ	传统建筑占地面积	·75.80公顷	5	5	11	15
	传统建筑用地面积及全村建筑用地面积比率	·26%	5	1		
	传承活动规模	·全村参与	5	5		
UV-Ⅷ	具有高的科学、文化、历史、考古学价值-60%左右		5	3	12	15
	具有非常合理利用和管理价值-50%左右		2	1		
	现存历史环境元素种类	·古代河道、商铺、方位、公共建筑、特色活动场所、防御村落、城门、古木和其他-9种	5	5		
	建筑功能种类	·居住空间、传统商业、书院、驿站、祠堂、碉楼和其他-7种	3	3		
合计			100	70	70	100

(四) 四川省藏羌碉楼与村寨

1. 实例概况

藏羌碉楼与村寨位于四川省西部，以甘孜藏族自治州、阿坝藏族羌族自治州的碉楼与村寨为中心。古村落建于唐贞观十二年（638），持续传承约1200年，也是比较典型的少数民族特色村寨之一。古村寨于2003年被指定为全国重点文化保护单位，2014年入选中国历史文化名村。和黔东南苗族村寨一样，2013年入选UNSECO世界文化遗产预备名录。

2. 实例应用对象的特征分析

为了对古村落评价认证指标体系进行定量评价，将甘孜藏族自治州、阿坝藏族羌族自治州的两处碉楼与村寨选定为具体的典型案例进行评价认证。具体案例验证的评价结果如表6-19所示。

表6-19　藏羌碉楼与村寨实例应用的特征分析

评价标准	评价领域	古村落特征
UV-Ⅰ	创造性	·1处国家等级的文物保护单位 ·2处国家等级的无形文化遗产种类
UV-Ⅱ	影响性	·传统结构保持完整，活用度高-50%左右 ·建筑质量良好，集中分布，工艺、美学价值高-50%左右 ·利用传统材料、传统工具和传统工艺技术-40%左右
UV-Ⅲ	时间关系	·唐贞观十二年（638）建设
UV-Ⅳ	过程关系	·传承良好，有活力，影响较大 ·持续传承约1200年
UV-Ⅴ	空间关系	·原始的自然形态都保护良好-40%左右 ·保持基本的传统结构，空间结构体系比较完整-60%左右
UV-Ⅵ	无形关系	·与古村落的特定环境密切关联-50%左右 ·传统建筑形式及传统风貌协调一致-50%左右 ·拥有国家等级的传承人
UV-Ⅶ	规模	·传统建筑占地面积：23.80公顷 ·用地面积比率：50.40% ·传承活动规模：90名以上参与
UV-Ⅷ	科学保护价值性	·具有一定的历史背景及民族特色-40%左右 ·具有非常合理利用和管理价值-50%左右 ·现存历史环境要素种类：6种，建筑功能种类：3种

3. 评价体系的实例应用

经实例应用特征分析，得出评价结果为：8个评价领域的指标分数分别为6分、7分、15分、8分、5分、6分、11分、10分，总分为68分。由此证明，藏羌碉楼与村寨保存较好，但是在古村落文化遗产的保护与科学管理上还需要采取更进一步的合理性措施。具体的评价认证指标得分情况如表6-20所示。

表 6-20　　藏羌碉楼与村寨实例应用的评价结果

评价标准	评价依据		分数	得分		满分
UV-Ⅰ	文物保护单位等级	·国家等级-1处	5	3	6	10
	无形文化遗产种类等级	·国家等级-2处	5	3		
UV-Ⅱ	传统结构保持完整，活用度高-50%左右		5	2.5	7	15
	建筑质量良好，集中分布，工艺、美学价值高-50%左右		5	2.5		
	利用传统材料、传统工具和传统工艺技术-40%左右		5	2		
UV-Ⅲ	现存建筑最初建设年代及传统建筑群集中建设年代	·唐贞观十二年（638）建设	10	10	15	15
	古村落选址年代		5	5		
UV-Ⅳ	传承良好、有活力，影响较大		5	3	8	10
	传承的持续时间	·持续传承约1200年	5	5		
UV-Ⅴ	原始的自然形态都保护良好-40%左右		5	2	5	10
	保持基本的传统结构，空间结构体系比较完整-60%左右		5	3		
UV-Ⅵ	与古村落的特定环境密切关联-50%左右		5	2.5	6	10
	传统建筑形式及传统风貌协调一致-50%左右		3	1.5		
	有明确的代表性的国家等级以上的传承人	·拥有国家等级的传承人	2	2		
UV-Ⅶ	传统建筑占地面积	·23.80公顷	5	5	11	15
	传统建筑用地面积及全村建筑用地面积比率	·50.40%	5	3		
	传承活动规模	·90名以上参与	5	3		

续表

评价标准	评价依据	分数	得分		满分
UV-Ⅷ	具有一定的历史背景及民族特色-40%左右	5	2	10	15
	具有非常合理利用和管理价值-50%左右	2	1		
	现存历史环境元素种类	·古代河道、商铺、公共建筑、特色活动场所、楼阁、古木-6种	5	5		
	建筑功能种类	·居住空间、传统商业、祠堂-3种	3	2		
合计		100	68	68	100

（五）广西省、贵州省、湖南省的侗族村寨

1. 实例概况

侗族村寨分布于广西壮族自治区三江县，贵州省黎平县、榕江县、从江县，湖南省通道侗族自治县和绥宁县。古村落建于南宋（1127—1279），持续传承约800年，也是最具特色的少数民族古村落。2000年被指定为全国重点文化保护单位，2008年入选中国历史文化名村。2013年入选世界文化遗产预备名录。

2. 实例应用对象的特征分析

为了对评价认证指标体系进行定量评价，将广西、贵州、湖南三省（区）的侗族村寨为选定的典型案例进行评价认证。具体评价结果如表6-21所示。

表6-21 侗族村寨实例应用的特征分析

评价标准	评价领域	古村落特征
UV-Ⅰ	创造性	·1处国家等级的无形文化遗产 ·1处国家等级的文物保护单位 ·2处国家等级的无形文化遗产种类
UV-Ⅱ	影响性	·传统结构保持完整，活用度高-70%左右 ·保持区域活性化，具有代表性地域·民族特色-70%左右 ·建筑营造的丰富性-50%左右
UV-Ⅲ	时间关系	·南宋（1127—1279）建设

续表

评价标准	评价领域	古村落特征
UV-Ⅳ	过程关系	·传承良好,有活力,影响较大 ·持续传承约800年
UV-Ⅴ	空间关系	·古村落与周边自然环境保持融合共生的良好关系,明确固有的选址理念-80%左右 ·传统结构保护完整,空间结构体系比较完善-60%左右
UV-Ⅵ	无形关系	·与古村落的特定环境密切关联-50%左右 ·传统设施运用与生产和生活有一定的关系,不协调建筑较少-50%左右 ·拥有国家等级的传承人
UV-Ⅶ	规模	·传统建筑占地面积:110公顷 ·用地面积比率:87.60% ·传承活动规模:90名参与
UV-Ⅷ	科学保护价值性	·古村落的选址、规划、营造等具有较高的科学、文化、历史、考古学价值-60%左右 ·合理考虑土地利用、适应周边古村落开发的计划、路线规划的科学性,具有古村设施和空间的合理利用和便利性-50%左右 ·现存历史环境要素种类:9种,建筑功能种类:8种

3. 评价体系的实例应用

经对侗族村寨的实例应用特征分析,得出评价结果为:8个评价领域的指标分数分别为6分、9分、15分、10分、7分、7分、11分、12分,总分为77分。由此可以证明,侗族村寨的文化遗产保护工作比较到位,但是在古村落文化遗产的科学管理上还需要采取更进一步的合理性措施与方法。具体的评价认证指标得分情况如表6-22所示。

表6-22   侗族村寨实例应用的评价结果

评价标准	评价依据		分数	得分	满分
UV-Ⅰ	无形文化遗产、文物保护单位等级	·国家等级-各1处	5	3	6	10
	无形文化遗产种类等级	·国家等级-2处	5	3		

续表

评价标准	评价依据		分数	得分		满分
UV-Ⅱ	传统结构保持完整，活用度高-70%左右		5	3.5	9	15
	保持区域活性化，具有代表性地域·民族特色-70%左右		5	3		
	建筑营造的丰富性-50%左右		5	2.5		
UV-Ⅲ	现存建筑最初建设年代及传统建筑群集中建设年代	·南宋（1127—1279）建设	10	10	15	15
	古村落选址年代		5	5		
UV-Ⅳ	传承良好、有活力，影响较大		5	5	10	10
	传承的持续时间	·持续传承约800年	5	5		
UV-Ⅴ	古村落与周边自然环境保持融合共生的良好关系，明确固有的选址理念-80%左右		5	4	7	10
	传统结构保护完整，空间结构体系比较完善-60%左右		5	3		
UV-Ⅵ	与古村落的特定环境密切关联-50%左右		5	2.5	7	10
	传统设施运用与生产和生活有一定的关系，不协调建筑较少-50%左右		3	2.5		
	有明确的代表性国家等级以上传承人	·拥有国家等级的传承人	2	2		
UV-Ⅶ	传统建筑占地面积	·110公顷	5	5	11	15
	传统建筑用地面积及全村建筑用地面积比率	·87.60%	5	5		
	传承活动规模	·90名参与	5	1		
UV-Ⅷ	古村落的选址、规划、营造等具有较高的科学、文化、历史、考古学价值-60%左右		5	3	12	15
	合理考虑土地利用、适应周边古村落开发的计划、路线规划的科学性，具有古村落设施和空间的合理利用和便利性-50%左右		2	1		
	现存历史环境元素种类	·古代河道、商铺、公共建筑、特色活动场所、防御村落、城门、码头、楼阁、古木与其他-9种	5	5		
	建筑功能种类	·居住空间、传统商业、方位、驿站、祠堂、书院、碉楼、其他-8种	3	3		
合计			100	77	77	100

三 实例应用综合比较分析与主要问题

(一) 综合比较分析

首先,被列为世界文化遗产正式名录的中国古村落:安徽省的西递宏村、广东省的开平碉楼和福建省土楼与村落这三处的古村落在评价认证指标打分上表现突出,得分很高,分别为88分、81分和83分。其次,被列为世界文化遗产预备名录的中国古村落:山西、陕西两省的丁村和党家村,江苏、浙江两省的江南水乡古镇,贵州省的黔东南苗族村寨,四川省的藏羌碉楼与村寨和广西、贵州、湖南三省(区)的侗族村寨这五处古村落在评价认证指标的得分上分别为76分、79分、70分、68分和77分。通过定量评价认证指标评分情况,对具体案例适用综合比较分析的最终得分结果详见表6-23。

表6-23 案例应用综合比较分析

案例村落	UV-I (10)	UV-II (15)	UV-III (15)	UV-IV (10)	UV-V (10)	UV-VI (10)	UV-VII (15)	UV-VIII (15)	最终得分
	5 | 5	5 | 5 | 5	10 | 5	5 | 5	5 | 5	5 | 3 | 2	5 | 5 | 5	5 | 2 | 5 | 3	
西递宏村	5 | 5	3.5 | 4 | 3.5	10 | 5	5 | 5	4 | 3	3 | 2 | 2	5 | 5 | 5	3 | 2 | 5 | 3	88
	10	11	15	10	7	7	15	13	
开平碉楼	5 | 5	4.5 | 3.5 | 3	8 | 3	5 | 5	4 | 4	3 | 2 | 2	5 | 1 | 5	3 | 2 | 5 | 3	81
	10	11	11	10	8	7	11	13	
福建土楼与村落	5 | 5	3.5 | 3.5 | 3	10 | 5	5 | 5	3.5 | 3.5	3 | 2 | 2	5 | 0 | 5	4 | 2 | 5 | 3	83
	10	10	15	10	7	7	10	14	
丁村和党家村	3 | 3	2.5 | 3 | 2.5	10 | 5	3 | 3	3.5 | 2.5	2 | 2 | 2	5 | 3 | 5	3 | 2 | 5 | 3	76
	6	8	15	6	6	6	13	13	
江南水乡古镇	3 | 3	4 | 3 | 3	10 | 5	4 | 5	3.5 | 2.5	3 | 2 | 2	5 | 3 | 5	3 | 2 | 5 | 3	79
	6	10	15	9	6	7	13	13	

续表

案例村落	评价认证标准与指标分值																			最终得分
	UV-Ⅰ		UV-Ⅱ			UV-Ⅲ			UV-Ⅳ		UV-Ⅴ			UV-Ⅵ			UV-Ⅶ			UV-Ⅷ			
	10		15			15			10		10			10			15			15			
	5	5	5	5	5	10	5	5	5	5	5	5	3	2	5	5	5	5	2	5	3	
黔东南苗族村寨	3	3	3	3	2	10	3	3	5	2.5	3.5	2.5	1.5	2	5	1	5	3	1	5	3	70
	6		8			13			8		6			6			11			12			
藏羌碉楼与村寨	3	3	2.5	2.5	2	10	3	3	5	2	3	2.5	1.5	2	5	3	3	2	1	5	2	68
	6		7			15			8		5			6			11			10			
侗族村寨	3	3	3.5	3	2.5	5	5	5	4	3	2.5	2.5	2	5	5	1	3	1	5	3		77
	6		9			15			10		7			7			11			12			
备注	1—3号案例是世界文化遗产正式名录，4—8号案例是世界文化遗产预备名录，满分为100分																				

资料来源：刘志宏、李钟国《中国传统村落保护评价指标开发研究——以世界文化遗产和传统村落评价指标比较为例》，《韩国住宅学会论文集》2018年第2期。

通过表6-23的案例应用，得出综合比较分析的结果，具体如下。

1. 世界文化遗产正式名录的中国古村落综合分析

通过案例适用，三个地方的古村落对创造性（创意性、独创性、稀缺性）评价领域的指标分数整体上为10分（满分），得分最高，相对时间关系（传统文化的历史性）评价领域的指标分数分别为15分（满分）、11分、15分（满分）的高分。而影响性（地域性、艺术性、真实性、完整性）的评价领域，指标分数分别为11分、11分、10分，相对较低。具体分析如下。

第一，安徽省西递宏村的案例适用分析结果显示，8个评价领域具体得分为：创造性为10分（满分）、时间关系为15分（满分）、过程关系为10分（满分）、规模为15分（满分）、科学保护价值性为13分，重要度高；影响性是11分，空间关系性为7分，无形关系为7分。具体关于西递宏村的案例适用程度如图6-8所示。

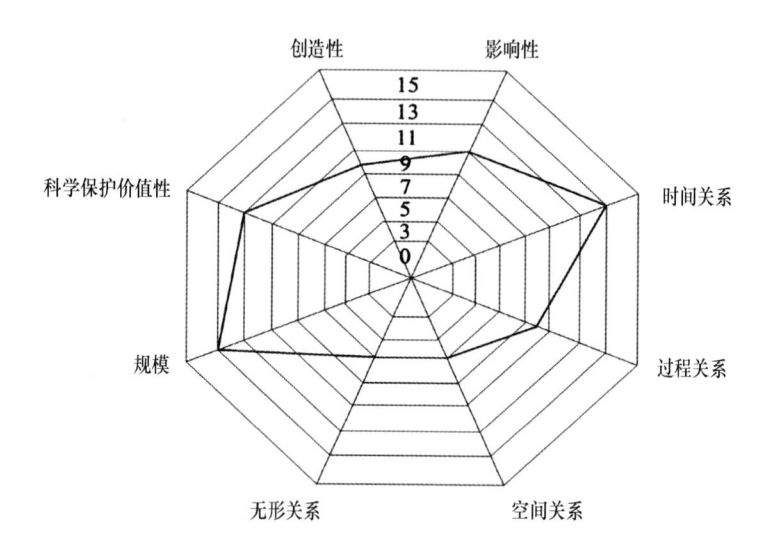

图6-8 西递宏村的案例适用程度

资料来源:笔者绘制。参见刘志宏、李钟国《中国传统村落保护评价指标开发研究——以世界文化遗产和传统村落评价指标比较为例》,《韩国住宅学会论文集》2018年第2期。

第二,对于开平碉楼的最终评价项目得分情况,创造性评为10分(满分)、过程关系为10分(满分)、科学保护价值性的重要度为13分,影响性为11分,时间关系为11分,空间关系为8分,无形关系为7分,规模为11分。具体关于开平碉楼的案例适用程度雷达图如图6-9所示。

第三,对于福建土楼与村落的最终评价项目得分情况,创造性(UV-Ⅰ)评价为满分(10分),时间关系(UV-Ⅲ)评为15分(满分),过程关系(UV-Ⅳ)为10分(满分),科学保护价值性(UV-Ⅷ)为14分,具有很高的特点;影响性(UV-Ⅱ)为10分,空间关系(UV-Ⅴ)为7分,无形关系(UV-Ⅵ)为7分,规模(UV-Ⅶ)为10分,如图6-10。

2. 世界文化遗产预备名录的中国古村落综合评价分析

通过案例应用的评价结果来看,五处中国古村落的最终得分如

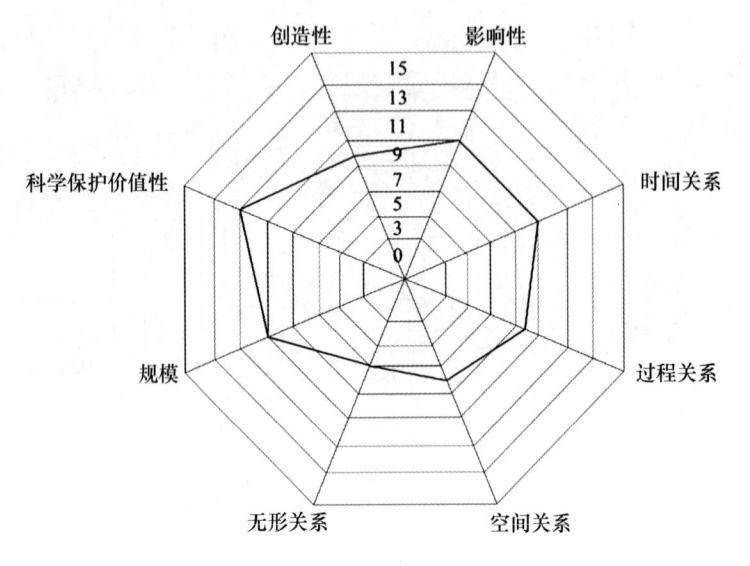

图6-9　开平碉楼案例适用程度

资料来源：笔者绘制。

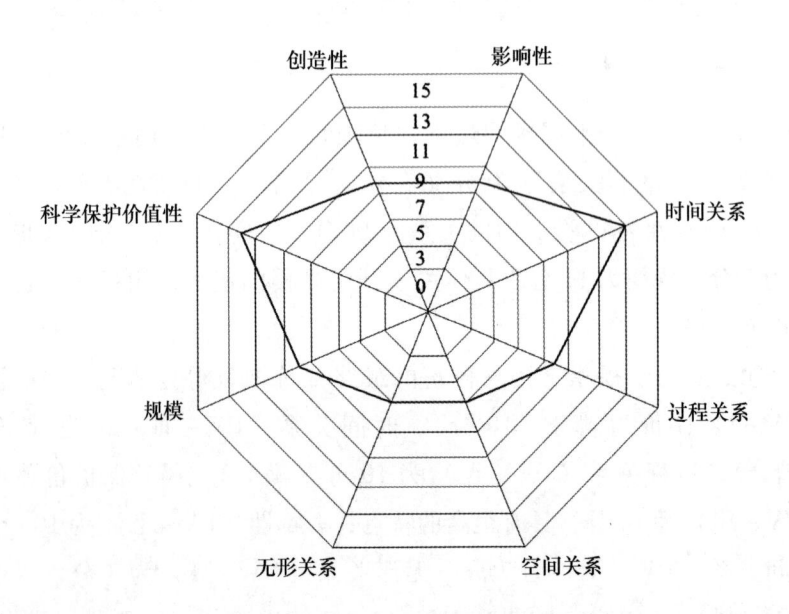

图6-10　福建土楼与村落案例适用程度

资料来源：笔者绘制。

第六章 实证研究与对策建议　187

下：关于时间关系（传统文化的历史性）的评价领域的指标分数分别为15分（满分）、15分（满分）、13分、15分（满分）、15分（满分）；关于规模（地面面积容量、比率、文化空间数量）的评价领域依次为13分、13分、11分、11分、11分；关于创造性（创意性、独创性、稀缺性）的评价领域的指标分数整体平均为6分，相对较低；特别是空间关系（自然空间联系、环境协调性）的评价领域为6分、6分、6分、5分、7分，整体指标得分较低。具体各个古村落的评价结果分析如下。

第一，山、陕古民居：丁村和党家村，关于时间关系（UV-Ⅲ）评价领域得分为15分（满分）、规模（UV-Ⅶ）为13分、科学保护价值性（UV-Ⅷ）13分、过程关系（UV-Ⅳ）8分、无形关系（UV-Ⅵ）7分、创造性（UV-Ⅰ）6分、影响性（UV-Ⅱ）8分、空间关系（UV-Ⅴ）评价得分只有6分。具体关于山、陕古民居丁村和党家村在评价认证指标体系的案例适用程度雷达图如图6-11所示。

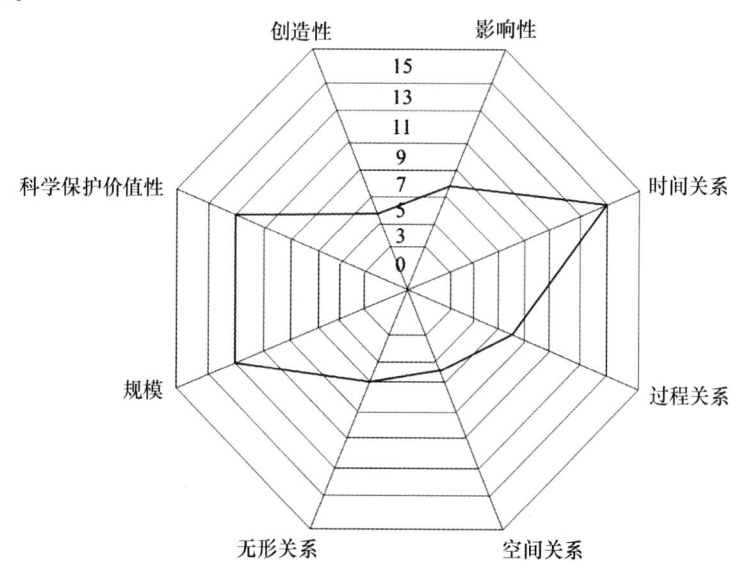

图6-11　丁村和党家村案例适用程度

资料来源：笔者绘制。

第二，江南水乡古镇，关于时间关系（UV-Ⅲ）评价领域得分为15分（满分），规模（UV-Ⅶ）评价为13分，科学保护价值性（UV-Ⅷ）得了13分，过程关系（UV-Ⅳ）是9分，无形关系（UV-Ⅵ）为7分，创造性（UV-Ⅰ）为6分，影响性（UV-Ⅱ）10分，空间关系（UV-Ⅴ）只得了6分。具体关于江南水乡古镇：周庄、甪直、乌镇、西塘在评价认证指标体系的案例适用程度如图6-12所示。

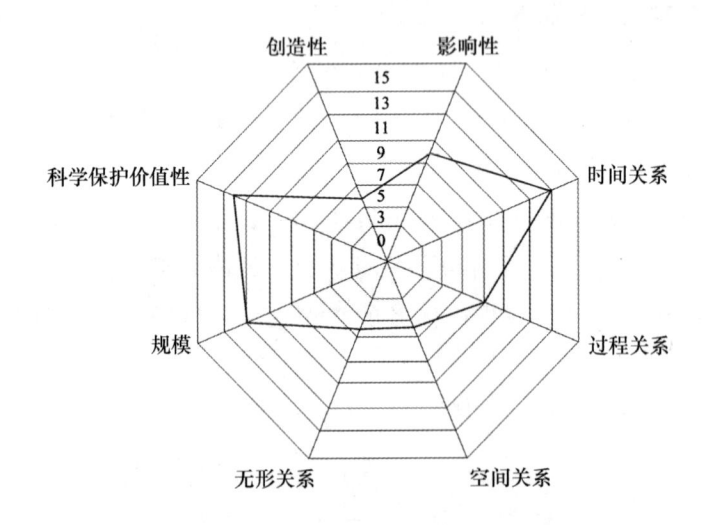

图6-12 江南水乡古镇案例适用程度

资料来源：笔者绘制。参见刘志宏、李钟国《中国传统村落评价认证指标体系分析研究》，《韩国启明大学产业技术研究所论文报告集》2017年第1期；刘志宏、李钟国《中国传统村落保护评价指标开发研究——以世界文化遗产和传统村落评价指标比较为例》，《韩国住宅学会论文集》2018年第2期。

第三，对于黔东南苗族村寨的评价结果，时间关系（UV-Ⅲ）评价领域得分为13分（是8个评价领域得分最高的一项），其次是过程关系（UV-Ⅳ）得分为8分、科学保护价值性（UV-Ⅷ）12分、规模（UV-Ⅶ）为11分、创造性（UV-Ⅰ）得6分、空间关系（UV-Ⅴ）得6分、无形关系（UV-Ⅵ）6分、影响性（UV-

Ⅱ）为 8 分。关于黔东南苗族村寨案例适用程度如图 6-13 所示。

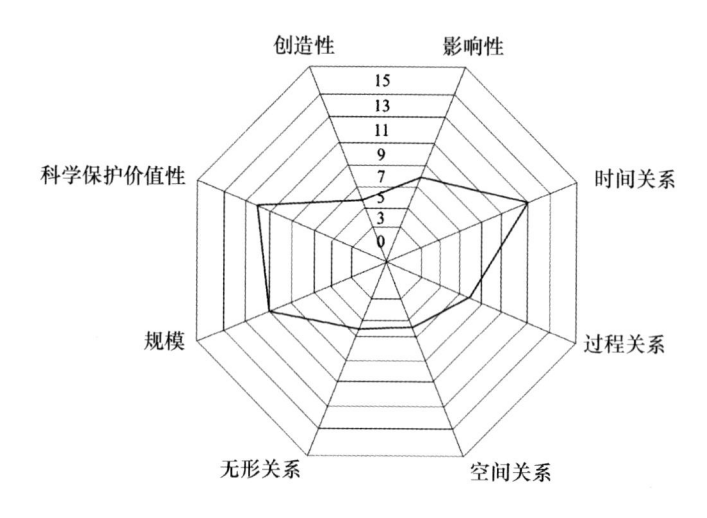

图 6-13 黔东南苗族村寨案例适用程度

资料来源：笔者绘制。参见刘志宏、李钟国《中国传统村落保护评价指标开发研究——以世界文化遗产和传统村落评价指标比较为例》，《韩国住宅学会论文集》2018 年第 2 期。

第四，从藏羌碉楼与村寨的评价结果可以得知，时间关系（UV-Ⅲ）评价领域得了满分（15 分）；其次就是过程关系（UV-Ⅳ）评价指标得 8 分、创造性（UV-Ⅰ）得分为 6 分、规模（UV-Ⅶ）评为 11 分、无形关系（UV-Ⅵ）得 6 分、科学保护价值性（UV-Ⅷ）为 10 分、影响性（UV-Ⅱ）得 7 分、空间关系（UV-Ⅴ）只得了 5 分。藏羌碉楼与村寨案例适用程度如图 6-14 所示。

第五，侗族村寨的 8 个评价领域，其中时间关系（UV-Ⅲ）评价得了 15 分（满分）、过程关系（UV-Ⅳ）评价也得了满分（10 分），其次就是科学保护价值性（UV-Ⅷ）评价为 12 分、空间关系（UV-Ⅴ）得 7 分、无形关系（UV-Ⅵ）为 7 分、创造性（UV-Ⅰ）得分为 6 分、规模（UV-Ⅶ）是 11 分、影响性（UV-Ⅱ）得 9 分。侗族村寨案例适用程度，如图 6-15 所示。

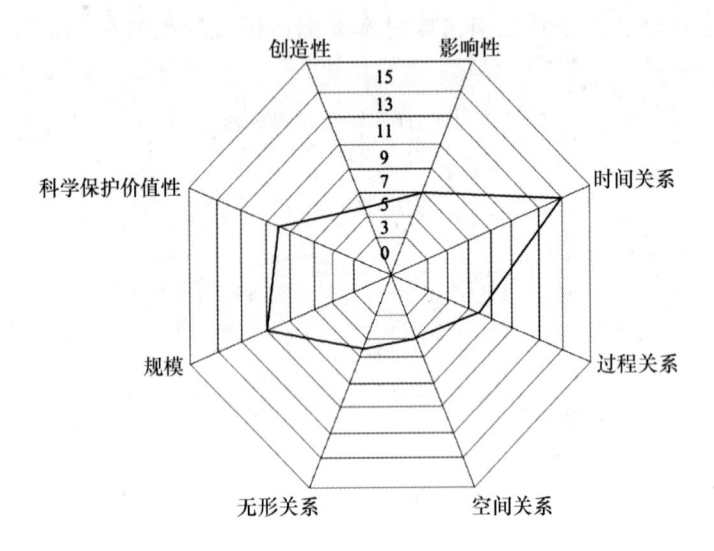

图 6-14　藏羌碉楼与村寨案例适用程度

资料来源：笔者绘制。

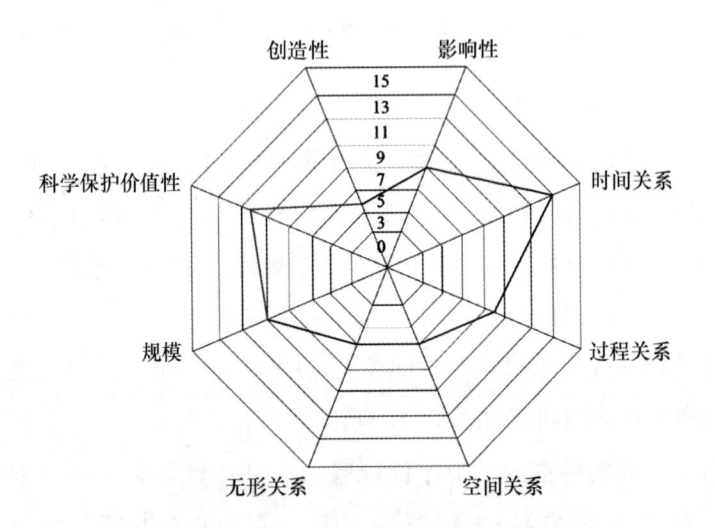

图 6-15　侗族村寨案例适用程度

资料来源：笔者绘制。参见刘志宏《传统村落可持续性保护的评价认证指标开发研究》，博士学位论文，韩国启明大学，2018 年。

(二) 存在的主要问题

从以上各个案例古村落的适用程度来进行分析，发现它们主要在评价领域的"UV-Ⅱ：影响性（地域性、艺术性、真实性、完整性）、UV-Ⅴ：空间关系（自然空间关系、环境协调性）、UV-Ⅵ：无形关系（其他领域的关系、独特的普遍价值、依存性）、UV-Ⅷ：科学保护价值性（布局合理性、使用便利性、丰富性）"这四个评价指标项目上存在一定的问题和需要进一步采取的措施。

为了古村落的可持续保护，案例适用时，预期的相关问题主要有"生产和活动的关系性不足、古村落风貌协调不足、居民参与不足、缺乏保全意识导致的文化遗产破坏、缺乏古村落和周围自然景观融合共生的关系、有不协调的建筑出现、缺乏适应古村落发展的计划、缺乏可持续性保护与开发认识、空间的使用便利性不足"等。通过总结分析，提出了UNESCO世界文化遗产预备名录中中国古村落具体存在的问题，如表6-24所示。

表6-24　世界文化遗产预备名录中的中国古村落相关问题分析

案例古村落	问题点	
	评价领域	具体问题内容
丁村和党家村	UV-Ⅱ：影响性（地域性、艺术性、真实性、完整性）	·缺乏与生产和生活的密切关系
		·古村落的风貌缺乏协调性
		·没有保持传统地区的活力
		·古村落和周围环境没有得到完整保护
		·缺乏古村落和周围自然景观融合共生的关系
	UV-Ⅴ：空间关系（自然空间关系、环境协调性）	·古村落及周边环境没有明确地体现固有的选址理念
		·有不协调的建筑出现

续表

案例古村落	问题点	
	评价领域	具体问题内容
江南水乡古镇	UV-Ⅱ：影响性（地域性、艺术性、真实性、完整性）	·传统地域的活性化不足
		·建筑细节及周边环境原型不够完整保存
		·工艺、美学价值没有充分体现
	UV-Ⅴ：空间关系（自然空间关系、环境协调性）	·古村落的周边环境、原始的自然形态保护不足
		·传统设施运用与生产和生活缺乏一定联系
黔东南苗族村寨	UV-Ⅱ：影响性（地域性、艺术性、真实性、完整性）	·古村落缺乏可持续维护
		·传统公共设施使用率不高
		·传统材料、传统工具和手工艺品不足
	UV-Ⅴ：空间关系（自然空间关系、环境协调性）	·传统设施的使用与生产生活缺乏联系
		·传统建筑风貌的影响
	UV-Ⅵ：无形关系（其他领域的关系、独特的普遍价值、依存性）	·与遗产有关的组织管理，手工艺传播等内容与古村落的具体环境没有关系
		·传统建筑形式与传统特征协调不足
	UV-Ⅷ：科学保护价值性（布局合理性、使用便利性、丰富性）	·缺乏适应古村落发展的计划
		·缺乏合理利用古村落设施和空间
藏羌碉楼与村寨	UV-Ⅱ：影响性（地域性、艺术性、真实性、完整性）	·在古村落的结构体系中，有不协调的建筑物
		·建筑的质量不高
		·缺乏可持续性保护与开发认识
	UV-Ⅴ：空间关系（自然空间关系、环境协调性）	·古村落原始自然形态未得到很好保护
		·环境的协调性不足
	UV-Ⅵ：无形关系（其他领域的关系、独特的普遍价值、依存性）	·缺乏与遗产相关的手工艺品传播
		·缺乏非物质文化遗产的保护工艺技术水平
		·缺乏突出的普遍性价值和地方特色
	UV-Ⅷ：科学保护价值性（布局合理性、使用便利性、丰富性）	·土地利用扩展缺乏合理布局
		·古村落缺乏科学的规划
		·空间的使用便利性不足

续表

案例古村落	问题点	
	评价领域	具体问题内容
侗族村寨	UV-Ⅱ：影响性（地域性、艺术性、真实性、完整性）	·在古村落建设中，出现新的不一致的建筑 ·建筑细节和装饰并不十分精确和美观 ·工艺和美学价值不高
	UV-Ⅴ：空间关系（自然空间关系、环境协调性）	·缺乏基本传统结构的维护 ·古村落保护系统缺乏完整性
	UV-Ⅵ：无形关系（其他领域的关系、独特的普遍价值、依存性）	·村落空间的缺乏和对传统手工艺品传播的一定依赖 ·缺乏专门的民居建筑保护管理组织

第三节 指标验证

一 指标验证概要

本书组织了古村落保护与申遗的评价认证指标体系方案，相关专家认证了评价认证指标内容的科学性和可行性，并通过对其重要程度和关联可能性调查与评价等构建了评价认证指标体系。对构成的指标体系方案进行了统计与验证，并将最终检验的指标适用于代表性的中国古村落，最后得出结论。古村落世界文化遗产评价指标开发及验证和案例适用过程如下。

（一）评价认证指标提取与指标体系构成

古村落保护与申遗评价认证指标的构成要素是通过对古村落评价的理论研讨和相关专家的咨询（建筑学教授3人、文化遗产专家2人、国家建设部负责人1人、古村落管理者5人）提取多数指标项目后，通过整理相关专家、政府管理者和实务者的咨询结果和意见，将22个指标项目组成了预备评价认证指标体系。

本书的咨询是通过电话和电子邮件的方式进行问卷调查，详细地研究和分析了评价认证指标项目关联可能性的适宜性、问题的科学性、评价方法的可操作性等。另外，对评价认证指标项目领域的差别化、指标体系的定量化、目标维持管理体系、古村落的可持续保护体系、世界文化遗产评价体系、古村落核心价值项目等的指标项目进行了部分不合理指标的修改与删除。

（二）通过专家问卷调查来验证关联可行性程度

为了验证评价认证指标体系及模型建构的合理性，将最终确定的预备指标项目组成了问卷调查。提取的指标项目以世界文化遗产6条评价标准和中国传统村落3个评价认证指标体系共22个评价指标项目为对象，确认了指标体系及评价模型、指标细节内容等的重要性和关联可行性。

关联可行性、必要性和重要度调查对象是通过接受相关专家推荐的形式的问题评价认证来选定的，以10名公务员、25名研究员、65名大学教授共100名相关专家为对象进行了问卷调查。通过统计处理和分析100份有效的应答者资料，提出了适合该评价体系的指标项目。

（三）评价认证指标的验证

通过专家的评价认证及中国古村落的案例应用，提出了问题，确认了评价认证指标体系及模型的合理性后，提出了适合中国古村落保护与申遗的评价模型和指标体系。总结评价认证指标的验证过程如图6-16所示。

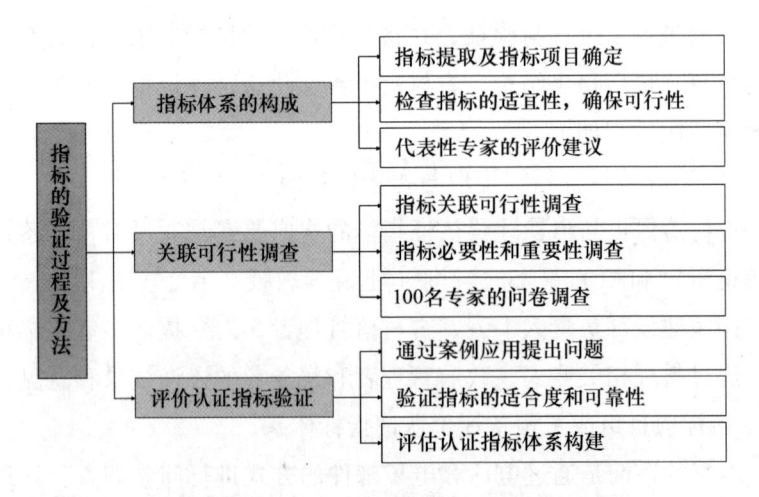

图6-16 评价认证指标的验证过程及方法

资料来源：笔者绘制。

二　各领域的差异性指标验证

为了开发古村落保护与申遗的评价认证指标，以选定的最终 8 个评价领域、21 个详细指标项目为中心，进行了各领域的不同点验证。为了验证指标重要度及差异点，按照有形文化遗产和无形文化遗产两个评价领域来进行分析，运用了案例适用及指标验证的方法。

对评价类型的两个领域的差异点进行了指标验证。整体上可以看出，在创造性（创意性、独创性、稀缺性）等几大领域存在一定差异性。影响性（地域性、艺术性、真实性、完整性）领域中的"布局完整性"；时间关系（传统文化的历史性）项目的"建筑群集中建设年代"；过程关系（历史阶段关联、文化·历史延续性、传承活性化）的"影响力"；空间关系（自然空间关系、环境协调性）领域的"融合共生的关系性"；无形关系（其他领域的关系、独特的普遍价值、依存性）评价领域"指定为和谐的无形文化遗产"；规模（面积·容量、比率·文化空间数量）项目的"传承活动规模"；科学保护价值性（布局合理性、使用便利性、丰富性）评价领域的"科学、文化、历史、考古学价值"等指标项目都很值得注意。

（一）创造性指标验证

对创造性评价领域的具体项目差异点的案例适用及指标验证结果显示，所有指标项目都存在一定商榷性。例如评价项目中的无形文化遗产、文物保护单位等级由三个评价指标等级构成，基本指标得分标准为两个国家等级，其指标项目得分有效。从案例适用来看，入选世界文化遗产正式名录的古村落和预备登记的古村落的平均得分分别为 10 分和 6 分，存在一定的差异性。表 6-25 显示了按特定评价领域进行的"UV-I：创造性（创意性、独创性、稀缺性）"指标验证的结果。

表6-25　　　　　　　　　创造性指标检验结果

评价认证指标体系					平均分数	
评价细部项目			指标	满分	正式	预备
·无形文化遗产、文物保护单位等级	1	3	5	5		
	省等级（2处以上）	国家等级（2处）	世界等级（1处）		10	10	6
	省等级（2处以上）	国家等级（2处）	世界等级（1处）	5		

（二）影响性指标验证

对影响性评价领域的具体项目差异点的案例适用程度及指标验证结果显示，所有指标项目都没有关联。从案例适用来看，入选世界文化遗产正式名录的古村落和预备登记的古村落的平均得分分别为10.7分和8分。"日常生活建筑""利用的传统材料及传统工具工艺匠人"项目相互无关。具体的"UV-Ⅱ：影响性（地域性、艺术性、真实性、完整性）"评价指标验证结果详见表6-26。

表6-26　　　　　　　　　影响性指标检验结果

评价认证指标体系			平均分数	
评价细部项目	指标	满分	正式	预备
·保持良好的传统结构，街区体系完整，传统公共设施的利用度高，与生产和生活有着密切的关系，整个古村落的风貌形成了完整的协调性，古村落的空间结构体系中没有不和谐建筑等	5			
·现存传统民居建筑（群）及建筑细节及周边环境原型完整保存，建筑质量良好，集中分布，本土村民不仅延续生活，还保持着传统地域的活性化，现存传统民居建筑（群）造型（外观及形态等）、结构、材料（配置比例、精制加工、地域材料）、内部装饰（木雕、石雕、雕刻等）都具有代表性的地域性、民族特色，独特的传统工艺，建筑细节及装饰精密、审美性高，工艺、美学价值高	5	15	10.7	8
·到目前为止，有多种多样的日常生活建筑的传统材料及传统工具、工艺匠人，传统建筑形式及传统风貌被指定为相互协调、无形文化遗产，技术工艺水平具有典型的地域特征	5			

(三) 时间关系指标验证

对时间关系性评价领域的各个细节差异的案例适用及指标检验结果显示，入选世界文化遗产正式名录的古村落和预备登记的古村落的平均得分分别为13.7分和14.5分。"现存建筑最初建设年代""古村落选址年代"项目有显著的相互关系。表6-27体现出了按照评价领域进行的"UV-Ⅲ：时间关系（传统文化的历史性）"指标验证结果的具体情况。

表6-27　　　　　　　　时间关系指标检验结果

评价认证指标体系					平均分数	
评价细部项目				指标	满分	正式	预备
·现存建筑最初建设年代	2	6	10	10	15	13.7	14.5
	民国时期(1921)	清朝(1644)	明朝(1368)				
·古村落选址年代	1	3	5	5			
	民国时期(1921)	清朝及清朝之前（—1644）	明朝之前（—1368）				

(四) 过程关系指标验证

对过程关系评价领域的具体项目差异点的案例适用程度和指标验证结果分析，入选世界文化遗产正式名录的古村落和预备登记的古村落的平均分分别在10分和8.5分。"具有活力性""传承的持续时间"项目有着密切的关联。评价领域"UV-Ⅳ：过程关系（历史阶段关联、文化·历史延续性、传承活性化）"具体的指标验证结果分析如表6-28所示。

表6-28　　　　　　　　过程关系指标检验结果

评价认证指标体系					指标	满分	平均分数	
评价细部项目					^	^	正式	预备
·传承良好、有活力、影响较大					5	15	10	8.5
·传承的持续时间	1	3	5		^	^	^	^
^	持续传承100年以上	持续传承200年以上	持续传承300年以上	5	^	^	^	^

（五）空间关系指标验证

从空间关系评价领域的具体项目差异点的案例适用程度和指标认证结果来分析，基本上所有指标项目都没有什么关联。其评价结果显示，正式入选的古村落和预备列入的古村落平均分数分别为7.3分和6分。"保持基本的传统结构""传统设施运用与生产和生活有一定的关系"项目相互没有什么关联。具体的"UV－V：空间关系（自然空间关系、环境协调性）"评价认证指标的验证结果如表6-29所示。

表6-29　　　　　　　　空间关系指标检验结果

评价认证指标体系		指标	满分	平均分数	
评价细部项目		^	^	正式	预备
·古村落的周边环境、原始的自然形态都保护良好，古村落与周边自然景观保持着融合共生的关系，古村落及周边环境明确地体现了固有的选址理念		5	15	7.3	6
·保持基本的传统结构，空间结构体系比较完整，传统设施运用与生产和生活有一定的关系，不协调建筑较少，不影响整体风貌		5	^	^	^

（六）无形关系指标验证

对无形关系评价领域的具体项目差异点的案例适用程度及指标验

证结果进行分析,发现所有评价指标项目都没有关联。从案例适用程度的角度来具体分析,最后入选正式名录的古村落和预备名录的古村落在评价中其平均分数分别是 7 分和 6.5 分,其分值都比较低。特别在具体指标"与古村落的特定环境关系密切不可分离""技术工艺水平具有典型的地域特征"项目相互关联度基本上没有。具体的"UV-Ⅵ:无形关系(其他领域的关系、独特的普遍价值、依存性)"评价指标验证的结果详见表 6-30。

表 6-30　　　　　　　　　无形关系指标检验结果

评价认证指标体系			平均分数	
评价细部项目	指标	满分	正式	预备
·有关遗产的生产材料、加工、活动及空间、组织管理、工艺传承等内容与古村落的特定环境关系密切不可分离	5	15	7	6.5
·有丰富的日常生活建筑的传统材料及传统工具、工艺,传统建筑形式及传统风貌被指定为和谐的无形文化遗产,技术工艺水平具有典型的地域特征	5			
·有明确的代表性的国家等级以上的传承人	5			

资料来源:刘志宏、李钟国《中国传统村落评价认证指标体系分析研究》,《韩国启明大学产业技术研究所论文报告集》2017 年第 1 期;刘志宏《传统村落可持续性保护的评价认证指标开发研究》,博士学位论文,韩国启明大学,2018 年。

(七)规模指标验证

通过对规模评价领域的各个细部指标差异性的案例适用程度及指标检验结果来分析,得出正式入选世界文化遗产名录的古村落和预备入选的古村落的平均分值分别为 12 分和 11.5 分。具体的评价领域"UV-Ⅶ:规模(面积·容量、比率·文化空间数量)"指标验证结果如表 6-31 所示。

表 6-31　　　　　　　　　规模指标检验结果

评价认证指标体系				指标	满分	平均分数	
评价细部项目						正式	预备
·传统建筑占地面积	1	3	5	10	15	12	11.5
	1—3公顷	3—5公顷	6公顷以上			
·传统建筑用地面积及全村建筑用地面积比率	1	3	5	5		
	20%—40%	40%—60%	60%以上			
·传承活动规模	1	3	5	5		
	30—90名	90名以上	全村参与			

（八）科学保护价值性指标验证

关于科学保护价值性评价领域的具体指标差异性的案例适用程度和指标认证结果，发现被 UNESCO 列入世界文化遗产正式名录的古村落和预备列入的古村落在评价中，其平均得分分别是 13.3 分和 11.8 分。评价领域"UV-Ⅷ：科学保护价值性（布局合理性、使用便利性、丰富性）"的具体指标验证结果详见表 6-32。

表 6-32　　　　　　科学保护价值性指标检验结果

评价认证指标体系				指标	满分	平均分数	
评价细部项目						正式	预备
·古村落的选址、规划、营造具有代表性地域文化和特定的历史背景及民族特色，古村落和周边环境明显体现了传统文化或历史背景，古村落的选址、规划、营造等具有较高的科学、文化、历史、考古学价值				5	15	13.3	11.8
·合理考虑土地利用、适应周边古村落开发的计划、路线规划的科学性，具有古村落设施和空间的合理利用和便利性				2			
·现存历史环境元素种类	1	3	5	5			
	1种以上	3种以上	5种以上				
·建筑功能种类	1	3	5	5			
	1种以上	3种以上	5种以上				

第四节　期待效果与策略方案[①]

一　期待效果

为保证中国古村落保护与申遗的可持续性,组织建立了评价认证指标体系构建方案。根据相关专家意见确认了评价认证指标的合理性和可行性,并通过对指标项目的重要程度和关联可能性调查,遴选出优质的指标项目组成了评价认证指标体系。

接着通过实例应用,对构成的评价认证指标体系方案进行了适应性验证。并且,根据中国古村落保护与申遗的评价认证指标开发及指标检验和案例适用等一系列过程,充分证明了中国古村落保护与申遗的评价认证指标体系建立的正确性和科学性。并将最终检验的指标适用于代表性的几个古村落保护与申遗的应用中,最后根据具体的定量化评价推导出结论。

本书是开发古村落保护与申遗的评价认证指标的基础研究。以建立评价认证指标体系为基准,分析了古村落保护与申遗的评价认证指标开发的技术、经济、社会层面的效果。建立了基于民族地区特色古村落中长期保护和发展战略的定性评价和以定量评价为中心的项目测量指标,优先提出了成为核心的古村落持续评价认证技术。

最终,通过利用该方法开发出适合中国古村落保护与申遗的评价认证指标,提出了可持续保护与申遗的客观评价认证标准等。结果是通过合理、准确的指标测定,可以实现古村落的可持续发展,这是本书的广义期待效果。

具体的中国古村落保护与申遗的评价认证指标体系建立的期待效果如下。

[①] 刘志宏:《传统村落可持续性保护的评价认证指标开发研究》,博士学位论文,韩国启明大学,2018年。

（一）经济预期效果

由于古村落的维护和管理技术开发，古村落管理主体的财政、人力负担减少，可以有效地提高效率通过评价认证的体系化，可以产生国际技术的出口和品牌化带来的经济效果。古村落通过挖掘和开发其独特的文化遗产价值，在国际上可以做到古村落全球商业化的有效性宣传效果。

（二）技术效果方面

通过 AHP 技术确保了古村落保护技术的系统化，通过 AHP 技术，以各评价领域和指标的相对重要度及详细项目的合适度为基础评分，同时，通过为 UNESCO 的评价认证技术以及对古村落的保护提供指导，将定性和定量评价方法结合起来，为古村落未来的发展以及旅游业运营和维护的效率提供技术要求和准确性。

（三）作为一种社会效果

通过具有强大社会宣传力的传统商业基础管理技术，通过改善村民的生活质量来实现合作。通过减少对古村落文化遗产的破坏，并通过开发 UNESCO 列为世界文化遗产的技术来确保生态友好性，从而增强了古村落与自然和谐共存。客观上，通过古村落的原生态生活和生产改善以及对村民提供服务来增加活化性。具体内容如表 6-33 所示。

表 6-33　　　　　　　　　期待效果（广义）

分类	期待效果	细部内容
经济效果	效率性节约	·随着经济型古村落的维护和管理技术开发，古村落管理主体的财政、人力负担减少
	品牌化	·通过评价认证体系化，国际技术的出口和品牌化产生经济效果
	商业化	·通过挖掘和开发丰富的古村落文化遗产价值，可以在国际上全球商业化

续表

分类	期待效果	细部内容
技术效果	技术化	·AHP 技术确保古村落保护技术的系统化 ·根据每个评价领域和指标的相对重要性以及通过 AHP 技术得出的详细项目的适用性得分，可以预定评价得分
	指导方针	·古村落 UNESCO 持续注册的评价认证技术 ·为维护管理提供指南
	定量化	·通过定性评价和定量评价技术的融合，应对古村落未来发展的技术需求，引导旅游运营及维护管理的效率和准确性，开发先进技术
社会效果	协同化	·社会公共性强的特色传统事业通过维护管理技术提高村民生活质量
	协调性	·通过开发 UNESCO 注册技术，减少对古村落文化遗产的破坏，并确保生态和谐
	活化性	·维持古村落的原生态生活和生产的关系，通过提供古村落服务增加古村落活力

以前述的评价认证指标体系为基准，总结出少数民族特色古村落保护与申遗的评价认证指标开发的经济、技术、社会层面的效果内容如图 6-17 所示。

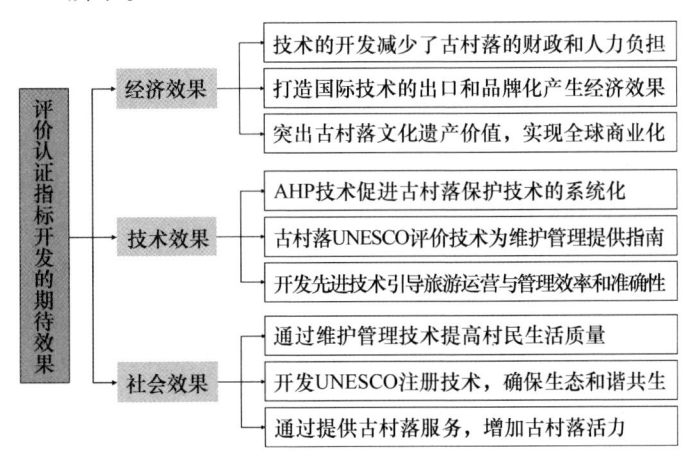

图 6-17　评价认证指标开发的期待效果

资料来源：笔者绘制。

本书证实，中国古村落保护与申遗的策略方法，对防止古村落快速衰落和减少具有良好的效果。以评价体系的推进方案为构思，可以为民族地区今后申请世界文化遗产登记提供有效指导方针。另外，从国际角度来分析中国古村落保护与申遗的评价认证指标体系，这一点具有很高的启示。特别是掌握了古村落世界文化遗产的实质性问题和应对现状，并解释其意义，这将成为今后研究的基础。在对古村落世界文化遗产评价认证指标开发的专业理解情况下，古村落能顺利入选世界文化遗产，已经成为世界共同努力的目标，具有其重大的现实意义。该研究旨在为将来其他地区古村落的可持续保护和发展提供参考。

二 改进措施

通过对古村落每个评价阶段的评价认证结果进行详细分析，确定了与初步注册为世界文化遗产的古村落保护和运营有关的核心问题。在此基础上，发现古村落保护与申遗的评价认证指标体系在每个评价认证阶段的建立和运行中存在的问题，以及各个评价领域认证状况的薄弱环节，确定了实施方面的改进措施和提高系统运行有效性的措施。

（一）古村落相关制度的改善

古村落保留了传统的建筑风格和结构形式，与现代生活空间不同，因此强烈要求将其观念转变为现代生活空间的理念，以作为居住生活和经济活动的场所。如果将村落的保护对象理解为有形、无形和村民，则可以得出另一种选择。换句话说，只有将村民作为村落的保护对象才能解决这个问题。

从这个角度出发，应该对古村落进行维护和管理，以便可以持续地维护好其历史、文化、人物、环境和景观，同时确保古村落居民的生活和生产质量。经济实力是对古村落保护和管理以及古村落居民生活水平的一种衡量。鉴于此，提出了从传统村庄的服务角度进行改进的需求。同时，关于古村落评价认证方法，现有的中国传统村落评价认证指标体系可以对定性和定量评价方法进行改进（表6-34）。

第六章　实证研究与对策建议　205

表6-34　　　　　　　　　改进方案的构建分析

分类	领域	构建内容
可持续政策的必要性	制度化	·从村民的角度出发，需要采取制度性的方法
	系统化	·需要政府部门与村民之间的信息化系统
	确保人力	·有必要确保行政专家
	确保支援	·必须实现政府的实际性补贴
建立国际网络的必要性	融合化	·有必要为古村落建立网络与传统文化的融合平台
	信息化	·建立古村落可持续发展的网络信息化平台
	国际化	·需要努力建立国际组织的网络
	体系化	·需要一个让村民分享社区意识的计划体系

将来，只有保持了数百年的自然环境和风俗习惯，才能将古村落视为真正的传统村落。为了分析中国古村落的保护与申遗问题，并提出解决措施，对中国传统村落评价认证指标体系以及保护与申遗实例进行了回顾。在分析结论的基础上，提出了对古村落相关制度的改进（图6-18），可以解决因案例应用而积累的各种问题，从而实现古村落保护与申遗的成功。

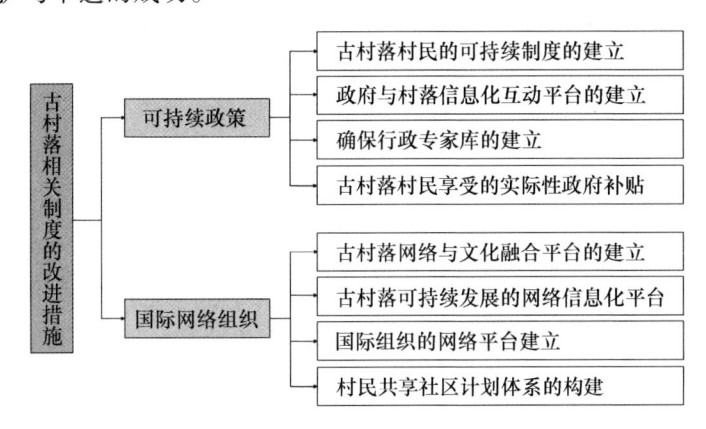

图6-18　古村落相关制度的改进措施

资料来源：笔者绘制。

对于因体系改进而选择的综合评价体系的改进方法的案例应用方案，有必要根据评价等级定量定性应用评价认证指标，建立与古村落相关联的体系，以便可以改进应用方法。至于评价认证标准，需要建立一套实用性强的系统来设定评价对象与范围。

（二）预备入选的中国古村落的实际改进措施

根据选定的综合评价和改善方法的案例适用方案，通过评价等级、定量适用评价认证指标来进行分析。作为预备入选的中国古村落相关问题的解决方案，古村落村民为了改善古村落的活动和生产带来的经济提高和古村落保护意识，培养村民领导、增加保全教育机会、增加村民的努力和政府的积极支援等。同时，为古村落和周边自然环境的关系，提出了融合、共生等解决方案。

据调查，作为中国古村落保护与发展的解决方案，古村落村民通过自发式活动参与其中，为了培养村民的可持续保护意识和乡村教育发展意识、保护原住村民的生活及生产方式、保护少数民族优秀传统文化等，加大了政府的资金支援。表6-35显示了通过应用传统乡村案例提出的问题和具体的改进措施。

表6-35　世界文化遗产预备名单中的中国古村落改善方案分析

案例古村落	改善方案		
	评价领域	对策	改善细部内容
黔东南苗族村寨	UV-Ⅱ：影响性	意识性	通过政府准则，提高当地村民的保护意识和积极参与
		活用性	有必要通过政府一级的具体准则来发展可持续利用
		丰富性	提供政策和机构的科学指导，保护系统的丰富性构建
	UV-Ⅴ：空间关系	相关性	古村落当地少数民族传统生存方法与保护目标有机联系
		关联性	可持续地维持古村落传统建筑特征保护目标的相关性
	UV-Ⅵ：无形关系	组织性	通过政府和村民组织的协同发展，有效地完整保护
		协调性	维持保护对象的和谐，协调传统建筑形式和结构特征
	UV-Ⅷ：科学保护价值性	相同性	作为一项政策，通过整体建设来发展古村落
		科学性	需要科学地利用传统设施和空间进行系统的保护与管理

续表

案例古村落	改善方案		
	评价领域	对策	改善细部内容
藏羌碉楼与村寨	UV-Ⅱ：影响性	方向性	完善村落文化价值的真实性，并落实好保护方向性政策
		价值性	挖掘和保护古村落突出的普遍性价值
		条例化	为了系统地管理古村落，需要制定村落的运营条例
	UV-Ⅴ：空间关系	真实性	村落自然形态的可持续保护，需要原始的真实保护对策
		协调性	古村落自然环境缺乏协调，需要保护对象的协调性
	UV-Ⅵ：无形关系	传承性	为了保护古村落的文化遗产，需要保护对象的传承性
		技术性	通过政府和专家的技术性指导，实现科学的评价体系化
		区域化	突出的普遍性价值和地域特征，需要进行地域化分类保护
	UV-Ⅷ：科学保护价值性	合理性	为了系统的保护，需要合理的配置古村落土地
		科学性	为了保全古村落的价值，需要制定科学的保护计划
		便利性	古村落空间的整修和改善需要体现使用的便利性
侗族村寨	UV-Ⅱ：影响性	协调性	对不一致的建筑物，在传统原型的基础上协调保护对象
		装饰性	需要对保存对象进行传统装饰
		艺术性	凸显古村落的工艺和美学价值
	UV-Ⅴ：空间关系	基础化	加强基本传统结构的维护与古村落基础设施保障
		等级化	进行古村落的分类分级保护，体现系统完整性
	UV-Ⅵ：无形关系	依存性	维护村落历史文化和手工艺传播，突出依赖保护目标
		组织性	建立专门的传统民居保护管理组织，凸显团队保护力量

三 应对策略①

为了反映少数民族古村落在中国传统文化中的特殊性，必须制定综合评价认证指标项目以及针对少数民族古村落文化遗产的具体评价体系，并通过评价认证指标体系对案例中的古村落可持续性保护与申报 UNESCO 世界文化遗产进行正确评价。必须先有建立指标的意识并制定评价方法。为了开发古村落保护与申遗的科学、效率性评价认证指标，以选定的最终 8 个评价标准、21 个指标项目为中心，进行了各领域的不同点验证。为了验证不同点的认证类型，分为不同的评价领域（有形和无形两种类别）进行分析，分析方法提出了适用案例及改善不足点的对策。具体内容如下。

（一）古村落保护与申遗的方法路径

1. 从古村落保护与申遗的研究方法体系角度实现，打造具有民族特色的古村落

在乡村振兴和新型城镇化建设进程中，伴随着少数民族古村落居民生活方式等的改变，人与人之间的联系和互动亦日益加深，在少数民族文化的传承与信息科技融合也日益频繁。各民族彼此在文化和生活上的相互包容，相互交融是社会和谐发展的主流，并由此形成了地域的优势，构建了少数民族特色古村落保护与发展应对策略的体系性文化。

可持续发展与少数民族传统文化保护，彼此间存在的矛盾与冲突在目前是不可避免的。但少数民族地区在迈向新型城镇化过程中，伴随着少数民族古村落文化间的交融日益加深，彼此间形成了较为和谐的链条，以乡村振兴和新型城镇化建设为纽带，彼此包容、相互依存，营造具有历史文化价值和自然生态平衡的保护与发展新模式②。

---

① 刘志宏：《西南少数民族地区特色古村落保护与申遗研究》，《广西社会科学》2021 年第 4 期。

② 黄勇、黄晓：《贵州民族特色村寨保护与乡村振兴路径思考》，《贵州民族研究》2019 年第 7 期。

根据古村落保护与申遗的现状，完善具体的保护与申遗的研究方法体系，需要采取"重点保护、创新性发展"的思路。少数民族古村落保护与申遗的研究方法体系由目标和体系构建两大部分组成，按照五个阶段来展开：第一阶段，主要从研究原则、研究类型和研究目的三方面来进行目标的设定；第二阶段，主要通过模型设计、结构与体系的建立，制定保护与申遗标准；第三阶段，选取古村落保护与申遗预备指标，同时确定评价领域和评价类型；第四阶段，根据第三阶段的实施，构建评价指标，并通过专家问卷调查论证指标的正确性；第五阶段，建立研究方法体系框架。具体的古村落保护与申遗的研究方法阶段性分析详见表6-36。

表6-36 古村落保护与申遗的研究阶段分析

目标构成		体系构建	
第一阶段	第二阶段	第三阶段	第四阶段
研究原则	模型设计	选取预备指标	构建评价指标
研究类型	结构与体系	确定评价领域	专家问卷调查
研究目的	制定标准	构建评价类型	评价指标认证

资料来源：刘志宏《西南少数民族地区特色古村落保护与申遗研究》，《广西社会科学》2021年第4期。

文化遗产是体现少数民族地区"古村落价值提升力"的重要手段，通过申遗将成为乡村经济的文化产业和乡村振兴发展的硬核。因此，应正视古村落文化遗产保护与申遗现状，全面分析其竞争力，建立与文化产业结构相耦合的文化遗产产业化发展新模式。

2. 从古村落保护与申遗的文化产业发展角度实现，发展特色古村落文化产业

少数民族特色古村落资源丰富、地理位置和气候条件独特，根据现有的基础条件和文化遗产价值特色，可以树立少数民族特色古村落"文旅融合"理念，打造少数民族特色古村落发展新模式。如利用大

数据时代下智慧乡村的规划设计理念,实现少数民族特色古村落保护传承与产业融合发展的新路径,促进特色古村落形成"一村一品、一村一业、一家一艺"的新格局①。

首先从保护与申遗的角度,建立遗产保护型、文化价值型和自然生态型特色古村落;其次从经济发展的角度,构建旅游观光型、科技智慧型和绿色产业型古村落;最后将无形文化遗产(如村落历史典故、村落传承人、村落民族文化)和有形文化遗产(传统民居、自然环境和经济产业等)相结合构建发展体系,不断优化少数民族特色古村落保护传承的空间布局,发挥少数民族特色古村落传统地域文化的特色价值与作用,从而提高少数民族特色古村落可持续发展能力。古村落文化产业发展体系具体如表6-37所示。

表6-37　　　　　　　古村落文化产业发展体系

类型		体系构建	
保护与申遗的角度	发展角度	无形文化遗产	有形文化遗产
遗产保护型	旅游观光型	村落历史典故	传统民居
文化价值型	绿色产业型	村落传承人	自然环境
自然生态型	科技智慧型	村落民族文化	经济产业

资料来源:李新建、朱光亚《中国建筑遗产保护对策》,《新建筑》2003年第4期。

3. 从推进古村落保护与申遗路径实现,为营造乡村振兴和城镇化建设的体系构建奠定基础

在对少数民族古村落保护背景下的新型城镇化建设过程中,古村落传统文化保护与申遗相结合是实施乡村振兴和城镇化建设体系的基础。建立起少数民族文化和古村落保护与申遗的相互关系,为少数民族乡村振兴和城镇化建设文化体系的构建提供良好的人文基础和环境空间。

---

① 李伟红、鲁可荣:《传统村落价值活态传承与乡村振兴的共融共享共建机制研究》,《福建论坛》(人文社会科学版)2019年第8期。

(二) 古村落保护与申遗的体制机制保障

以古村落保护与申遗的体制机制为核心，优化古村落保护与申遗的体制机制，强调古村落文化遗产评价指标要素的价值选取，从古村落自然环境、传统文化、活态传承、文化遗产的独特价值等方面，为少数民族古村落可持续发展提供科学有效的制度性保障。

1. 构建古村落文化遗产的独特价值活态传承与保护振兴的共融机制，赋予共建机制的创新体系

少数民族古村落的多元化文化价值传承与活态化保护发展是一个有机融合的共建机制体系。延续少数民族古村落的传统文化、传统建筑与文化遗产价值的活态保护，强调少数民族古村落活态化保护方法。明确村落保护与发展中的核心主体，合理制定少数民族古村落的保护范围和保护对象，把少数民族古村落分为控制保护区、核心保护区和协调保护区。将少数民族古村落的原始风貌、历史街区和文化遗产等进行长期的保护管理，并科学制定古村落保护与申遗的长效机制和顶层规划设计方法与体系。

2. 构建古村落人居环境与保护申遗的共享机制

促进少数民族古村落保护与申遗的协同创新，分类制定好古村落保护与申遗、振兴的协调与共享机制。在乡村振兴战略规划的指引下，积极做到古村落村民全民保护、全民发展，推进城镇融合发展，促进村民经济收入不断提高，改善村民的生活生产条件，提升村民的生活质量，使村民有更多的获得感、幸福感和安全感。

同时，也要让村民积极参与到古村落的建设队伍中来，成为古村落保护的真正主人。挖掘少数民族古村落的历史、文化等特色价值，把少数民族古村落的保护与申遗作为长远发展来规划。充分利用少数民族古村落申遗的机遇，使少数民族古村落保护与申遗有机融合，激发古村落的活力，实现少数民族古村落活态化保护与申遗的协调发展、和谐共融。

3. 多元化协同参与古村落保护与申遗的共建机制

古村落所凝聚的农耕文化、传统文化传承、文化遗产价值、生态

宜居价值、原始生产价值与民俗民风的村落共同体价值等综合多元化遗产价值，传承中华优秀传统文化、少数民族的历史记忆、生产生活智慧、文化艺术结晶和地域文化特色，维系着中华文明的根和文脉，蕴含着各民族的乡愁①。

优化古村落保护与申遗的体制机制，为古村落可持续发展提供科学有效的制度性政策。落实政府、村民和社会群体等协同合作，充分调动其积极性。加大财政与人力的投入，建立少数民族古村落保护与申遗的专项资金，设定多元化奖励方式，重点支持少数民族地区古村落的规划建设。

因此，古村落保护与申报世界文化遗产是一项关系到中华民族传统优秀文化传承与再生、国际文化地位提升与文化演进、建设文化强国与文化自信的重大工程，需要构建以政府主导、村民自主、专家参与等多元化社会协同参与少数民族古村落保护与申遗的共建机制，科学有效地推动少数民族古村落保护与申遗的长效工作，具有重大的现实意义。

（三）古村落保护与申遗的策略②

古村落保护与申遗，需要遵循科学的原则，同时需要做好长期系统的规划设计。古村落保护与申报世界文化遗产是目前国家发展少数民族地区需要迫切解决的一个瓶颈问题，分析其部分矛盾与问题③，需要科学地保护与发展的措施和原则，同时需要做好长期系统的规划设计，探索适应少数民族地区古村落特点的文化遗产保护与申遗策略。

本书从少数民族地区古村落保护与申遗的策略研究出发，研究分析出古村落的原始自然形态文化、少数民族传统文化传承与文化遗产保护发展密切相关。本书论述了古村落保护与申遗的评价体系建构方

---

① 李新建、朱光亚：《中国建筑遗产保护对策》，《新建筑》2003年第4期。
② 刘志宏：《西南少数民族地区特色古村落保护与申遗研究》，《广西社会科学》2021年第4期。
③ 刘志宏：《绿色经济视角下古村落绿色改造设计》，《建筑经济》2021年第6期。

法与路径，从古村落文化背景、生活方式、发展趋势、保护与申遗的经验教训等方面加以分析，确定了古村落专业化、保护与建设、特色文化传承等的应对策略。最后提出了少数民族古村落保护与申遗的基本思路与相关建议，以及古村落世界性文化遗产的价值评价体系建构路径。

少数民族古村落保护与申遗的具体应对策略分为四大模块进行展开：第一，制定专业化、习俗化应对策略；第二，确定少数民族古村落保护与建设的应对策略；第三，构建少数民族古村落特色文化传承的应对策略；第四，对列入世界文化遗产名录的古村落进行实证分析的应对策略。具体少数民族古村落保护与申遗应对策略的总体框架如图 6-19 所示。

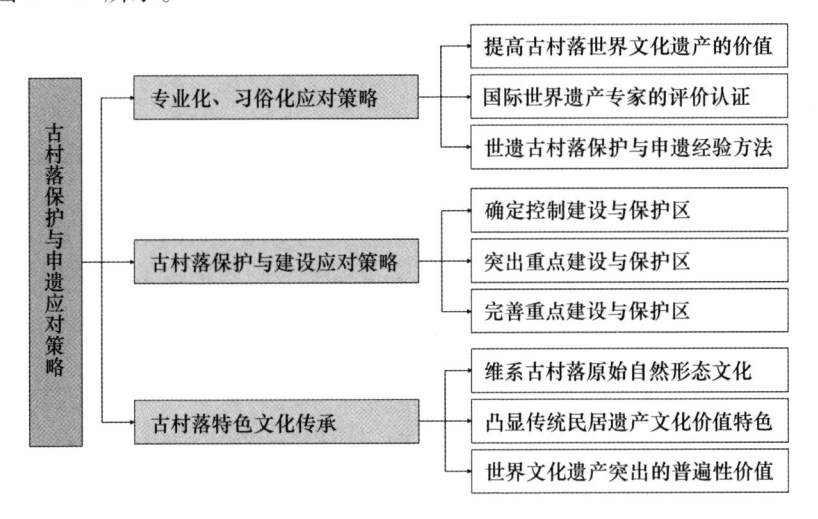

图 6-19　古村落保护与申遗应对策略的总体框架

资料来源：笔者绘制。

1. 制定专业化、习俗化应对策略

根据世界文化遗产名录入选的最重要条件——"突出的普遍性价值"和"真实性""完整性"，来构建少数民族特色古村落保护与申遗策略。具体措施为：首先，建立完善的体制性保护与申遗的科学管理机制；其次，建立专业化组织和学术研究团队，对古村落文化遗址进行客观、专业和深入的考古研究，开展古村落文化遗产价值的挖掘与标志性调查；再次，通过国内外优秀文化遗产保护与管理案例比较，挖掘古村落文化遗产的突出优势和普遍性价值（OUV），证明少数民族特色古村落文化遗产保护的重要性；最后，通过国际考古等各领域专家的建议与评价认证，加强古村落文化遗产保护、管理，制定世界文化遗产登记条例。

2. 确定古村落保护与建设应对策略

构建囊括少数民族特色古村落生活群体、民居和自然环境等要素的总体构架，基于对古村落原始风貌建设和保护现状与问题的分析，总结出"人、自然、古村寨、民居"整体保护和建设发展途径，以实现古村落保护与建设的平衡。具体措施如下。

措施一，明确建设区与保护区。根据世界文化遗产登记标准的变化，确定文化遗产建设区与保护区，确定少数民族特色古村落保护与发展中的核心主体，合理制定特色古村落的保护范围和保护对象。从保护分区上把古村落分为控制保护区、核心保护区和协调保护区。对古村落的原始风貌、历史街区和文化遗产等实行长期的保护管理，科学制定保护与申遗的长效机制。在无形遗产方面，根据少数民族特色古村落文化遗产的特殊性，对古村落的工艺技术等无形文化遗产加以保护。在整体景观环境方面，增加古村落景观文化遗产及突出的普遍性价值标准的整合，对古村落建设区与保护区进行强制性管控。

措施二，确定重点建设与保护区。由政府主导，对文化遗产区域全面进行调查，明确重点建设与保护范围。将历史和文化底蕴深厚、风貌特征明显的少数民族特色古村落和传统民居为抢救和保护重点进行分级分类保护与建设。由当地主管部门对古村落实施挂牌保护，统一管理，并与其他建设与保护区做好协调。

3. 古村落特色文化传承应对策略

探讨少数民族古村落在申报世界文化遗产时，积极应对世界文化遗产名录列入标准的模式转变。凸显古村落文化景观特色，整合通用价值标准。世界文化遗产名录的列入标准从有形物质文化遗产的保存转移到人类和文化景观的保存，通过整合文化和自然遗产，将世界遗产 OUV 标准分为 10 类，并增加"文化景观、城镇、运河和路线"有关的附加文件，体现特色古村落世界文化遗产的整体性价值①。结合世界文化遗产名录列入标准的转变，主要从以下几方面加强特色文化传承。

一是加强古村落的原始自然形态文化的规划与保护，做到科学规划，典型保护。首先需要规划先行。对少数民族古村落进行准确定位和科学规划，依据古村落的特色，结合少数民族地区经济发展政策，科学制定古村落原始自然形态文化的保护规划。其次就是要对古村落原始自然形态文化进行典型性保护，以起到典型示范作用。

二是突出古民居的文化价值特色，并活化古村落的文化资源价值。首先，根据文化遗产保护、文化产业、文化经济学等多学科理论，通过文旅融合的形式带动少数民族古村落的文化资源保护与利用，凸显古民居的文化价值特色，以古村落山水文化为基础、文化资源价值提升为目标，实现文化遗产活化。其次，系统分析少数民族地区古村落文化资源保护困境及活化的现实需求，深入分析古村落文化资源的价值构成和古村落文化资源活化机理，进行价值评估，以此作为活化古村落的文化资源的依据。最后，充分体现少数民族古村落的稀缺性和独特性以及历史文化价值，制定古村落文化遗产的可持续性保护原则。

三是突出世界性文化遗产的真实性价值和完整性价值。从少数民族特色古村落文化遗产价值的真实性和完整性来考虑，文化遗产通过修复和更新两种技术路径来体现真实性价值和完整性价值。在保护文化遗产真实性的同时，必须保证它的完整性价值，这是对文化遗产保护的战略性策略。

4. 对 UNESCO 列入世界文化遗产名录的古村落进行实证分析策略

通过对世界文化遗产正式名录与预备名录的中国古村落保护与申

---

① 刘志宏：《基于绿色建筑评价下传统村落可持续发展研究》，《中国建筑学会学术年会论文集》，苏州，2019 年。

遗的成功案例进行分析与构建评价认证指标体系的研究，总结其保护与申遗的方法经验，并从中找到适合少数民族地区古村落保护与申遗的方法与借鉴之处。

前文提到的几个古村落申报联合国教科文组织世界文化遗产的成功案例，为其他古村落申报提供了基础和经验。可以通过对这些成功案例进行分析，总结其方法与路径，并从中找到适合少数民族古村落保护与申遗的方法。具体策略如下。

一是通过成功案例分析，把握中国传统村落名录和少数民族村寨挂牌命名的古村落文化遗产的整体布局及具体特征。

二是对少数民族古村落保护与申遗的过程进行分析与研究，挖掘少数民族古村落的地域文化特征及历史文化价值。

三是以定性与定量相结合的评价方法确定文化遗产价值指标，制定出科学有效的古村落保护与申遗机制与方法体系。通过政府主导、各界推动，积极争取古村落入选世界文化遗产预备名录。

（四）古村落保护与申遗的决策性建议

在大数据、国土空间规划战略等背景下少数民族地区古村落保护与申遗的策略与路径，必须符合乡村振兴战略规划的本质内涵，把握好目前美丽乡村建设的方针政策。需要注重少数民族的地域文化和本土的乡村战略规划，同时也需要注重少数民族古村落的可持续发展和村民生活改善等的一系列关键问题。据此，本书提出以下几点决策性建议。

1. 政府层面的建议

第一，为了快速落实少数民族地区古村落保护与申遗评价体系的构建，必须以改善原始古村落村民的生活为前提，探索少数民族古村落的可持续发展新理念，确定好古村落发展的科学性。第二，扩大古村落建设与保护的范围和促进古村落可持续发展，通过政府财政支援及补偿村民措施政策等，来完善少数民族地区古村落保护与申遗的大数据平台建设和少数民族古村落规划的方向性制定。第三，加大力度开发古村落文化遗产保护的大数据共享平台和古村落信息化基础设施建设。第四，应用政府调节职能，构建古村落保护与申遗的评价模型，推动智慧村落的发展。

2. 专业单位的建议

第一，在不同古村落的评价类型中，探讨古村落保护与申遗的新模式。第二，加快古村落文化遗产保护的信息化平台设计与投入，培育文化遗产特色保护人才和创新设计团队。第三，建立古村落设计服务平台，实现信息化共享。

3. 重要观点

第一，基于文化遗产在国土空间规划体系中的重要地位，乡村振兴建设下少数民族古村落建构的新视角与新示范，创新性地提出定性评价和定量评价应用于古村落保护与申遗体系的构筑。第二，针对古村落保护与申遗的评价认证指标开发与实现路径研究，利用比较分析的方法策略来实现少数民族地区古村落的可持续发展。

4. 实施策略建议

第一，实现古村落可持续发展与文化遗产大数据共享。通过建立民族文化遗产资源保护与古村落建设规划两者的协同发展，做到少数民族古村落智慧应用与文化遗产大数据共享发展的评价体系建构，使其一体化发展。第二，国土空间规划战略背景下古村落文化遗产保护体系构建的新方法与新路径，促进民族地区古村落可持续发展的地域适应性理论体系的构建。增加了研究成果的科学性和应用价值。第三，探索古村落保护和申遗协同创新的关键技术研究成果走向应用，为打造全球化古村落文化遗产价值体系的构建提供思路，向全球推广和宣传。注重大数据文化遗产保护资源的整合和信息化共享，在古村落保护与建设模式和优秀文化传承及古村落可持续发展的方法上具有前瞻性。

第七章
古村落可持续发展

近年来，我国政府对于古村落的可持续发展问题比较重视，且在政策上支持力度也较大。从政府层面对古村落实施了一系列规章制度和政策支援，比如2017年中国共产党第十九次全国代表大会中提到"不忘初心，牢记使命——加快生态文明体制改革，建设美丽中国"；2014年，中共中央、国务院印发了《国家新型城镇化规划（2014—2020年）》；住房和城乡建设部、文化部、国家文物局、财政部以建村〔2014〕61号印发《关于切实加强中国传统村落保护的指导意见》等实际举措。在政策上虽然出台了一系列文件和措施，也有了一定的观念改变，但是在真正的意义上，为了更好地保护古村落，需要更科学的、体系化的保护对策。即古村落的保护与发展必须形成体系化对策，最好的途径之一是与世界文化遗产的保护与申报相结合，通过古村落的保护与申报世界文化遗产来完善我国的村落建设体系。

第一节 依托申遗的基础来进行古村落保护与发展

一 古村落可持续发展的相关案例

可持续发展的古村落是指现今居住地在未来也会完好保全与持续发展下去的村落。一般可持续的古村落，未来也要持续着传统村落的文化和历史意义,具体的是与传统村落的历史文化、生产活动和景观建筑遗产等相关,环境很健康,生产有经济性。即使在活用方面,也有一定程度的存在价值性,其更深层次的意义在于古村落文化建设、经济等多方面综合改善和可持续提高,这就是所谓的可持续发展的古村落。

因此,在古村落的诞生、成长、衰退和更新的发展过程中,古村落的保护不只是一种静态式的保护,应在继承好古村落民俗民风的村落文化前提下,将古村落的文化遗产保护和自然环境提升成为村民生活中不可分割的一部分。辅以完善的整体布局规划,为古村落的可持续发展提供积极的应对策略,提升古村落保护的有效保障,促进古村落的可持续发展。

少数民族古村落是村民生产和生活的主要场所,是村民赖以生存的基本条件。少数民族特色古村落民族文化深厚、生活环境优美、自然气候条件好,是民族发展的历史见证和乡愁记忆。通过分析古村落的营造形式及文化遗产的保护与申遗等要素,进一步分析古村落传统文化特征的形成与保护及发展的依存关系,凸显古村落可持续发展的规划路径,深究不同地域古村落的保护与申遗策略的方法[1]。

(一)西南少数民族地区的侗族程阳八寨

1. 古村落的空间构成和民居条件

该村落位于广西壮族自治区柳州市三江侗族自治县东北部,由8个自然侗族古村屯(大寨、岩寨、董寨、平寨、平铺寨、平坦寨、马鞍寨、吉昌寨)组成,俗称"程阳八寨"。林溪河贯穿8个古村落的主要节点(图7-1),将这些村落连接起来。

其中,以马鞍寨为首的古村落有着悠久的历史和传统文化,马鞍寨由梨树山林的空间结构组成的,矗立于稻田与江河围绕之间。乡村河流为南北流向,并充分利用了特色的地形位置和水资源。民居与村

---

[1] 刘志宏:《西南少数民族特色古村落保护和可持续发展研究——基于韩国比较》,《中国名城》2019年第12期。

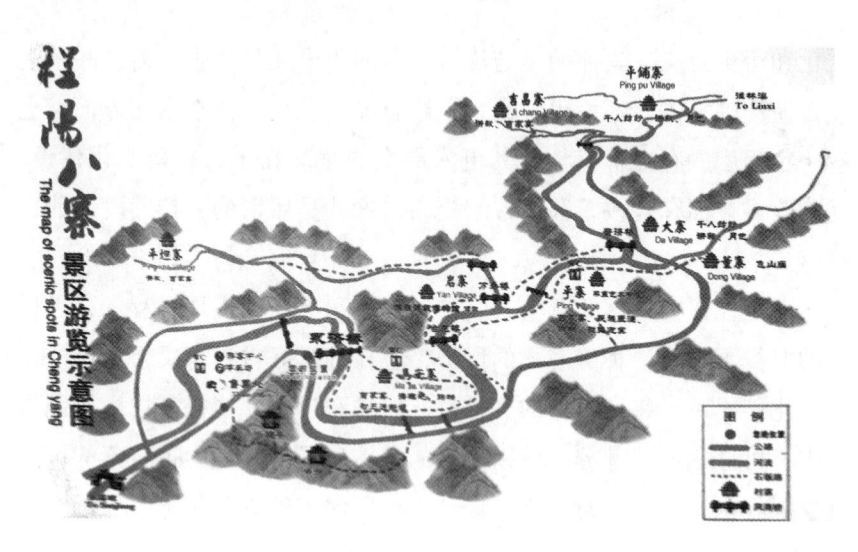

图7-1　程阳八寨的村落空间构成分布

资料来源：笔者拍摄。

落环境形成了独特的风景线（图7-2）。古村落东边的程阳风雨桥矗立在村落的入口处，形成了这8个古村落的重要历史建筑文化遗产代表。

图7-2　侗族村寨全貌

资料来源：笔者拍摄。

2. 古村落的文化遗产现状

1982年"中国—芬兰文化考察团"对三江侗族自治县进行了现场考察,两国考察团签订了合作协议,创立了侗族研究会、非物质文化研究会、侗族木造建筑研究中心及"无形文化遗产"的保护中心等侗族文化研究组织机构。2013年被联合国教科文组织列入世界文化遗产预备名录,其中有126件遗产被指定为国宝,保全完好。

3. 古村落的资产

代表性侗族民居有马胖鼓楼、平寨等,都是明朝之前的建筑。还有侗族大歌、侗族戏等3处项目被列入"无形文化遗产",其文化遗产详见表7-1。

表7-1　　　　　　　　　　侗族程阳八寨的遗产

古村落的人工空间要素	个人空间要素	演出戏台、侗族油茶景观园等
	精神空间要素	马胖鼓楼、侗族庙、侗族博物馆等
	社会空间要素	程阳风雨桥、侗族戏、侗族大歌等
古村落的自然要素		马鞍寨、大寨、董寨、平寨、岩寨、林溪河等

资料来源:刘志宏《西南少数民族特色古村落保护和可持续发展研究——基于韩国比较》,《中国名城》2019年第12期。

(二) 西南少数民族地区的龙脊金竹壮寨

1. 古村落的空间构成和民居条件

该村位于广西壮族自治区桂林市龙胜各族自治县东南部,以梯田为中心通过金山来连接各个村落,民居散落在梯田和山谷之间,形成了一道自然的天山仙境风景。古村落依山傍水,依据天然的地形充分利用了自然资源。梯田、民居、古村落寨门等文化特性空间的合理布局,流动性容易,做到了柔软的布局效果,古村落和生态景观等各种要素都被融合在一起。侗族民居的构筑体系比较特别,一般为三层到五层木结构建筑,从而使古村落形成了独特的风景(图7-3)。

图 7-3　侗族村寨民居建筑形态

资料来源：笔者拍摄。

2. 古村落的文化遗产现状

1992 年该村落被联合国教科文组织列入世界文化遗产预备名录，成为许多古村落的典型代表。在美国举行的第 16 届圣达菲会议上，联合国教科文组织的世界文化遗产委员会和专家们在世界文化遗产名录中，对文化景观优秀的村落提出了保留性价值建议，68 项遗产被指定为国宝，保存状态良好。吊脚楼和梯田等被指定为具有代表性的文化遗产保护对象。

3. 古村落的资产

村落的龙脊茶馆、族庙、吊脚楼、梯田、分水岭、百年古井等为侗族民居及环境的代表。这些村落遗产都是明朝之前建设的。另外，侗族戏、侗族大歌等 2 项被列入"无形文化遗产"，具体的古村落文化遗产详见表 7-2。

表 7-2　　　　　　　　龙脊金竹壮寨的遗产

古村落的 人工空间要素	个人空间要素	百年古井、戏台等
	精神空间要素	魔伊大王雕像、龙脊茶馆、族庙等
	社会空间要素	吊脚楼、侗族戏、古老寨门等
古村落的自然要素		金竹林、金山、梯田、分水岭等

资料来源：刘志宏《西南少数民族特色古村落保护和可持续发展研究——基于韩国比较》，《中国名城》2019 年第 12 期。

（三）古村落存在的问题

以上两处古村落虽然已经成功入选世界文化遗产预备名录，但是在古村落的保护与发展方法上还存在很多不足。从政府管理层面来分析。这两处古村落都属于少数民族地区古村落，在政府支援与管理上缺少科学性的政策方案来指导，没有制定出科学有效的古村落保护规划与管理制度。比如侗族程阳八寨在旅游业和建筑业上的管理就很不科学，现在由几个旅游公司来进行管理和运营，在新建民居和传统民居建筑上完全失去了原有的侗族文化特色，民居建筑存在"五花八门"的现象。在入选世界文化遗产预备名录后，没有深入挖掘可持续的古村落少数民族特色文化价值，也没有更好地突出真实性和完整性。总之，古村落可持续发展还需要政府主导，学术文化界不断推动，当地村民自主参与。

二 古村落保护与可持续发展的标准与原则

古村落也叫传统村落，是指中华民国元年（1921）以前已经建成的村落。村落周边的自然环境、民居建筑、历史文化、传统氛围、选址与布局、村落的原始风貌等各个方面都比较好地保存下来，并具有独特的民俗民风的村落。村落可持续发展已成为全球的发展趋势，保护与更新是村落可持续发展的重要环节。因此，需要建立古村落适宜性保护方法和可持续发展标准与原则。世界文化遗产运营方针是以评价遗产的卓越价值为标准，提出了以下10个价值评价标准。其中世界文化遗产的古村落保护与可持续发展标准详见表7-3。

表7-3　　　　古村落保护与可持续发展的标准与原则

标准与原则		古村落	
		侗族程阳八寨	龙脊金竹壮寨
限制区域的指定方法	名称	保护区＜建设区＜环境协助区＜缓冲区＜开发区	绝对保护区＜景观保护区＜环境保护区＜环境协助区
	方法	·按各种等级指定，根据等级不同限制内容 ·保护区将重点放在原型维持上，剩下区域为调整区 ·根据村落的保护计划指定新区域（开发区）	

续表

标准与原则	古村落	
	侗族程阳八寨	龙脊金竹壮寨
保护标准 （法律标准）	·《中华人民共和国文物保护法》（第18条）：可以在文物保护机构周围建立一定规模的建设控制区，并将其向社会发布 ·《少数民族特色村寨保护与发展规划纲要》（第3条）：根据类型，要保护传统的文化和构造的技艺。民族古村落的建筑样式和村落风貌要互相协调和维持 ·《广西壮族自治区文物保护条例》（第3条）：文化遗迹、古墓、石窟寺院等，被归属为国家所有。对国家的指定和保护的纪念建筑物、建筑、石刻等必须实行条例	
《世界遗产公约》的内容	·《世界遗产公约》（第17条）：缓冲区为了给遗产提供保护功能，围绕着遗产进行使用。需要保存的文化或自然遗产，要把适当的缓冲区设置在遗产周围，采取必要的保护措施	

资料来源：刘志宏《西南少数民族特色古村落保护和可持续发展研究——基于韩国比较》，《中国名城》2019年第12期。

第二节　古村落可持续发展策略

一　文化传承的可持续性策略

文化传承可持续性是指过去和现在的具有保存价值的文化可以延续到未来进行整体保护和建设的一种发展模式。尊重民族文化传统，保护古村落居住形态，利用先进科学技术进行古村落的长远保护与发展，凸显出特色古村落的传承性和可持续发展。

将古村落的传统文化延续下来，并以传承可持续的形式进行保护和开发。通过古村落的传统文化来延续乡村的记忆、村民的原生态生活、村民的民俗民风和村落文化的传承等。充分保护好古村落的传统技艺、节庆婚嫁活动、侗族大歌和侗族戏等非物质文化遗产，同时也强调古村落的原始生产、农耕生活、氏族血缘关系等文化，将其进行明确的、合理的遗存与活态化传承。古村落可持续发展与传承活力，可以通过定性和定量的方式来进行评价。在具体的古村落文化遗产价值的评价体系中，需挖掘出古村落物质文化遗产之外的非物质文化遗产、古村落的可持续文化传承等无形文化遗产的价值。

二 古村落遗产的真实性策略

古村落的可持续发展最重要的前提是突出保护的重点，首要的是确定好保护对象为古村落的自然环境。风水景观是栖息地文化遗产的特点之一，对自然生态环境保护是保护少数民族传统文化的主要内容。根据整体规划、街道空间和民居建筑等各自的空间特性，保护的中心性也会有所不同。古村落文化遗产作为村落共有的精神与物质文化财富，有效地保护和开发可以让村落文化等延续，促进少数民族地区村民经济的可持续发展。各个古村落分类保护对策如表7-4所示。

表7-4　　少数民族特色古村落保护分类及整改方式

分类	保护与整改方式
文物保护单位	复原
历史的民居	保全
普通的传统民居	外观改善
与传统相协调的民居	保存与修缮
与传统不相协调的民居	整改与更新

三 古村落遗产的价值性策略

过去的文化遗产是重视财产、法律价值及管理的概念，最近，随着文化遗产的概念，包括这些传统的价值概念在内，包括古村落村民参与在内的社会价值，即公共资源价值概念，其定义扩大了。根据文化遗产的相关概念，文化遗产不仅是根据财产概念的经济价值进行评价，也不能忽视在经济上具有的珍贵价值。市场上交易的社会经济价值分为市场值（Market Value）和非市场值（Non-Market Value），存在市场价格实际交换的市场，意味着在市场里的货币互换价值。市场价格除了在市场中互换的价值外,还是一种经济价值的价值体现。

古村落突出的普遍性价值可以通过古村落文化价值评价指标体系和文化资源经济价值体系来进行构建,古村落文化资源的经济价值可以通过古村落的利用价值和保全价值来进行建构。具体的古村落文化资源价值的组织构架关系如图7-4所示。

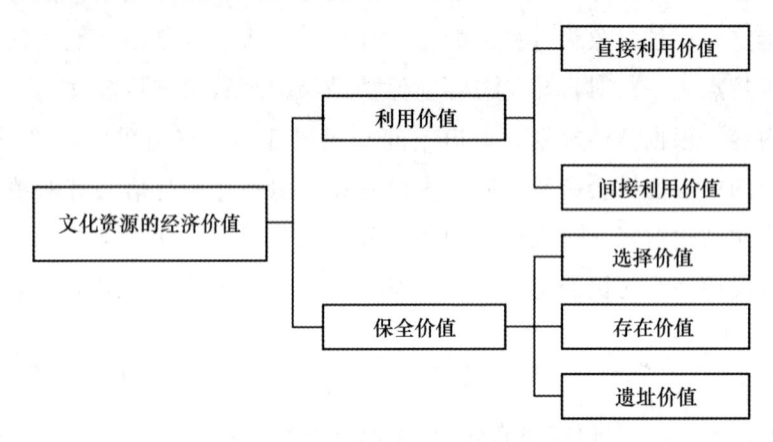

图7-4　古村落文化资源的经济价值结构

资料来源:笔者绘制。

目前,少数民族地区的古村落作为中国代表性村落,随着新型城镇化和观光村落旅游产业的发展,开发商等的过度开发,缺乏政府主管部门的监督和专家的保护指导,导致古村落的原始风貌等特征逐渐消退,诸多民居建筑毁坏,再加上原村民不断流失,古村落的原始生活模式受到了严重的破坏。另外,由于现代人的生活要求越来越高以及现代文化和外来文化的影响等,村落民居逐渐雷同化,优秀的传统文化有消失的趋势。

因此,本章通过分析古村落的文化遗产有效保护方法和古村落的可持续发展策略以及申报世界文化遗产的研究方法等,提出了古村落文化遗产保全方法与可持续发展体系的建构路径。结合古村落的优秀案例,提出具有科学性的少数民族地区古村落可持续发展的策略体系,并为全国古村落保护与申遗的应对策略提供示范和借鉴，以建设美丽乡村为契机，进一步实现全球化古村落可持续发展的战略。

第三节 古村落可持续发展方法体系

本节通过对古村落保护与发展的探析，揭示出古村落保护与更新是乡村振兴发展的趋势。提出绿色建筑、健康建筑是实现古村落可持续发展的有效途径，对传统民居功能优化提升和绿色设计等方面有着重要的作用。针对绿色设计在古村落保护与发展中的作用进行分析，深入研究少数民族古村落传统保护与绿色更新中的方法策略，提出解决古村落可持续发展中存在的问题的措施，建立适应少数民族地区古村落保护与发展的新模式。

一 古村落保护与绿色设计的案例应用

现有的古村落评价体系在分类标准中有些项目是多余的，每个类别的重要性相对不足，需要对传统民居对应的具体项目指标进行补充和更新。另外，由于绿色建筑评价标准的最新变化，有必要重置反映该分类体系。笔者对西南少数民族地区3项被联合国教科文组织列为世界文化遗产预备名录的古村落进行了适用情况调查，以保持各村传统样式的民居建筑为中心进行调查，调查方法包括现场调查和居民测量，村民采访以及网络资料调查。对每个古村落的传统民居保护与绿色设计要素分类系统的各个项目，分别进行了适用与否以及适用时的应用技术方法认证。在对应我国绿色建筑评价标准的适用上，古村落保护与绿色设计的应用现状如表7-5所示。

表7-5　　　古村落传统保护与绿色设计应用现状分析

一级分类	二级分类	苗族村寨	藏羌碉楼与村寨	侗族村寨
安全耐久	安全	○	○	○
	耐久	○	○	○

续表

一级分类	二级分类	苗族村寨	藏羌碉楼与村寨	侗族村寨
健康舒适	室内空气品质	○	○	○
	水质	○	○	○
	声环境与光环境	○	○	○
	室内热湿环境	○	○	○
生活便利	出行与无障碍	×	○	×
	服务设施	○	○	○
	智慧运行	○	○	○
	物业管理	×	×	×
资源节约	节地与土地利用	○	○	○
	节能与能源利用	○	○	○
	节水与水资源利用	○	○	○
	节材与绿色建材	○	○	○
环境宜居	场地生态与景观	○	○	○
	室外物理环境	×	×	×
提高与创新	设计与管理	○	○	○
备注	○ 适用　× 不适用			

资料来源：刘志宏《绿色经济视角下古村落绿色改造设计》，《建筑经济》2021年第6期。

从表7-5可以看出，由于将本书的古村落传统民居保护与绿色设计应用于少数民族地区的古村落，在大多数古村落中绿色建筑评价标准适用性很高，该评价体系用于评估更多的古村落传统民居保护与绿色设计要素，已经确认是可行的。此外，由于绿色建筑评价标准评估了古村落传统民居绿色设计要素，推导出适合古村落传统民居保护与绿色设计的元素。因此，对于古村落的可持续发展，传统民居保护与绿色设计具有极为重要的作用和必要性。其整体的设计构思首先要考虑的是古村落的文化及环境的设计内容等，保证在设计的步骤上做到从整体到局部的适宜性效果。

二 古村落保护与绿色设计方法

随着乡村振兴的进程，我国古村落中的新建传统民居始终未体现绿色建筑和健康建筑的设计理念，而且部分新建传统民居的建设给自然环境带来了前所未有的破坏与污染。如何在完整性、真实性保护的基础上，进行绿色更新是比较重要的发展规律。因为很多新建民居忽视了人居功能优化提升和自然生态营造相结合的特点，应协调民居与环境的和谐关系，更要协调人与环境的和谐共生的关系，使人在村落中感受生态、享受自然，并且理解和尊重自然生态平衡模式。打造以人为本，注重功能提升和绿色更新理念。

绿色设计（Green Design）也称生态设计（Ecological Design），根据古村落传统文化实施绿色设计，侧重适宜性、高效性和环境保护性，通过科学的设计手法，提高对能源和资源的利用效率，减少不可再生资源耗费，有选择地借鉴古村落传统民居文化及传统建造技术，实现技术的人文提升[①]。

三 古村落保护与绿色设计的模型构建

绿色健康建筑作为村落可持续发展的一种民居形式，其出现的目的与要求是满足居民的高水平物质需要与精神需求。同时也为适应目前全球气候恶化带来的环境破坏，提供一种新的设计路径。

对于村落的保护，不应该只以静态的保护方式为主。古村落的可持续发展是动态的过程，不仅需要长时间去规划和发展，也需要大量的人力物力去维护。对村落的文化价值评价认证后进行分等级归类保护，其中文化价值高的传统民居、文物建筑、历史建筑、历史街巷等需要重点保护，其他村落的文化遗产后续保护跟进，主次分明、动态与静态相结合的保护措施。村落的可持续发展要和现代化的新理念相结合，让村民也参与其中，成为保护的主体，才能更

---

① 刘志宏：《绿色经济视角下古村落绿色改造设计》，《建筑经济》2021年第6期。

好地进行古村落的活态保护和可持续发展。满足村民生产生活的基本需要,增加村民对本村落可持续发展的认同感,并参与到其中来建设与管理,促进村落资源的充分利用,也用来提高村民自力更生的能力。

对古村落的文化价值评价是保护的基础,古村落可持续发展才是最终目的。西南少数民族地区的古村落要想长远发展,必须坚持绿色更新的理论。"绿色"与"保护"相辅相成,以保护为核心,以绿色设计为技术基础,两者有机结合。古村落的绿色更新是在保护村落原有的特色风貌及历史文化价值的前提下,对古村落的历史文化、生态资源、自然环境和社会经济等四个方面进行整体的可持续,使古村落这一优秀的历史文化遗产得到有效的传承。具体的古村落保护与绿色设计的模型构建详见图7-5。

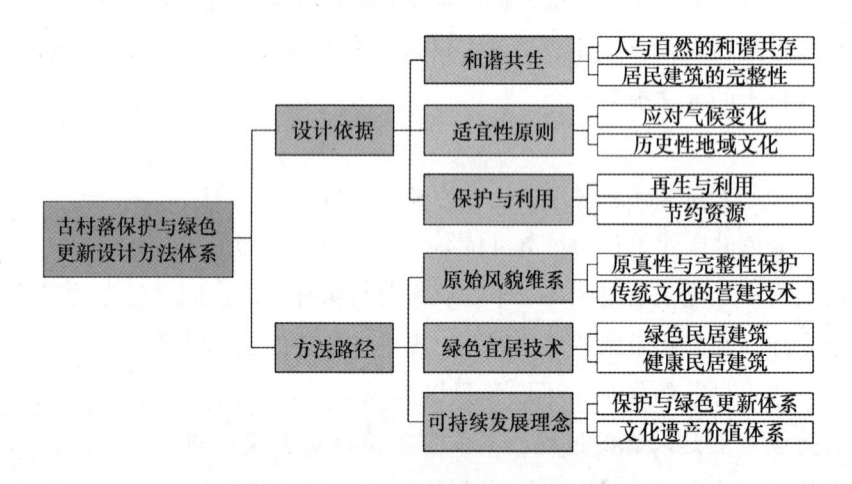

图7-5 古村落保护与绿色设计的模型

资料来源:笔者绘制。

在今后的研究中,需要把绿色建筑和健康建筑技术与古村落的长期建设结合起来研究,利用现行的绿色建筑评价认证体系和古村落传统民居保护与更新体系结合起来,对古村落保全、修缮和可持续发展等进行定性与定量的评价。

因此，本节方向定位在古村落传统保护与绿色设计研究相关方面，特别是传统民居绿色设计与评价认证在少数民族地区应对气候恶化的效果研究。

四 古村落可持续发展体系构建①

随着乡村振兴的实施，古村落的可持续发展面临着新的挑战与机遇。小城镇特色营造背景下可持续发展的观念越来越深入人们的思维。维系自身健康和持续繁衍，是人类最基本的权利与义务。绿色评价是实现古村落可持续发展的有效途径与趋势，对改善古村落人文环境和补充自然环境等方面有着重要的作用。由于目前世界环境恶化非常严重，中国原始传承下来的古村落及古建筑在不断消失，古村落绿色发展研究同时面临机遇与挑战。

把绿色建筑技术与传统村落的长期建设结合起来研究，将现行的绿色建筑评价标准和传统村落绿色评价体系结合起来，对古村落可持续发展等进行定性与定量的评价。

因此，本节方向定位在绿色民居建筑技术在应对气候恶劣变化下的效果研究。在典型案例上选择中国传统村落现行的评价体系与世界文化遗产评价认证体系作为比较案例来进行展开，目的是古村落的可持续性保全和世界文化遗产的申报与登记。并结合绿色住宅建筑评价标准，最终该评价体系分为3个大项标准（方法上采用定性和定量评价）。从现有的绿色建筑评价体系（表7-5）和传统村落评价体系两方面进行分析总结，提取出适合少数民族古村落的绿色评价标准②。具体的少数民族古村落可持续发展体系构建详见表7-6。

本章以古村落的活性化设计为研究对象，寻找少数民族古村落保护与绿色设计的方法路径，并将其应用于古村落可持续发展中。基于应用现状调查和对传统保护与绿色设计的应用要素，重新建立

---

① 刘志宏：《绿色经济视角下古村落绿色改造设计》，《建筑经济》2021年第6期。
② 刘志宏：《绿色经济视角下古村落绿色改造设计》，《建筑经济》2021年第6期。

了少数民族古村落保护与绿色设计方法体系，并分析改进缺点，最终得出改进计划。结合绿色建筑技术手段，对传统民居低能耗技术进行研究，探索建立生态宜居的美丽乡村，为构建古村落可持续发展评价体系奠定科学依据和理论基础。本章具体的结果有以下几个方面。

表7-6　　　　　　　　　古村落可持续发展体系

评价领域	评价指标	评价指标权重	一般民居建筑	公共民居建筑
健康宜居	自然环境	10	●	●
	人工环境	5	●	●
	精神环境	5	●	●
	生态环境	10	●	●
	能源与环境污染	10		●
绿色民居	传统文化传承	5	●	●
	节能与节地利用	10	●	●
	节水与节材利用	5	●	●
	室内环境品质	5	●	●
	创新设计	5		
掌上村落	古村落文化遗产	10	●	●
	村民素养与村民印记	5	●	
	古村落历史与人物	5		●
	绿色科技与教育	5		
	古村落特色文化产业	5		●
合计	15	100		

　　首先，通过对少数民族地区3项世界文化遗产预备名录的古村落进行适用情况调查，根据6项一级分类和17项二级分类，制定出古村落传统保护与绿色设计的目标框架。通过本书的前期相关文献及研究成果进一步探索，发现影响人类生存环境和人类健康的主要因素不全是现有的垃圾制造等，而是建筑及环境设施本身引起的。因此，研发绿色民居低能耗和修缮传统建筑等的技术方法，开发有效的绿色建

筑防止环境恶化以及伤害人类身体健康及生命,对于防止传统村落消失、防止气候恶化,增进人类身体健康、生活环境得以改善具有重要意义。

其次,通过建立古村落传统保护与绿色设计方法模型,形成科学的技术体系。针对目前"绿色发展"理念的指引,借鉴韩国建设技术研究院出版发行的《绿色住宅建筑认证标准 G-SEED 2016 v1.2》国家标准,并针对我国古村落保护与发展的现状,参考中华人民共和国住房和城乡建设部出版的《绿色建筑评价标准》(GB/T 50378 - 2014)国家标准,从因地制宜、全寿命周期、可持续性评价的角度出发,尝试运用层次分析法、BIM 技术评价方法建立评价认证体系,针对我国古村落可持续发展体系进行研究。

最后,通过少数民族古村落保护与绿色设计方法体系进行评价认证,并分析存在的问题。掌握绿色建筑和健康建筑在古村落保护与绿色设计中的建设机制及应用方法,建立古村落新的建设思路、新型功能的古村落、美丽原始村落、新的民居绿色设计思路及新技术方法研究,形成科学的技术体系。为合理开发传统村落,加强与少数民族地区的合作创建有效路径,同时为保护生态环境提供技术支持,对于促进我国的古村落可持续发展具有潜在的科学性实用价值。最终营造出"会呼吸的、懂情感的、原始生态的、长寿健康的"绿色民居建筑。当今国际环境,倾向原生态生活、回归自然。目前绿色建筑技术越来越引起各国建设部门和学术研究机构的重视,"Green"越来越受到世界各地居民的认可。因此,本章将研究重点放在基于绿色建筑评价体系在古村落可持续发展的应用研究方面,构建出古村落可持续发展体系。

第四节 古村落优秀传统文化创造性传承与创新性发展研究

现代传承与发展是指传统文化原型中创造新价值的一种风格。本节以西南少数民族优秀传统文化为例,提出了利用少数民族的传统智慧方法来构建特色古村落的文化模式。基于西南少数民族的地域性和历史性特征来挖掘特色古村落的传统文化精华与现代传承的结合点,并分析实现优秀传统文化的创造性传承,推动特色古村落优秀传统文化的传播与实现路径。从保护与发展方面提出策略方案,旨在为当前古村落传统文化可持续发展提供新的视角。将理论与方法应用到实际的古村落保护与发展中,提升少数民族的文化自信[①]。

一　古村落优秀传统文化资源的再认识

(一)民族优秀传统文化

民族的传统文化起源已发展成一种原始的文化形式,即通过对自然的本能崇敬来崇拜自然的民间传说。大多数少数民族仍然保留着原始文化的形式,包括壮族、侗族、瑶族、白族、彝族、哈尼族、高山族和布朗族等55个少数民族都保留着各自的原始文化特色。同时也有着各自的民族信仰,西南地区仍然保留着图腾信仰和祖先崇拜,其中白族是对古村落中神的崇拜等信仰。

少数民族地区古村落的村民住房样式是由气候条件和经济生产方式决定的,大致可分为五类:流动房屋、花园房屋、干栏式房屋、土屋和石屋。在西南部地区,由于温度较高且经常下雨,因此在二楼一般会建有畜牧或农用设施等。这些干栏式风格的住宅是由壮族的干栏式民居、侗族的风雨桥和苗族的高大房屋而出名(图7-6)。云南的彝族和哈尼族主要生活在土制和石制房屋中,而生活在北部草原上的人们则使用易于组装的帐篷来适应频繁迁徙的游牧生活和寒冷的气候,这包括蒙古族帐篷和藏族帐篷。园林风格由房屋和花园组成,白族和纳西族的房屋最具有代表性。

---

① 刘志宏:《西南少数民族特色古村落优秀传统文化创造性传承与创新性发展研究》,《中国名城》2020年第12期。

第七章 古村落可持续发展　**235**

a. 程阳风雨桥

b. 吊脚楼 　　　　　　　　c. 干栏式民居

图 7-6　壮族干栏式民居及侗族风雨桥风貌[①]

资料来源：笔者拍摄。

因此，乡村振兴战略规划的实施和特色古村落优秀传统文化的创造性传承与创新性发展离不开少数民族地区村民的大力支持和积极参

---

① 刘志宏：《西南少数民族特色古村落优秀传统文化创造性传承与创新性发展研究》，《中国名城》2020年第12期。

与，在历史文化的演进过程中通过少数民族群众自己创造出来的优秀传统文化根植于中华民族大众的心中，其影响力极大，蕴含的优秀传统文化是少数民族地区培育文明乡风的重要文化资源①。优秀传统文化是乡村振兴发展的硬核，特色古村落文明协同之核心是加强村民文化素质，其创造性传承与创新性发展为提升古村落优秀传统文化提供技术支撑。《中共中央国务院关于实施乡村振兴战略的意见》中指出，传承发展提升农村优秀传统文化，必须"在保护优秀传统文化传承的基础上，创造性转化和创新性发展"。②

（二）民族优秀传统文化资源的再认识

为了重新发现民族文化资源，传统文化的保护范围不仅应基于古村落文化遗产之间的关系，还应基于个人文化财产或公共文化财产类型之间的关系来确定。我们必须扩展以形成古村落的优秀传统文化遗产保护区域，做到科学有效地创造性传承与创新性发展民族传统文化，将少数民族优秀传统文化资源优势转化为生产力。例如，现代和传统文化财产通常作为具有独立结构或相互关联的结构的系统运行，如在村落环境设施、村落社区、传统民居建筑、学校等应该采取集体保护措施，保证其原真性。此外，还可以涵盖古村落周围的文化环境和村民原始生活史，并使其成为受保护的主题文化。

此外，少数民族传统文化的保护范围不仅扩展到传统的农业社会，而且还扩展到现代和当代社会，从而使其具有历史性价值，记录的文化遗产成为现代科学和现代社会生活的资料素材。在少数民族特色古村落传统文化的创造性传承和发展方面，包括古村落中的生活艺术（茶艺文化、插花艺术和礼仪节庆等）和生活文化（少数民族语言文字、侗族大歌和民间技艺等），以提供科学的有效保护方法。有必要考虑古村落保护和使用文化景观、负面文化遗产（日本侵略下的毒气研究基地、拘留营和屠杀场地）和文化景观遗产等，这些景观遗

---

① 王岚：《少数民族优秀传统文化滋养文明乡风的路径》，《民族学刊》2020年第2期。
②

产象征着当时侵略者的愚蠢或残忍,并建立与少数民族地区接近的传统文化故事主题公园。

(三)民族优秀传统文化的保护意识

首先是对少数民族地区古村落生命艺术和生命文化的发现和传播,以及对古村落文化景观遗产的保护。与生活息息相关的茶道文化和插花艺术已被确立为民族文化的生活艺术,并已升华为民族艺术领域。这些生活艺术没有濒临灭绝或灭绝的危险,但它们构成了少数民族地区古村落村民们生活和传统文化传承与发展的中心,因此需要系统的保护和培育。同时必须建立一种保护与发展的法律机制,以在各类学校课程中纳入和发展我们的民族传统文化和生活艺术教育。

生活文化是我们生活中已经形成和发展的东西,与少数民族地区群众的生活息息相关。其中包括根据当地古村落环境开发的传统生活技术以及古村落学校的儿童文化游乐设施等。其中一些已被指定为民间材料并受到保护,但是在严格的"指定系统"下它们被保留并传播给人类,因此使用当前的保护方法不可能进行创造性的传播。为了改善这一点,以地方政府为中心,必须发展在生活中扎根和传播的方法,其中必须在国家一级分发和培育高价值的生活文化。此外,有必要重新审视少数民族地区群众的生活和生计以及当地气候形成的景观文化,标志着少数民族群众的基本生活和生计特征的典型或独立的传统文化景观。

二 优秀传统文化的创造性传承与创新性发展策略

(一)传统文化的现代传承和利用是古村落文化产业发展的基础

当被问到:"现代知识和信息社会将是什么样?"未来主义者预测情感时代将会发展。未来的社会可能会在追求文化中发挥作用,而文化产业将决定经济的成败。因此,为了使构成文化产业基础的文化内容在全球市场上具有竞争力,中华民族优秀传统文化必须成为文化产业发展的基础。这是因为反映群众的原始生活和情感文化不仅限于文化产品本身的传播,反而使优秀传统文化成为人类的一种喜好。

幸运的是,与追求物质文化的西方国家不同,中华民族拥有丰富多样的无形文化遗产和优秀传统文化。但是,我们传统文化功能的传递与现代社会相适应的再创造是有限度的。当前传授民间少数民族传统技能的培训是由持有者通过他们自己的讲习班或培训中心进行的,即所谓的人类文化财产。目前国家大力支持建设少数民族优秀传统文化研究中心等机构,以传授传统文化技能。但是,在无形文化遗产项目中,经济上受到关注的领域有很多传承者,但是没有人愿意放弃那些没有受到经济关注的领域。因此,我们的传统技术有被切断的危险。

我国政府正在积极推进中华民族优秀传统文化培训项目的建设,但由于处在初步探索阶段,培训中心的运营专业知识水平较低,因此国家预算支持的效果并不明显。此外,由于持有人的直接教育或操作仍保持传统文化技能的原始形式,传统文化的创造性传承和发展难度很大。而这些传统技能是增强我国文化产业国际竞争力的驱动力,并促进创造性的传承与发展。

在这种情况下,为了保留我们的传统文化技能,有必要将传统技能的传播和教育联系起来。在传统教育领域中脱节的传统文化的培训者可以通过专门教育机构的指导来掌握技术,并且在专门教育机构中组织实践培训的技能研讨会,并向公众开放,将其用作优秀传统文化的体验空间。此外,通过技术开发,以实现文化产品的传统原型的创造性传承和发展,促进传统文化的现代化传承。

(二)挖掘少数民族地区节庆文化的价值

1. 利用古村落的节庆来传播文化,增加旅客的体验感

民族地区古村落拥有丰富多彩的民族传统文化资源,需要我们去发掘其价值,并进行创造性传承与转化。根据少数民族地区特色古村落的节庆文化特点,特别是在西南少数民族地区每年的节日期间,利用节庆文化传播来增加旅客的体验感。这些区域性节日激发了当地村民的自豪感、获得感和归属感,并通过促进区域共识和认同的形成而促进了当地古村落的发展。此外,它在促进与其他地区村民之间的相

互了解，促进不同区域之间交流以及激发文化旅游资源的活力以促进经济发展方面起着重要作用。

由于特色古村落被用作旅游资源，如可以通过利用少数民族的侗族大歌和彝族舞蹈等活动，来给古村落营造生气蓬勃的生活场景。还可以通过举办古村落文化遗产的保护活动，来进行传承优秀民族文化的大型公益性活动。让村民和游客真正认识到古村落的历史文化价值。

因此，当地的节日应该反映出该地区的历史和文化，应该利用当地的文化遗产，这些遗产是该地区的历史和地区文化发展的动力。让当地村民或者导游通过易于理解的方式解释该地区独特的历史和文化的含义，并将其应用于少数民族区域节日和文化旅游项目，以便村民和游客可以适当地体验该地区的文化和历史。这是因为当地节日文化旅游资源的转换不仅能提供旅游景点作为旅游文化资源，而且在配置上为了解该地区的历史文化和展望未来发展也很有意义。

2. 利用特色古村落的节庆来体现文化价值，增强村民的文化自信

民族文化自信具有丰富的功能特征，增强村民的文化自信需要焕发少数民族优秀传统文化的新魅力，是推进少数民族优秀传统文化的创新发展[1]。为此，有必要对少数民族地区特色古村落的传统文化和村落文化遗产进行调查，并收集、整理和分析相关调查数据。其中，应综合考虑特色古村落的传统文化和自然文化资源，例如古村落的传承人、村民精神、民俗民风、特色文化产品、少数民族美食、自然风光和休闲场所（田野、森林、渔场等）。通过详细的分析，可以识别出形成西南少数民族地区传统文化的特殊条件、背景和地区性，进而可以实现对地域传统文化发展的愿景。少数民族区域节日的节目开发需要根据消费者的需求和喜好进行分类。其节日的节目应由教育类

---

[1] 王越芬、鄂丽美：《新时代文化自信的功能及实现对策》，《社会科学家》2019年第2期。

型、观赏类型、体验类型、休闲类型和复杂类型组成，并应考虑与当地少数民族文化产品的联系来制定。特别是让当地民众对自己的民族文化产生自豪感和自信感，并提高古村落村民的生活水平和文化品质。

总之，少数民族文化自信具有丰富的功能，来源于优秀传统文化的历史积淀，从中华民族优秀传统文化中获得发展动力，从社会主义核心价值观和先进文化中获得创新的力量，从而提升民族文化自信的时代内涵，彰显中华民族优秀传统文化的底蕴。民族文化自信代表着中华民族的文化需求和文化认同，象征着新时代社会主义的文化创造性转化和创新性发展①。

（三）提升少数民族古村落优秀传统文化的创新效应

传统文化的创造性传承与创新性发展具有一定的内在联系，两者协同发展。传承是对优秀传统文化的承继，这种承继具有历史文化的积淀和文化价值的转化；创新是对新文化的创造，这种创造具有未来的开创性及新思路与新手法。古村落的优秀传统文化不断融合不同时期不同民族的文化，从而形成了丰富多彩的少数民族文化体系。提升优秀传统文化的创新效应是构建中华民族文化的基础，通过利用传统智慧方法来构建特色古村落的文化创新模式，需要建立一套完整的优秀传统文化的创造性传承与创新性发展体系。

为了21世纪"现代中华民族文化"的发展，必须推进传统文化的教育，有必要在硕士和博士学位课程中进行传统文化教育。作为可以找到传统文化原始形式并可以重新创建和利用原始形式的文化，有必要培养少数民族优秀传统文化的看守员和专业评审专家。这是我们"中国人"成长和发展的基础，使其在重建优秀传统文化的原始形式中发挥作用。

因此，中国少数民族地区古村落优秀传统文化的价值转化，需要

---

① 胡建：《文化自信视域下的当代中国价值观探析》，《西南大学学报》（社会科学版）2020年第4期。

我们保护的不仅仅是少数民族特色古村落，更是古村落与文化、自然与人的原始生活方式、活着的传统文化与景观遗产。以社会主义核心价值观引领优秀传统文化的创造性传承与创新性发展，从而提升中华民族的文化自信，彰显中国文化的底蕴气度。激发出少数民族优秀传统文化的活力，将理论与方法应用到实际的古村落可持续发展和乡村振兴中去，实现人文与自然的和谐统一。

第八章
结　语

　　本书从中国古村落保护与申报世界文化遗产的方法路径研究出发，得出古村落的原始自然形态、传统文化的传承与保护发展之间密切相关的结论。以入选 UNESCO 世界文化遗产正式名录和预备名录的中国汉族古村落和少数民族特色村寨挂牌命名的古村落案例分析为基础，对中国汉族古村落和少数民族古村落的入选情况、保护与申遗的应对策略作了系统的研究分析，得出了中国古村落保护与申报 UNESCO 世界文化遗产评价认证指标体系中的两大一级指标、六项二级指标、十五项三级指标和三十八个细部指标。论述了建立保护与申遗的评价体系建构方法与路径，从古村落文化背景、生活方式、发展趋势、保护与申遗的经验教训等方面加以分析，确定了专业习俗化、古村落保护与建设、古村落特色文化传承等的应对策略，开展了中国古村落保护与申遗的深入研究。最后提出了中国古村落保护与申遗的基本思路与相关建议，以及中国古村落世界文化遗产 OUV 评价体系的建构路径。

　　本书的主要目的是保护中国古村落文化遗产的价值和古村落可持续发展，开发科学系统的评价认证指标体系。首先，了解了中国古村落的保护情况，提出了主要问题，比较了 UNESCO 世界文化遗产评价标准和中国传统村落评价认证指标体系的差异性，通过相关专家问卷调查结果分析，对关联度调查、可行性调查、指标开发、通过实例适用及指标验证，确保了评价的客观性和科学性。其次，为了提高指标的信任度和可靠性，直接适用于案例，验证了结果的客观性。最后为了弥补定量评价的局限，增加了真实性评价，提高了完成度。通过研究过程得出的主要研究结果概括有以下几点。

第一，比较分析现有评价认证标准的假设化评价指标创出。

为了具体化 UNESCO 世界文化遗产和中国传统村落评价指标的概念及术语定义，进行了文献和资料调查。这两个标准的最大区别在于，作为评价的领域和方法，联合国教科文组织世界文化遗产有六条评价标准（创意性、关系性、时间关系、过程关系、空间关系、无形关系），而中国传统村落由三个领域的评价认证指标体系（民居建筑、选址与布局以及无形文化遗产）组成。联合国教科文组织世界文化遗产评价方法是通过定性评价的绝对评价方法，而中国传统村落评价认证则是定性和定量相结合的评价方法。

在此基础上，建立了一个客观的评价认证指标，并构建了22个初步指标项目，这些指标项目比较并分析了联合国教科文组织世界文化遗产的六条评价标准和中国传统村落的三个领域的评价认证指标体系（共有20项与之相关联的详细评价认证指标项目）。

第二，为了确保评价指标项目客观性的专家问卷调查。

问卷调查以100名专家为对象对22个指标项目进行了假设化的客观评价，将关联性和重要度分为4等级（A等级100分、B等级80分、C等级60分、D等级40分）进行。传统村落评价认证指标的关联性和重要度调查结果显示A等级为59.8%，对世界文化遗产6个领域和中国传统村落20个指标项目进行了比较分析的假设化的评价认证。问卷调查分析结果显示，6个评价领域中，关系性领域的评价指标A等级最高，为76%，呈现出最高的关联性，剩下的评价领域A等级都高于50%，说明对评价认证指标项目的信任度很高。

第三，评价认证指标开发。

为了开发古村落保护与申遗的评价认证指标，将定性评价和定量评价有机结合，结合评价认证指标体系的阶层结构分析法和综合评价的方法，构建了评价认证指标体系模型。以此为基础，将焦点放在古村落保护与申遗的量化上，建立了评价目标指标、评价领域指标、评价准则指标、评价要素指标和评价细部指标5个阶层体系化的评价指标体系。对研究对象少数民族地区的适用性研究和专家评价认证，进行了一级分类2个（有形文化遗产、无形文化遗产）、二级分类6个（历史民居建筑、古村落历史街区、自然环境及景观、历史影响、非物质文化、传统生活）、三级分类为15个分析；并提出了由38个细部认证指标构成的等级化的评价认证指标体系框架的构建。

通过世界文化遗产评价标准和中国传统村落评价认证指标体系的比较分析，提出的38个指标项目中，只有22个被选定为测定评价认证指标项目。最终评价认证指标体系的8个评价认证标准分别是"UV-Ⅰ：创造性（创意性、独创性、稀缺性）"；"UV-Ⅱ：影响性（地域性、艺术性、真实性、完整性）"；"UV-Ⅲ：时间关系（传统文化的历史性）"；"UV-Ⅳ：过程关系（历史阶段关联、文化·历史延续性、传承活性化）"；"UV-Ⅴ：空间关系（自然空间关系、环境协调性）"；"UV-Ⅵ：无形关系（其他领域的关系、独特的普遍价值、依存性）"；"UV-Ⅶ：规模性（面积·容量、比率·文化空间数量）"；"UV-Ⅷ：科学保护价值性（布局合理性、使用便利性、丰富性）"。

第四，通过实例应用来验证指标。

为了验证指标的科学性和适宜性，通过实例调查显示，被列入世界文化遗产正式名录的3个地方的中国古村落得分比较高，其中安徽省西递宏村最后评价得分为88分，广东省开平碉楼得81分，福建省土楼与村落为83分。被列入世界文化遗产预备名录的5个地方的中国古村落评价得分情况为：山、陕古民居：丁村和党家村评价得分是76分，浙江、江苏省的江南水乡古镇得79分，西南少数民族地区贵州省的黔东南苗族村寨得70分，四川省的藏羌碉楼与村寨是68分，广西、四川、湖南省的侗族村寨得了77分。

从最终评价得分结果的特点来看，被UNESCO列入世界文化遗产正式名录的3个地方的古村落，关于创造性（创意性、独创性、稀缺性）的评价领域的指标分数整体上评价为 10 分（满分）；相对来说，关于时间关系（传统文化的历史性）的评价领域的指标分数是 15 分（满分）、11 分、15 分（满分）；但是影响性（地域性、艺术性、真实性、完整性）的评价领域，指标分数整体上评价为 11 分和 10 分，相对较低。但是从被列入世界文化遗产预备名录的 5 个地方对古村落的评价领域分析结果来看，规模（面积·容量、比率·文化空间数量）的评价领域分别得分为 13 分、13 分、11 分、11 分、11 分，得分比较高；关于创造性（创意性、独创性、稀缺性）的评价领域的指标分数整体平均为 6 分，相对较低，特别是空间关系（自然空间关系、环境协调性）的评价领域为 6 分、6 分、6 分、5 分、7 分，分值都比较低。

第五，针对实例应用问题的改善方案。

对古村落的评价阶段性结果，通过评价认证标准的详细分析，掌握了作为世界文化遗产预备名录的古村落的构筑·保护·运营相关的核心问题。以此为基础，找出了古村落评价认证指标体系建设及运营不足的事项和评价领域认证现状的脆弱性问题，提出改善方案和系统化运营的增效方案。

为了改善中国古村落相关制度，根据评价等级定量评价指标的适用性，需要建立古村落相关制度，对案例适用的具体评价标准应建立实际性制度，以便设置评价范围。改善古村落的实质性保护方案，是对世界文化遗产预备名录的古村落相关问题的解决，古村落居民为了改善生活和生产带来的经济提高和村落保护的意识，培养古村落居民领导、增加中国古村落保护与申遗的教育机会，鼓励古村落居民的努力以及政府的积极支持，等等。

对提出的评价认证指标进行了验证，主要针对被列入 UNESCO 世界文化遗产正式名录和预备名录的古村落，是为了最终提出的评价指标开发能更加合理、科学。为了针对中国古村落保护与申遗的评价认证指标项目成为更加现实和实用性强的评价指标，需要对中国古村落进行根本性的广泛理解和多样化的分析，需要对古村落进行彻底的实地调查和数据统计。

因此，通过对中国古村落保护与申遗的过程分析与研究，提出了如何利用少数民族自身的文化优势，挖掘出了中国村落的文化特色，从总体上把握中国古村落保护与申遗的方法与策略。对少数民族文化遗产保护价值、入选现状与评价方法等做出了科学合理的分析与评价。找到了适合中国古村落保护与申遗的方法与路径，同时解决了中国古村落保护存在的主要问题。

古村落的保护与发展应该从民族地区的自身情况出发，遵守科学保护、可持续发展的原则，树立民族的文化自信和文化自豪，使少数民族古村落世界文化遗产"协同发展、和谐共生"。通过对古村落保护与申遗的分析研究，为我国其他地区的古村落保护与申遗的可持续发展提供了理论基础。

本书的核心技术是解决了古村落保护与申遗的关键技术、评价认证指标开发与评价体系构建的关键技术，包括民居建筑的修缮体系构建与古村落文化遗产保护的关键技术、古村落环境适应性模块化的绿色技术提升等。通过古村落的建设与发展，树立起了中国古村落在国际上的历史文化地位，提高了古村落村民和游客的观光效率，促进了世界文化遗产大数据服务平台的建构目标和远景。

此方面的研究突破，进一步为我国乡村振兴发展服务，为实现美丽中国、美丽乡村打下了坚实的基础，也为全国其他民族地区古村落的可持续发展提供了具有价值的理论参考和科学依据。

参考文献

主要著作

蔡靖泉：《文化遗产学》，华中师范大学出版社2014年版。

冯淑华：《传统村落文化生态空间演化论》，科学出版社2011年版。

管彦波、艾菊红：《水环境与西南民族村落关系的生态研究》，中国社会科学出版社2021年版。

李琳琳、吴一鸣、王欣：《浙江历史文化村落变迁与发展》，中国社会科学出版社2020年版。

彭兆荣：《文化遗产学十讲》，云南教育出版社2012年版。

屠李：《皖南传统村落的遗产价值及其保护机制》，东南大学出版社2019年版。

王茂美：《村落·国家：少数民族政治认同研究》，中国社会科学出版社2015年版。

王伟：《湖湘传统村落文化艺术研究：以湘西花垣县板栗村为例》，中国社会科学出版社2019年版。

吴晓勤：《世界文化遗产：皖南古村落规划保护方法研究》，中国建筑工业出版社2002年版。

杨宗亮：《云南少数民族村落发展研究》，民族出版社2012年版。

于海广、王巨山：《中国文化遗产保护概论》，山东大学出版社2008年版。

朱小雷：《建成环境主观评价方法研究》，东南大学出版社2008年版。

期刊论文

曹迎春、张玉坤：《"中国传统村落"评选及分布探析》，《建筑学报》2013年第12期。

单霁翔：《20世纪遗产保护的发展与特点》，《当代建筑》2020年第4期。

单霁翔：《乡土建筑遗产保护理念与方法研究》（上），《城市规划》2008年第12期。

丁超：《世界遗产入选标准的对比分析及中国申报世界遗产的对策》，《北京大学学报》（自然科学版）2006年第2期。

范哲昱、李天庆：《少数民族特色村寨的活化——寺登白族村文化保护与产业发展调查》，《汉江师范学院学报》2018年第3期。

傅大伟、严国泰：《传统村落整体性保护策略探究——以浮梁古村为例》，《小城镇建设》2017年第4期。

耿涵、周雅：《文化遗产视角下传统村落保护的理念与方式》，《建筑文化》2015年第5期。

管宁：《中华文化基因与当代中国话语建构——基于文化遗产保护的认知、理念与实践视角》，《江苏社会科学》2020年第1期。

郭旃：《世界文化遗产的标准及申报方法和程序》，《中国名城》2009年第2期。

胡建：《文化自信视域下的当代中国价值观探析》，《西南大学学报》（社会科学版）2020年第4期。

胡田翠、鲁峰：《古村落旅游可持续发展评价指标体系构建研究》，《现代经济》2007年第10期。

胡燕、陈晟、曹玮等：《传统村落的概念和文化内涵》，《城市发展研究》2014年第1期。

黄爱莲：《历史文化名城保护与旅游发展的优先：桂林案例》，《社会科学家》2015年第8期。

黄勇、黄晓：《贵州民族特色村寨保护与乡村振兴路径思考》，《贵州民族研究》2019 年第 7 期。

金磊：《论 20 世纪遗产建筑巨匠的设计理念与作用》，《中国名城》2020 年第 9 期。

康涛、周真刚：《乡村振兴战略下民族特色村寨的可持续发展——以四川省阿坝州民族特色村寨为例》，《中南民族大学学报》（人文社会科学版）2019 年第 5 期。

李爱群、侯妙乐、董友强等：《建筑遗产大数据的构建探索》，《自然与文化遗产研究》2020 年第 4 期。

李安辉：《少数民族特色村寨保护与发展政策探析》，《中南民族大学学报》（人文社会科学版）2014 年第 4 期。

李达：《近十年中国少数民族特色村寨建设回顾与思考》，《北方民族大学学报》2020 年第 2 期。

李江苏、王晓蕊、李小建：《中国传统村落空间分布特征与影响因素分析》，《经济地理》2020 年第 2 期。

李军、向轼、李军明：《民族村寨文化振兴的三维视角：时间·空间·价值》，《广西民族研究》2019 年第 3 期。

李梅田：《文化遗产保护要有国际视野》，《人民论坛》2019 年第 2 期。

李伟红、鲁可荣：《传统村落价值活态传承与乡村振兴的共融共享共建机制研究》，《福建论坛》（人文社会科学版）2019 年第 8 期。

李新建、朱光亚：《中国建筑遗产保护对策》，《新建筑》2003 年第 4 期。

刘大均、胡静、陈君子等：《中国传统村落的空间分布格局研究》，《中国人口·资源与环境》2014 年第 4 期。

刘伟国、刘志平：《世界遗产视野中的村落遗产研究》，《三门峡职业技术学院学报》2015 年第 2 期。

刘志宏、李钟国：《UNESCO 世界文化遗产入选标准与中国传统村落评价认证指标体系的比较研究》，《大韩建筑学会论文集（设计版）》2017 年第 5 期。

刘志宏、李钟国：《城镇化进程中少数民族特色村寨保护与规划建设研究——以广西少数民族村寨为例》，《广西社会科学》2015年第9期。

刘志宏、李钟国：《传统村落入选UNESCO世遗名录现状与分布探析——以中国、韩国和日本为例》，《沈阳建筑大学学报》（社会科学版）2017年第2期。

刘志宏、李钟国：《传统村落申报世界文化遗产方法分析研究——以亚洲地区的UNESCO传统村落为例》，《西安建筑科技大学学报》（社会科学版）2017年第6期。

刘志宏、李钟国：《西南民族村落与韩国传统村庄保护和建设的比较研究——以广西洞井古村寨、韩国良洞传统村落为研究案例》，《西南民族大学学报》（人文社会科学版）2015年第11期。

刘志宏、李钟国：《中国传统村落保护评价指标开发研究——以世界文化遗产和传统村落评价指标比较为重点》，《韩国住宅学会论文集》2018年第2期。

刘志宏、李钟国：《中国传统村落评价认证指标体系分析研究》，《韩国启明大学产业技术研究所论文报告集》2017年。

刘志宏：《绿色经济视角下古村落绿色改造设计》，《建筑经济》2021年第6期。

刘志宏：《西南少数民族地区特色古村落保护与申遗研究》，《广西社会科学》2021年第4期。

刘志宏：《西南少数民族古村落世界文化遗产价值标准探究》，《新建筑》2023年第2期。

刘志宏：《西南少数民族特色古村落保护和可持续发展研究——基于韩国比较》，《中国名城》2019年第12期。

刘志宏：《西南少数民族特色古村落优秀传统文化创造性传承与创新性发展研究》，《中国名城》2020年第12期。

刘志宏：《中国传统村落世界文化遗产价值评估研究》，《西南民族大学学报》（人文社会科学版）2021年第11期。

龙晔生：《少数民族特色村寨建设问题研究——以武陵山片区湘西南民族村寨为例》，《民族论坛》2015年第3期。

马宏斌、郑海晨、赵文玉：《我国建筑学领域历史文化村镇研究综述》，《西北民族大学学报》（自然科学版）2020年第3期。

马云晋：《历史文化街区保护与利用的三个关键》，《人民论坛》2019年第25期。

苏义坤、刘培珍：《传统村落保护专项标准体系构建研究》，《建筑经济》2015年第36卷第4期。

孙华：《遗产价值的若干问题——遗产价值的本质、属性、结构、类型和评价》，《中国文化遗产》2019年第1期。

童乔慧、卫薇：《澳门建筑遗产的数字化保护模式》，《新建筑》2016年第6期。

汪清蓉、李凡：《古村落综合价值的定量评价方法及实证研究——以大旗头古村为例》，《旅游学刊》2006年第1期。

王岚：《少数民族优秀传统文化滋养文明乡风的路径》，《民族学刊》2020年第2期。

王小明：《传统村落价值认定与整体性保护的实践和思考》，《西南民族大学学报》（人文社会科学版）2013年第2期。

王越芬、鄂丽美：《新时代文化自信的功能及实现对策》，《社会科学家》2019年第2期。

王云才、郭焕成、杨丽：《北京市郊区传统村落价值评价及可持续利用模式探讨——以北京市门头沟区传统村落的调查研究为例》，《地理科学》2006年第6期。

谢定国：《贵州少数民族特色村寨建设问题研究》，《黔南民族师范学院学报》2016年第3期。

徐永志、姚兴哲：《中国少数民族特色村寨的空间分布格局研究》，《贵州民族研究》2020年第1期。

薛求理：《新中国建筑遗产刍议》，《建筑遗产》2019年第3期。

杨立国、龙花楼、刘沛林等：《传统村落保护度评价体系及其实证研究——以湖南省首批中国传统村落为例》,《人文地理》2018 年第 3 期。

叶全胜、李希昆:《云南乡土建筑文化遗产保护的机制构建》,《云南民族大学学报》(哲学社会科学版) 2007 年第 1 期。

余压芳、赵玉奇、曾增等:《西南地区传统村落文化空间的识别需求》,《贵州民族研究》2020 年第 6 期。

曾熙、谭旭、王晓光:《文化遗产大数据二维分类框架研究》,《图书情报知识》2020 年第 1 期。

张成渝:《对中国遗产例证西方认识的再思考:基于德尔德的〈遗产及其文化边界〉》,《建筑学报》2014 年第 4 期。

张天新、王敏:《中国村落遗产保护中活态文化标准的可能性分析——从亚太地区文化遗产保护奖与中国传统村落评定的比较说起》,《中国园林》2015 年第 4 期。

张彧、史文正、王金平:《城市型历史文化名村保护规划实施评估方法研究——以山西大阳泉村为例》,《中国名城》2020 年第 9 期。

赵向华:《论红旗渠申报世界文化遗产的策略》,《河南科技大学学报》(社会科学版) 2013 年第 5 期。

赵永琪、田银生:《西南地区传统村落空间分布特征及影响因素研究》,《小城镇建设》2020 年第 2 期。

赵勇、张捷、卢松等:《历史文化村镇评价指标体系的再研究——以第二批中国历史文化名镇(名村)为例》,《建筑学报》2008 年第 3 期。

赵云:《中国世界文化遗产监测预警总平台建设现状与发展思路——基于需求研究的思考》,《中国文化遗产》2018 年第 1 期。

郑国珍:《历史文化名镇名村的保护现状与发展对策——兼谈〈中国历史文化名镇名村、传统村落保护和整治导则〉的编制》,《中国文化遗产》2015 年第 1 期。

郑越、张颀:《世界遗产保护发展趋势下我国建筑遗产保护策略初探——基于 UNESCO 亚太文化遗产保护奖研究》,《建筑学报》

2015 年第 5 期。

周星、周超:《日本文化遗产的分类体系及其保护制度》,《文化遗产》2007 年创刊号。

周宗云:《关于历史文化名城名镇名村保护与创建工作的思考建议——以浙江省宁海县为例》,《城市建筑》2017 年第 6 期。

朱晓明:《试论古村落的评价标准》,《古建园林技术》2001 年第 4 期。

朱宗周、马颐瑄:《平定县南庄传统村落的价值特色》,《南方建筑》2016 年第 5 期。

学位论文

陈传金:《古村落资源分类与评价体系研究》,硕士学位论文,南昌大学,2008 年。

段贝丽:《海岛传统村落价值评价研究——舟山案例》,硕士学位论文,浙江海洋大学,2016 年。

段贝丽:《海岛传统村落价值评价研究:舟山案例》,硕士学位论文,浙江海洋大学,2016 年。

黄一滔:《西南地区历史文化村镇保护评价研究》,硕士学位论文,重庆大学,2011 年。

梁水兰:《传统村落评价认定指标体系研究——以滇中地区为例》,硕士学位论文,昆明理工大学,2013 年。

林源:《中国建筑遗产保护基础理论研究》,博士学位论文,西安建筑科技大学,2007 年。

刘亚:《河北省名城镇村价值特色分类保护研究》,硕士学位论文,河北师范大学,2013 年。

刘志宏:《传统村落可持续性保护的评价认证指标开发研究》,博士学位论文,韩国启明大学,2018 年。

苏倩:《灵渠的保护、利用与申报世界文化遗产对策研究》,硕士学位论文,广西师范大学,2017 年。

吴育标:《中国世界文化遗产战略管理模式研究——以西江千户苗寨战略管理模式为例》,博士学位论文,中国地质大学(北京),2010年。

杨锋梅:《基于保护与利用视角的山西传统村落空间结构及价值评价研究》,博士学位论文,西北大学,2014年。

姚俊一:《少数民族特色村寨保护与发展政策研究——以来凤县舍米湖村为例》,硕士学位论文,中南民族大学,2012年。

张凯莉:《建筑遗产的环境设计研究》,博士学位论文,北京林业大学,2006年。

张万玲:《历史文化村镇保护的经济途径研究》,博士学位论文,华南理工大学,2013年。

张艳玲:《历史文化村镇评价体系研究》,博士学位论文,华南理工大学,2011年。

镇雪锋:《文化遗产的完整性与整体性保护方法——遗产保护国际宪章的经验和启示》,博士学位论文,同济大学,2007年。

周欢:《历史文化名村保护管理评价指标体系研究——以河北省井陉县大梁江村为例》,硕士学位论文,河北师范大学,2012年。

外文文献

[韩]崔贤尚、金成宇:《基于建筑文化遗产保护管理的BIM空间信息分类体系研究》,《韩国室内设计学会论文集》2015年第1期。

[韩]韩旭:《建筑遗产可持续保存建议》,《建筑》2018年第3期。

[韩]洪光彪:《韩国寺庙的世界文化遗产申请战略》,《韩国教授佛家联合学会杂志》2010年第13期。

[韩]洪兰芝、郑基恩:《韩中日世界文化遗产旅游区的构成真实性评价》,《商品学研究》2019年第6期。

[韩]黄秉春:《世界文化遗产旅游者追求价值研究》,博士学位论文,韩国京畿大学,2008年。

[韩]金亨宇:《世界文化遗产的可持续旅游资源指标开发研究》,博

士学位论文，韩国培材大学，2014年。

［韩］金洪基：《韩国和日本传统村落保护制度比较研究》，《大韩建筑学会论文集》（设计版）2008年第12期。

［韩］金美妍：《世界文化遗产良洞村的可持续维护·管理方法论研究》，硕士学位论文，京城大学，2013年。

［韩］金永泽：《古村落类型发展阶段建设指标体系开发》，博士学位论文，韩国全南大学，2014年。

［韩］李敏景、吴成勋、李钟民：《历史文化名镇名村景观管理体系改善方案研究——以古都保护培育地区为例》，《建筑城市空间研究》2016年第1期。

［韩］李钟旭：《虚拟现实中建筑文化遗产风险管理的用户要求事项分析》，《韩国计算机情报学会论文集》2019年第9期。

［韩］李柱玉、韩毕元：《世界文化遗产良洞村的可持续维护·管理方法论研究》，《建筑历史研究》2011年第6期。

［韩］林在海：《世界文化遗产河回村的民俗文化价值》，《国学研究》2009年第13期。

［韩］刘恩地、刘正民：《利用地形及建筑文化遗产模型的Visual-SAM基础增强现实系统》，《韩国计算机情报学会学术发表论文集》2020年第2期。

［韩］刘仁川：《建筑文化遗产保护》，《建筑》2009年第13期。

［韩］朴光范：《关于建筑遗产的保存及活用方案的案例研究》，《韩国商学技术学会论文集》2017年第11期。

［韩］任光顺、王爱河、金泰京：《运用AHP技法的中韩古村落资源重要度评价项目比较》，《韩国造景学会杂志》2015年第3期。

［韩］孙浩基、金相范：《农村体验古村落景观保全价值评估研究》，《农村地图和开发》2010年第4期。

［韩］徐欢、于文东、姜泰：《世界文化遗产的管理效果评价体系研究》，《韩国传统造景学会杂志》2013年第4期。

［韩］徐慧智、柳成龙：《世界文化遗产登记选定标准趋势比较》，

《韩国生态环境建筑学会学术发表大会论文集》2019年第1期。

［韩］赵正植：《建筑文化遗产保护的方向与方法》，《建筑》2009年第11期。

［韩］郑光烈、赵贤真、吴阳烈等：《文化遗产厅财政事业自律评价制度评价指标开发研究》，《韩国文化旅游政策研究》2005年第12期。

［日］才津佑美子：《世界遗产——白川乡的"记忆"》，徐琼译，《民族遗产》2008年第1期。

［日］朝仓敏夫：《日本的世界文化遗产推进战略》，《百济文化》2009年第40期。

［日］浅野聪：《日本和中国台湾地区文化历史的环境保护制度比较研究——以文化遗产保护法为例》，《日本建筑学会论文集》1994年。

［日］中川武：《亚洲的城市发展和文化遗产保护》，《建筑学报》2008年第10期。

B. Wheeller, "Ecotourism: A Ruse by any other Name", *Tourism Management*, June 1994.

Jung-Soo Kim, "Studying on Construction of Ecological Civilization Development Strategy in Xis Era, The Journal of Chinese Language", *Literature and Translation*, Vol. 45, No. 7, June 2019.

Wei Y. D., Lin J., Zhang L., "E-commerce, Taobao Villages and Regional Development in China", *Geographical Review*, Vol. 110, No. 3, June 2020.

Zhu S. H., Choi B. S. & Kang C. W., "Establishing and Applying a Value Evaluation Model for Traditional Pit Kiln Villages in the Henan Province of China", *Journal of Asian Architecture and Building Engineering*, Vol. 10, No. 6, June 2021.

后　　记

　　本书为国家社会科学基金一般项目"西南少数民族特色古村落保护与申遗应对策略研究"（项目批准号：16BSH050）成果。经过将近四年的努力，以科学有效地保护与发展好民族地区的优秀古村落为目的而撰写的《中国古村落保护与申遗研究》终于要面世了。在此感谢全国哲学社会科学工作办公室和苏州大学人文社会科学处的资助。

　　中国古村落是传承民族文化的有效载体，也是发展特色经济和乡村旅游的重要平台，具有历史、文化及科学等价值，传统与现代结合创造了新的价值。乡愁与城镇化，有着互相依存互相影响的作用，将传统文化原型中创造新价值的风格称为"现代传承与发展"。乡村振兴建设和美丽乡村的城镇化进程对于推动我国古村落可持续发展具有重要意义。

　　目前，入选世界文化遗产名录的古村落作为中国代表性村落，随着新型城镇化和观光村落旅游产业的发展，开发商等的过度开发、缺乏政府主管部门的监督和专家的保护指导，导致古村落的原始风貌等特征逐渐消退，诸多民居建筑毁坏。再加上原村民不断流失，古村落的原始生活模式受到了严重的破坏。另外，由于现代人的生活要求越来越高及现代文化和外来文化的影响等，古村落民居正在雷同化，很多优秀的传统文化正走向消失。因此，中国古村落的保护利用与传承发展是一项具有划时代意义的大事，需要我们高度重视起来。只有这样，中国古村落保护与申遗才有希望，才能使中国古村落可持续发展下去，这就是人类保护这些中国优秀古村落的最终目标。

希望通过本书能使我们在中国古村落可持续发展研究方面开阔思路，让我们能在中国城镇化进程中的中国古村落保护与传承领域更进一步。

此外，本书还得到了全国哲学社会科学工作办公室、苏州大学人文社会科学处和苏州大学建筑学院及课题组各位人员的大力支持，在此一并向大家致谢！

2023 年 3 月于苏州姑苏城